大学入学共通テスト

地理B

の点数が面白いほどとれる

一問一答

JN048619

＊本書には、「赤色チェックシート」が付いています。

はじめに

◇「地理に知識はいらない」を払拭せよ！

私は地理の講師をしていて、よく耳にすることがあります。「地理は暗記科目ではないから、知識は必要ない。考えたら解ける」ということを。しかし、地理を教えている多くの先生ならわかるはずです。そんなはずありません。**ある一定の知識がなければ、考えることすら不可能**なのです。知識なくして論理は語れないのです。

では、「ある一定の知識」とはどのようなものなのか。共通テスト対策として、その知識を集めたものが本書だと思ってください。

◇「一問一答形式」は必要なのか？

しかし、過去問をやったことのある受験生は、ここで気づくはずです。「一問一答」の形式は出題されていないことに。確かにその通りで、「○○を何というか」というクイズのように用語を解答する問題は、これまでのセンター試験ではほぼ皆無といってよいでしょう。

しかし、文章の正誤を問う問題は、毎年多く出題されています。本書は、地理に関するさまざまな文章の正誤判定を中心に出題しています。センター試験では、4択の選択肢の中から、一つの適当・不適当を選択する出題ですが、試行調査の問題をみると、今後の共通テストではすべての選択肢の正誤を判定させる問題が予想されます。そこで、本書ではその選択肢をすべてバラバラにし、適した単元・出題順になるように配列を変えています。これは、「一つの誤りを見つけたら、後は正しいので次に行こう」とならないよう、**すべての文章を吟味できるようにするため**です。解説は、誤りの文章ならどこが誤っているのか、正しい文章ならどこを覚えたらいいのか、がわかるように簡素化したものにしています。テクニックに頼らず、正しい知識を蓄えていきましょう。

また、中には、単純に「□□とは…のことである（□□は地理の用語）」『答：○』といった、単純に用語の説明になっている選択肢もあります。そのような出題は、用語をまずは覚えてほしいというねらいから、**あえて穴埋め形式にし、用語を解答する問題に改題しました**。各単元に少しではありますが、そのような問題もあります。基礎問題として解答してみてください。

そして、地理には、やはり地図を使った問題が付き物ですよね。本書では、知識問題（その場所・位置を正確に覚えているかどうか）となっている地図を使用した問題も収録しています。また、説明文から国名を判断する問題も収録していました。単に文章や言葉だけではなく、国の場所や山脈の位置など、さまざまなことを考えながら解いていってください。

◇問題を解きながら、身につけてほしいこと

これまでのセンター試験の問題文には、独特のクセがあります。そして、重要な事柄であれば、文言やとらえ方を変えて、幾度となく出題されているものがあります。それに気がつくと、問題を解くのがたやすくなっていきます。本書では、同じ事柄の出題を、単元を変えて、何度か出題しています。わざわざ作ったのではなく、今までの問題に何度も出ているのです。それを見つけたとき、「あれ？　これ前にも同じようなこと聞かれたぞ」と気づけたら完璧です。それに気づくぐらい、本書をやり込んでみてください。

やはり、**問題を解くには、ある程度の慣れも必要**です。最初は知らないことも多く、覚えることで必死になるかもしれませんが、最終的にはサクサク解けるようになっていくものです。恐れず、どんどん問題を解いていきましょう。

◇最終的にセンター試験の過去問もやり込む！
　それが一番の共通テスト対策！

本書で知識を充分に蓄えたら、実際の過去問もやり込んでいきましょう。地理の試験には、資料やグラフの判読など、本書だけではカバーしきれない出題もあります。それもマスターしなければ、満点にはたどりつけません。

その結果、**共通テストの対策にもつながっていきます**。新しく共通テストに変わっていくわけですが、まったく同じ出題形式のままのもの、以前と同じように基礎知識を問うたもの、もいくつか見られます。また、思考力を問う、いわゆる新しい傾向の出題も、根本を探れば基礎的知識を踏み台として、考察・推測していく問題になっています。つまり、いずれにしても、本書で得た知識が必要になってくるんですね。

さあ、本書を受験地理の取りかかりとし、さまざまな問題に対応できるようにしていってください！　強固な礎（いしずえ）が完成すれば、どんなものを積み重ねていっても大きく崩れることはないんですよ！

フロンティアスピリッツを心にもって、縦横無尽の"地理道中膝栗毛"に出発です!!

森　雄介

CONTENTS

第Ⅰ章　地図と地理的技能

1 ┃ 地理情報と地図

2 ┃ 地形図と地域調査

第Ⅱ章　系統地理

3 ┃ 地　形

4 ┃ 気　候

5 ┃ 環境問題

※本書は、2020年8月現在の情報にもとづいています。

本文デザイン／齋藤友希（トリスケッチ部）
地図／佐藤百合子

共通テストこそ【一問一答】が重要！

「共通テスト」で何が変わる？

　新試験である「共通テスト」の出題傾向は、2回行われた「試行調査」の問題から伺い知ることができます。それをみると、大きく二つに分けることができます。

　一つは、**以前までの「センター試験」と変わらない傾向の問題が出ている**ことです。ということは、センター試験の過去問を解くことは、決して無駄ではなく、新試験に変わっても旧試験の問題の蓄積は必要だということです。

　そして、もう一つは、**「センター試験」をバージョンアップさせた問題が出ている**こと。具体的には、今までの問題ではグラフや表から国名や品目を当てるものだったのが、それに関連する事柄や考察、考えられる課題や仮説、その対策など、深く知識や思考を必要とするものになっているのです。

　しかし、慌てることはありません。両者に共通して言えることがあるのです。それは、**どちらも前提となる知識がきちんと身についていれば、演習を積み重ねることで解けるようになる**ということです。

　私が言っていることがどういうことなのか、さっそく試行調査の問題からみてみましょう。

共通テスト試行調査の問題に挑戦！

（1）8択の正誤問題

従来のセンター試験の出題

問1　火山地域に関する事象について述べた文として**適当でないもの**を，次の ① 〜 ④ のうちから一つ選べ。
① 美しい風景や温泉などに恵まれているため，観光地化がみられる。
② 地熱エネルギーが豊富であるため，地熱発電による電力供給がみられる。
③ 噴火直後の火山灰に有機物が多く含まれるため，穀物生産に適している。
④ 豊富な地下水が存在するため，生活用水としての利用がみられる。

問2 世界各地で発生した天候異変について述べた次の文 a と b の下線部の正誤の組合せとして正しいものを，下の ① ～ ④ のうちから一つ選べ。

a　1991年にフィリピンのピナトゥボ火山が噴火した時には，<u>大量の火山灰が放出されて大気中をただよい，北半球で平均気温の上昇</u>が観測された。

b　1997年から1998年にかけてエルニーニョ現象が発生した時には，<u>アメリカ合衆国の西部では多雨，東南アジアでは高温・少雨</u>の傾向がみられた。

	①	②	③	④
a	正	正	誤	誤
b	正	誤	正	誤

解答・解説

問1

> 正解　　③

　噴火直後の火山灰には、有機物は含まれておらず、その後の風化や腐食の堆積により土壌が変化していくため誤りである。他はすべて正しい文章である。

問2

> 正解　　③

　a は、火山灰が大気を覆ったことで、地上に届く太陽光線の量が減少し、平均気温は低下したため、「上昇」は誤りである。

　b は、エルニーニョ現象発生時は、太平洋東部地域（アメリカ大陸西岸）では多雨、太平洋西部地域（東南アジア・オーストラリア東岸）では高温・少雨の傾向がみられるため正しい。

新しい共通テスト試行調査の出題

問.　火山について説明した次の文章中の下線部 c ～ e について，正誤の組合せとして正しいものを，次ページの①～⑧のうちから一つ選べ。

　日本には100以上の活火山が存在し，その火山活動によりさまざまな災害が引き起こされてきた。例えば，<u>高温のガスと固体粒子が一体となって高速度で流下する火砕流</u>は，山麓に大きな被害をもたらす。また，火山灰は風下側に堆積し農作物などへ甚大な被害を与えるだけでなく，<u>大気中に長期間とどまって，地球規模の気温</u>

上昇を引き起こすことがある。その一方で，私たちは火山からの恩恵も受けており，その美しい景観を観光資源として活用したり，_e地下の豊富な熱エネルギーを利用して地熱発電を行ったりしている。

	①	②	③	④	⑤	⑥	⑦	⑧
c	正	正	正	正	誤	誤	誤	誤
d	正	正	誤	誤	正	正	誤	誤
e	正	誤	正	誤	正	誤	正	誤

解答・解説

正解　③

　cは、火砕流の説明であり正しい文章。dは、火山灰が上空を覆うと太陽光線が遮られるため気温は低下するので誤り。前出の問2と同じ内容の出題である。eは、火山エネルギーの利用についての説明で正しい。前出の問1の選択肢に同じ内容の文章がある。

　この問題でわかったことは、一つは、同じ内容のことが文言を変えて出題されているということです。過去の一問一答問題は、やはりやるべきであるということがわかります。
　もう一つは、新しい形式は、3つの文の正誤をそれぞれ判断するものが出題されていることです。以前は「4つの中から適当でないものを1つ選べ」という形式で、1つの誤りがわかれば、他は正しいので不問というものだったり、「2つの文章のa・bの正誤を答えろ」という2つまでの正誤判断でしたが、試行調査からはすべての正誤判断を求められています。つまり、**本書で取り上げている正誤問題と同じような出題**と言えるのです。

(2) 仮想条件などを用いて考察する問題

教科書などで学習する知識
・工業の立地する場所は、輸送費との関係で決定する。たとえば、原料の重量が重い工業は、原料産地に立地し、市場に製品を運ぶほうが輸送費を節約できる。
　　⇒要は、原料・製品のどちらかの重量の重いほうに、工場が立地する。
・鉄鋼業の立地は原料立地が一般的であるが、先進国では輸入に便利で、かつ市場に隣接した都市近郊の臨海部がおもな立地場所となっている。
　　⇒要は、鉄鋼業の立地は、原料立地→臨海立地に変化した。

問. 資源使用量の変化とともに製鉄所の立地は変化してきた。次の図2は、仮想の地域を示したものであり、下の枠は地図中の凡例および仮想の条件である。このとき、次ページの図3中のア〜ウは、1900年前後、1960年前後、2000年前後のいずれかにおける鉄鋼生産国の製鉄所の立地場所を示したものである。輸送費の観点から年代順で立地の変化を考えたとき、年代とア〜ウとの正しい組合せを、次ページの ① 〜 ⑥ のうちから一つ選べ。ただし、地図で示されていない自然環境や社会環境は条件として考慮しない。

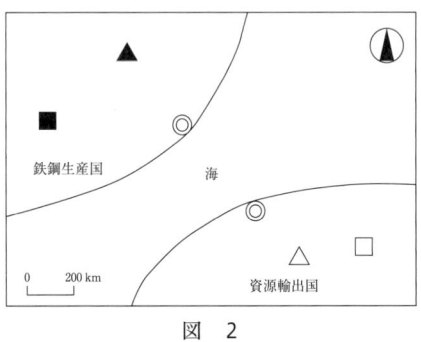

図 2

〈凡例および仮想の条件〉
・■石炭、▲鉄鉱石……坑道掘り
・□石炭、△鉄鉱石……露天掘り
・図中の◎は貿易港をもつ都市を示している。
・1970年代以降、坑道掘りは産出量が減少するいっぽう、露天掘りは産出量が増加して、図中の南東側の国が資源輸出国となったとする。
・下の表2は、鉄鋼製品1トン当たりの石炭と鉄鉱石の使用量の推移を示している。

表 2　鉄鋼製品1トン当たりの石炭と鉄鉱石の使用量の推移

（単位：トン）

	1901年	1930年	1960年	1970年	2000年
石　炭	4.0	1.5	1.0	0.8	0.8
鉄鉱石	2.0	1.6	1.6	1.6	1.5

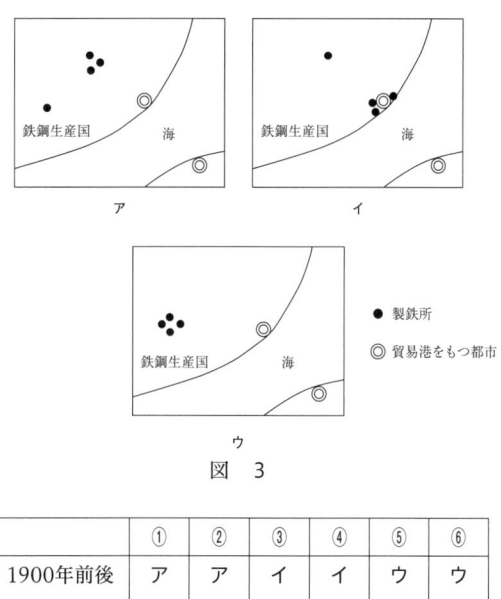

図　3

	①	②	③	④	⑤	⑥
1900年前後	ア	ア	イ	イ	ウ	ウ
1960年前後	イ	ウ	ア	ウ	ア	イ
2000年前後	ウ	イ	ウ	ア	イ	ア

解答・解説

正解　⑤

　はじめは輸送費を考慮し、使用量の多い石炭の産地に製鉄所は立地していたので、ウが1900年前後となる。表をみると1960年に鉄鉱石のほうが、使用量が多くなっているので、立地は鉄鉱石の産地へと変化し、アが1960年前後となる。条件をみると「1970年代以降、…図中の南東側の国が資源輸出国となった」とあり、資源を輸入した鉄鋼業が行われたため、貿易港付近に製鉄所が移動した。残るイが2000年前後となる。「坑道掘りは産出量が減少」「露天掘りは産出量が増加」とあるので、坑道掘り地域の国は、資源を輸入して鉄鋼業を行うようになるので、輸入に便利な貿易港付近に工場が移転する。

　仮想条件や図の凡例など、その場での理解も重要ですが、**基礎知識があれば答えを導くのが格段とたやすくなる**ことに気づいてほしいのです。一見、新傾向の出題と思われがちな問題であっても、一問一答で得た知識で解答が可能です。

本書の特長と使い方

■ 選択問題

おもに地図や資料を扱った問題です。文章だけではイメージがつかみにくい知識を、視覚的に身につけられます。

■ 空所補充問題

各テーマの基本となる用語を、穴埋め問題にしました。ウォーミングアップのつもりで挑戦して、確実に答えられるようにしましょう。

■ 正誤問題

一問一答のメインとなる問題です。実際の共通テストで、選択肢ひとつひとつの内容を吟味するのに、この演習は欠かせません。

第Ⅱ章　系統地理

3　地 形

1　大地形

■ 選択問題

□ **1.** 下の図1に示された X～Z の地形について述べた文として正しいものを、次の①～③のうちから一つずつ選べ。

①　山頂部が平坦な山が分布し、世界最大の落差を有する滝がみられる。
②　大陸氷河（氷床）による侵食によってできた起伏の小さな平原に、多くの湖沼がみられる。
③　長大な地溝帯に沿って、湖や火山がみられる。

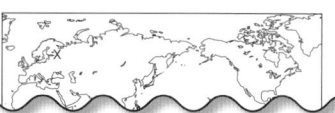

■ 空所補充問題

□ **3.** 大陸の縁辺部にみられる、水深200mまでの浅い海底を（　　）という。

□ **4.** （　　）は日本列島の沖合で親潮（千島海流）と出合い潮境（潮目）に好漁場を形成する。

■ 正誤問題

□ **5.** イラン北部では、地下水路を用いて自由地下水を導水する伝統的な灌漑農業が行われ、小麦などが栽培されている。

□ **6.** オーストラリアの大鑽井（グレートアーテジアン）盆地では、被圧地下水を利用した大規模灌漑農業や、ウシやヒツジの放牧が行われている。

□ **7.** 大陸や島嶼に隣接する大陸棚の分布する海域は、全海域の約30%を占めている。

□ **8.** 世界の好漁場の多くは、大陸棚のある海域に分布している。

本書は、大学入学共通テスト「地理 B」で高得点をとるために必要な知識を習得するための「一問一答」型問題集です。

設問は、センター試験や共通テスト試行調査（プレテスト）で実際に出題された問題をもとに、選択問題・空所補充問題・正誤問題の3つの形式で構成されています。

テーマごとに必要な知識を効率よくインプットしましょう。

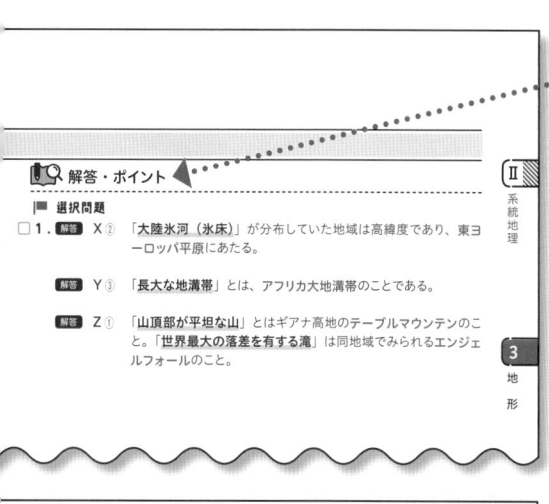

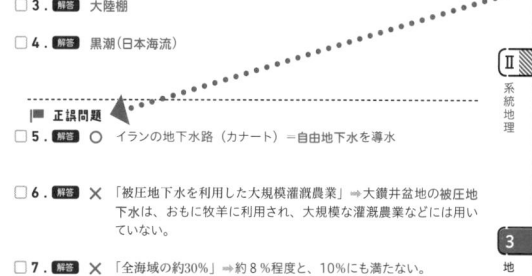

解答・ポイント

解答と、それを選ぶためのポイントを解説しています。最重要用語は赤太字、重要用語や重要記述は黒太字で強調しています。覚えるべき知識はしっかり身につけ、理解すべき原理や因果関係は、自分で考えられるようにしておきましょう。

解答・ポイント

「〇」の場合は、重要ポイントを簡潔にまとめました。「×」の場合は、どの部分がどう違っているかまで示してあります。しっかり読み込めば、実際の試験で「誤りの選択肢」として出題されたとしても、どこがどう違うか見抜ける力を養えます。

第Ⅰ章　地図と地理的技能

1　地理情報と地図

1　地図・地理情報の発達

■ 選択問題

□ **1.** 次の図に示されたA〜Cの地図について述べた文として正しいものを、下の
①〜③のうちからそれぞれ選べ。

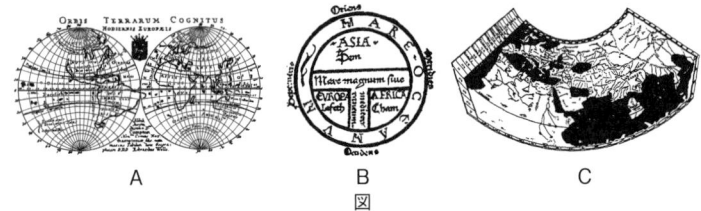

A　　　　　　　　B　　　　　　　C
図

① 古代の地理的知識を表現した世界図であり、南北に比べて東西の距離が過
大に描かれている。
② 中世の世界図であり、宗教に基づいた世界観が表現されている。
③ 近世以降の世界図であり、大航海時代における地理的知識の拡大が反映さ
れている。

■ 空所補充問題

□ **2.** 人工衛星などで得られた地理情報や、各種の数値化された地図などを表示・
分析する技術は（　　　）とよばれている。

□ **3.**（　　　）は、カーナビゲーションにおいて、自動車の位置を求めるのに用
いられる。

□ **4.**（　　　）とよばれる人工衛星を利用した観測技術の発達により、広範囲に
わたる土地利用情報を収集できるようになった。

■ 正誤問題

□ **5.** GISは地図の重ね合わせが可能なので、多種類の地理情報を同一の地図上
で容易に関連づけることができる。

□ **6.** GISは面積の計算が可能なので、土地利用変化の計量的な分析を容易に行
うことができる。

□ **7.** GISを用いると歩行者通行量のデータから、二つの地点間の最短距離を容
易に計算することができる。

📖🔍 解答・ポイント

▬ 選択問題

☐ 1 . **解答** A ③ 「**大航海時代における地理的知識の拡大**」
大航海時代では新大陸である南北アメリカが発見されており、それが描かれている。

解答 B ② 「**宗教に基づいた世界観**」
この図は**TOマップ**とよばれ、キリスト教の世界観が描かれている。キリスト教の聖地である**エルサレム**を中心に、科学的な世界観が否定されて描かれている。

解答 C ① 「**南北に比べて東西の距離が過大**」
地中海からインド半島付近までの東西地域のみが描かれているが、アフリカ大陸の大半や、ヨーロッパの北部は描かれていない。

▬ 空所補充問題

☐ 2 . **解答** GIS（地理情報システム）

☐ 3 . **解答** GPS（全地球測位システム）

☐ 4 . **解答** リモートセンシング（遠隔探査）

▬ 正誤問題

☐ 5 . **解答** ○ GIS＝多数の地図の重ね合わせが可能。

☐ 6 . **解答** ○ GIS＝面積計算が可能。

☐ 7 . **解答** ✕ 「二つの地点間の最短距離を容易に計算することができる」 ➡ 歩行者の通行量から、**最短距離の計測はできない**。

□ **8.** ＧＩＳを用いると地表面の標高データから、地形の立体図や鳥瞰図を容易に作成することができる。

□ **9.** ＧＰＳを用いると方位磁石が使いにくい北極圏・南極圏における調査・探検でも、たやすく現在地を知ることができる。

□ **10.** ＧＰＳを用い地下資源の埋蔵量を探査し、開発可能性を推測することができる。

□ **11.** ＧＰＳを観測施設に設置することによって、地殻変動を短時間に観測することができる。

□ **12.** 壱岐島と九州本土を結ぶ船が欠航した日の風の強さや波の高さを知るために、気象庁のウェブサイトを参照する。

□ **13.** 近年発生した大雨による災害にともなう被災家屋や被災者の数を知るために、AMeDAS（アメダス：自動地域気象観測システム）のデータを検索する。

□ **8.** 解答 ○ GIS＝**標高などの数値**をデータベースとして**地図化する**ことが可能。

□ **9.** 解答 ○ GPS＝極圏における現在地測定も可能。

□ **10.** 解答 ✕ 「地下資源の埋蔵量を探査」 ➡地下資源の探査は**リモートセンシング**による。

□ **11.** 解答 ○ GPS＝地殻変動の観測が可能。

□ **12.** 解答 ○ 気象庁のウェブサイト＝過去の気象データも調査可能。

□ **13.** 解答 ✕ 「被災家屋や被災者の数を知るために AMeDAS のデータを検索」 ➡アメダスは**気象を観測する**ものであり、被災の状況は調査できない。

▌▀ 選択問題

□ **1**. 岩手県における地域調査の結果を発表するために、ケイタさんは交通網の発達にともなう地域への影響を統計地図で表現することにした。地図表現の方法について述べた文として下線部が**適当でないもの**を、次の①〜④のうちから一つ選べ。

① 近隣の花巻空港発着の国際チャーター便就航の影響を表現するため、異なる年次における市内観光地を訪れる外国人客数を図形表現図で示す。

② 自家用車の普及にともなうバス交通への影響を表現するため、異なる年次における地区別バス利用者の割合を階級区分図で示す。

③ 東北自動車道の開通が地域経済に与える影響を表現するため、開通前後における地区別の小売店数をドットマップで示す。

④ 東北新幹線開業にともなう通勤行動への影響を表現するため、開業前後における鉄道各駅周辺の駐車場収容台数を流線図で示す。

- -

▌▀ 正誤問題

□ **2**. 正距方位図法の地図では、大圏航路が任意の2点間の直線で表される。

□ **3**. 正距方位図法の地図では、等角航路が任意の2点間の直線で表される。

□ **4**. メルカトル図法の地図では、大圏航路が任意の2点間の直線で表される。

□ **5**. メルカトル図法の地図では、等角航路が任意の2点間の直線で表される。

□ **6**. 人口分布図は、人口の規模や密度などの地域的差異を示した地図である。

□ **7**. 海図は、海域における生物の種類と分布を示した地図である。

□ **8**. 災害予測図(ハザードマップ)は、災害被災地となり得る範囲などを示した地図である。

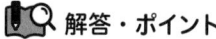 解答・ポイント

|▛ **選択問題**

□ **1.** 解答 ④ 　流線図は絶対量の移動を示す際に用いる。「鉄道各駅周辺の駐車場収容台数」を表すには図形表現図が適している。
　　　　なお、各地区別に絶対値を表すには、図形表現図を用い、各地区別に割合など相対値を表すには、階級区分図を用いる。

|▛ **正誤問題**

□ **2.** 解答 ✕ 　「大圏航路が任意の2点間の直線」➡正距方位図法における大圏航路は、**中心の1点と任意の1点との直線**で表される。

□ **3.** 解答 ✕ 　「等角航路が任意の2点間の直線」➡**等角航路はメルカトル図法**において表される。

□ **4.** 解答 ✕ 　「大圏航路が任意の2点間の直線」➡メルカトル図法における大圏航路は、赤道上の2地点や同一経線上の2地点などでは直線で表すことが可能であるが、それ以外は曲線で表される。

□ **5.** 解答 ◯ 　メルカトル図法＝任意の2点間の直線➡**等角航路**

□ **6.** 解答 ◯

□ **7.** 解答 ✕ 　「海域における生物の種類と分布を示した」➡海図とは、船舶の航行の便宜を図るため、海深や海流などが記されたものである。

□ **8.** 解答 ◯ 　ハザードマップ＝災害で被災する可能性のある地域を示す

1 地形図と地域調査

┃■ 一問一答問題

☐ **1.** ユカリさんたちは工場跡地で観光開発が進められていることを知った。このような観光の動向を調べる方法について述べた文として**適当でないもの**を、次の①〜④のうちから一つ選べ。

① 観光に関する行政的な施策を調べるために、市役所の担当者に聞き取りを行う。
② 観光客がどこから来たかを調べるために、観光施設来場者に対し、アンケート調査を行う。
③ 土産品店の分布を調べるために、職業別電話帳を利用する。
④ 宿泊施設の数を調べるために、5万分の1地形図の読み取りを行う。

☐ **2.** タクミさんは、明石海峡大橋の開通後に生じた地域の変化に関心をもち、さらに調査をすすめることにした。調査の目的とその方法について述べた文として**適当でないもの**を、次の①〜④のうちから一つ選べ。

① 大阪市や神戸市へ出かける鳴門市民の購買行動について、アンケート調査を実施してあきらかにする。
② 高速道路沿いに整備・分譲された工業団地への県外からの企業進出状況について、空中写真の判読からあきらかにする。
③ 鮮度が重視されるような野菜の出荷方法と販売戦略について、農業協同組合に聞き取り調査を行ってあきらかにする。
④ 鳴門市のホテル・旅館施設の立地変化について、新旧の職業別電話帳を活用してあきらかにする。

解答・ポイント

一問一答問題

□ 1 . 解答 ④ 「地形図」にはホテル・民宿などの宿泊施設の地図記号はないため、判別することができない。
　　①行政に関する施策は、市役所に赴き、担当者に「聞き取り調査」を行うのが適当である。
　　②観光客の出身地・交通手段など、その人でなければ知り得ぬ個人的な情報は、「アンケート調査」によって明らかにするのが適当である。
　　③「職業別電話帳」には、電話番号のほか、住所も業種別に書いており、商店などの分布も明らかにできる。

□ 2 . 解答 ② 「空中写真」からは、企業の進出元の判別はできない。
　　①人々の行動など、個人的な情報は「アンケート調査」が適当である。
　　③方法・戦略などは、それについて知る人物に「聞き取り調査」を行うのは適当。
　　④「職業別電話帳」は前述の通り、住所の記述があるので、立地変化も調査できる。

□ **3.** ケイジさんは、金沢市の代表的な観光地である兼六園を訪れる観光客について調べた。次の図は、兼六園を訪れる観光客数*と外国人観光客数の推移を示したものである。図から読み取れることがらと、その背景に関する調査方法について述べた文として**適当でないもの**を、下の①〜④のうちから一つ選べ。
　*外国人観光客を含む。

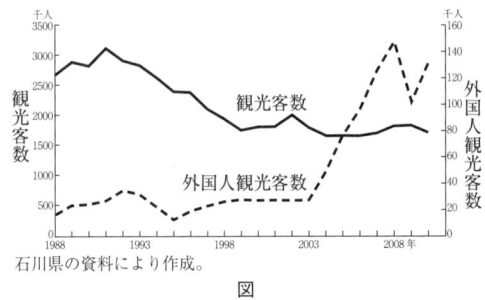

石川県の資料により作成。

図

① 兼六園を訪れる外国人観光客数が2003年を境に増加している背景を考察するために、地元の観光協会に聞き取り調査を行う。

② 兼六園を訪れる外国人観光客の出発国を調べるために、兼六園の出入口でアンケート調査を行う。

③ 兼六園を訪れる観光客数が1991年にピークを迎えた背景を調べるために、新聞記事を収集する。

④ 兼六園を訪れる観光客の地域商店街での購買行動を調べるために、新旧の住宅地図を比較する。

□ **4.** ヒロコさんは、東日本大震災をきっかけに宇和島市で防災についてあらためて議論されたことを知り、災害と地域とのかかわりについて調査することにした。調査方法について述べた文として最も適当なものを、次の①〜④のうちから一つ選べ。

① 災害時の状況について、津波浸水想定区域を調べるために、自治体が作成したハザードマップを確認する。

② 災害時の避難支援について、沿岸地域における地区別の高齢者の割合を調べるために、住宅地図を確認する。

③ 災害時の避難方法について、過去に生じた災害の際の住民行動を調べるために、新旧の空中写真を比較する。

④ 災害時の水の確保について、井戸のある場所を調べるために、最新の地形図を確認する。

□ 3 . 解答 ④ 「住宅地図」は各建物の所有者や名称、住所などは判別できるが、観光客の行動は調査できない。

①観光客増加の背景については、地元の観光協会に「聞き取り調査」を行うのは適当である。なお、担当者不在や、協会の人にもわからず、調査がいわゆる"空振り"になることもあるだろうが、これは「可能・不可能」を聞いているのではなく、「適当・不適当」であるので注意したい。

②「アンケート調査」は人々の出発国を調査するには適当である。

③また、当時の新聞記事を調べる「文献調査」は歴史的な背景を調べるには適当である。

□ 4 . 解答 ① 災害などの被害予測地域を調べるのには、ハザードマップを用いる。

②住宅地図には、所有者の年齢などの個人情報は掲載されておらず、高齢化の様子を調べることは適当ではない。

③空中写真からは、避難する人々を読み取ることは不可能であり、住民行動の調査は適当ではない。

④地形図には、井戸の地図記号がないため、適当ではない。

□ **5.** 次の図は、4か所の高速道路インターチェンジ（IC）における1日当たり交通量の推移を示したものである。図の交通量の推移と各IC周辺地域との関係を知るためにカズさんが考えた調査方法について述べた文として下線部が**適当でないもの**を、下の①〜④のうちから一つ選べ。

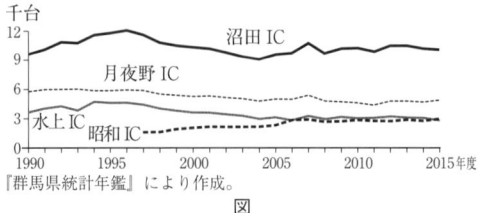

『群馬県統計年鑑』により作成。

図

① 沼田ICに近い川場村にある道の駅の利用圏を推定するために、<u>駐車する自動車のナンバープレートの地名を調べる</u>。
② 月夜野ICの交通量が変化した要因を知るために、<u>交通量の推移を利根沼田地域の将来人口推計値と照らし合わせる</u>。
③ 水上ICの交通量が1994年度以降減少している要因を知るために、<u>近接する水上温泉の宿泊客数の推移と照らし合わせる</u>。
④ 昭和ICが1997年度に新設されたことによる地域への影響を調べるために、<u>同年度前後の農業や工業に関する統計を分析する</u>。

□ **5**. 解答 ② 交通量の変化の要因について調べるには、「交通量の推移」と「将来人口の推計」を照らし合わせても判別できない。「各年次の人口推移」と照らし合わせる必要がある。

①「自動車のナンバープレート」には、自動車の所有者の居住地名が書かれていることが多いため、利用者がどこから来たか調査できる。

③温泉地の交通量減少は、観光客の減少と関係があると思われるため、宿泊客数の推移の調査は適当である。

④ICの立地が、農作物・工業製品の運搬に影響を及ぼす可能性もあるため、農工業の統計分析は適当である。

第Ⅱ章 系統地理

3 地 形

1 大地形

■ 選択問題

☐ **1.** 下の図1に示された **X ～ Z** の地形について述べた文として正しいものを、次の①～③のうちから一つずつ選べ。

① 山頂部が平坦な山が分布し、世界最大の落差を有する滝がみられる。
② 大陸氷河（氷床）による侵食によってできた起伏の小さな平原に、多くの湖沼がみられる。
③ 長大な地溝帯に沿って、湖や火山がみられる。

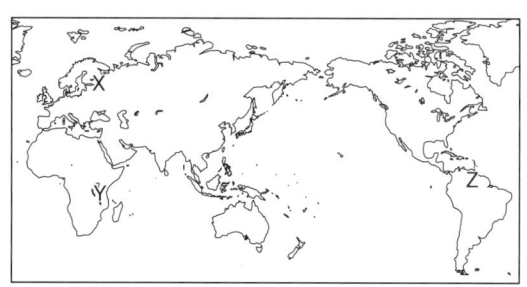

図1

☐ **2.** 下の図2に示された **ア ～ ウ** の地形に関することからについて述べた文として正しいものを、次の①～③のうちから一つずつ選べ。

① サンゴ礁の一種である環礁_{しょう}が発達しており、世界中から多くの観光客が訪れている。

② プレート境界には位置しないが、粘性の低いマグマを活発に噴出する火山がみられる。

③ プレートの広がる境界にあたり、海嶺_{かいれい}とよばれる長大な海底山脈が連なっている。

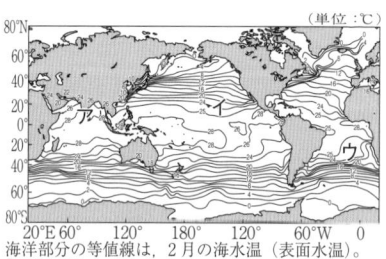

海洋部分の等値線は、2月の海水温（表面水温）。
『理科年表』により作成。

図2

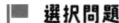 **解答・ポイント**

■ 選択問題

☐ **1.** **解答** X ② 「**大陸氷河（氷床）**」が分布していた地域は高緯度であり、東ヨーロッパ平原にあたる。

解答 Y ③ 「**長大な地溝帯**」とは、アフリカ大地溝帯のことである。

解答 Z ① 「**山頂部が平坦な山**」とはギアナ高地のテーブルマウンテンのこと。「**世界最大の落差を有する滝**」は同地域でみられるエンジェルフォールのこと。

☐ **2.** **解答** ア ① 「**環礁**」はモルディブでみられる。

解答 イ ② プレート境界に位置しないが、火山がみられる地点をホットスポットといい、ハワイ島でみられる。

解答 ウ ③ 「**プレートの広がる境界にあたり、海嶺とよばれる長大な海底山脈**」とは大西洋中央海嶺のことである。

□ **3.** 下の図3に示されたA～Dの自然環境の特徴について述べた文として正しいものを、次の①～④のうちから一つずつ選べ。

① いくつかの環礁（かんしょう）にある島々では、海面上昇により陸地の水没が危惧（きぐ）される。
② 活発な断層活動によって地溝帯が形成され、多くの火山が分布する。
③ 地殻変動で変形した地層に石油が貯留（ちょりゅう）し、大油田地帯を形成している。
④ プレート境界である海溝付近に島弧が形成され、活発な火山活動がみられる。

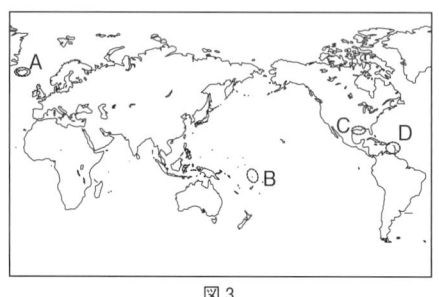

図3

□ **4.** 下の図4に示されたA～Cの特徴的な地形について述べた文として正しいものを、次の①～③のうちから一つずつ選べ。

① 古期造山帯に属する山脈が走り、海岸部にはフィヨルドがみられる。
② 世界最大の楯状地（たてじょうち）の一部であり、海岸部にはフィヨルドがみられる。
③ 新期造山帯に属する山脈が走り、火山がみられる。

図4

□ **3.** 解答 A ② 「**地溝帯**」「**火山**」は、**広がる境界**にあたるアイスランドでみられる。

解答 B ① 「**環礁**」は**造山・造陸活動のないプレート上の島々**にみられ、太平洋中央の島々で顕著にみられる。

解答 C ③ 「**大油田地帯**」とはメキシコ湾岸油田のこと。

解答 D ④ 「**海溝**」「**島弧**」は、環太平洋造山帯にあたる島々に多くみられる。カリブ海の島嶼（とうしょ）は、環太平洋造山帯の一部にあたる。

□ **4.** 解答 A ② 「**世界最大の楯状地**」はカナダ楯状地のこと。

B ③ 「**新期造山帯**」に属しているのはBのみ。

C ① 「**古期造山帯**」に属しているのはCのみ。

□ 5. 地形をつくり変化させる力を営力といい、河川による侵食や風化などの作用を（　　　）営力という。

□ 6. アラビア半島とアフリカ大陸を分ける（　　　）海は、アフリカ大地溝帯の延長上にある。

□ 7. インド洋や大西洋の中央部には、地下から上昇したマグマによってつくられた（　　　）がみられる。

□ 8. アメリカ合衆国西海岸では、ずれるプレート境界である（　　　）断層や周辺の活断層の活動にともなって地震が発生し、大都市でも被害が生じる。

□ 9. （　　　）ランドの一部であったアフリカ大陸の大部分は、高原状または台地状の地形を特色とする。

■ 正誤問題

□10. 紅海は、広がるプレート境界にあり、アフリカ東部の地溝帯の一部が沈水したものである。

□11. アフリカ大陸東部の大地溝帯は、海洋プレートが大陸プレートの下に沈み込むことによって形成されたものである。

□12. アンデス山脈は、広がるプレート境界に位置しており、周辺では地震がたびたび発生している。

□13. ヒマラヤ山脈は、せばまるプレート境界にあり、プレートどうしが衝突し形成された大山脈である。

□14. スマトラ島は、プレートとプレートがせばまる境界付近に位置するため、地震が発生しやすい。

□15. アメリカ合衆国東海岸の沖合には、海洋プレートの沈み込みによって形成された海溝がみられる。

□16. 日本列島の南方にあるマリアナ海溝には、世界で最も深い地点がある。

□17. カリフォルニア半島は、プレートとプレートがせばまる境界付近に位置するため、地震が発生しやすい。

□18. アンデス山脈を除く南アメリカ大陸の大部分は、安定陸塊である。

▌ 空所補充問題

- ☐ 5. 解答 外的　火山活動や地殻変動などの作用を、内的営力という。

- ☐ 6. 解答 紅

- ☐ 7. 解答 海嶺

- ☐ 8. 解答 サンアンドレアス

- ☐ 9. 解答 ゴンドワナ

▌ 正誤問題

- ☐ 10. 解答 ○　紅海＝**広がるプレート境界**＝アフリカ東部の地溝帯の一部

- ☐ 11. 解答 ×　「海洋プレートが大陸プレートの下に沈み込むことによって形成」
　➡地溝はプレートの沈み込みで形成されるものではない。

- ☐ 12. 解答 ×　「広がるプレート境界に位置」➡**せばまるプレート境界**に位置している。

- ☐ 13. 解答 ○　ヒマラヤ山脈＝**せばまるプレート境界**＝衝突型の大山脈

- ☐ 14. 解答 ○　スマトラ島＝**せばまるプレート境界**＝地震が多い

- ☐ 15. 解答 ×　「海溝がみられる」➡海溝はプレートの沈み込みのみられる、太平洋周辺に多い。

- ☐ 16. 解答 ○　マリアナ海溝＝沈み込み型のプレート境界＝**世界最深地点**

- ☐ 17. 解答 ×　「せばまる境界付近に位置」➡付近には**ずれるプレート境界**であるサンアンドレアス断層がみられる。

- ☐ 18. 解答 ○　南アメリカ大陸の大部分＝**安定陸塊**

☐**19.** 東ヨーロッパ平原は、卓状地からなっており、地震や火山噴火が頻繁に生じている。

☐**20.** カナダ楯状地は、長期間にわたる侵食を受けており、起伏の小さい地形となっている。

☐**21.** マダガスカル島は、プレートとプレートが広がる境界上に位置するため、火山活動が活発である。

☐**22.** 新期造山帯には、石炭や石油を多く産出する楯状地がみられる。

☐**23.** 新期造山帯には、広大な低地の中に基盤岩が隆起した卓状地がみられる。

☐**24.** 新期造山帯には、地殻変動を受けた後に侵食された構造平野がみられる。

☐**25.** 新期造山帯には、中生代後期以降に形成された大山脈や弧状列島がみられる。

☐**26.** アルプス・ヒマラヤ造山帯と環太平洋造山帯が接するインドネシア東部の海域は、多島海になっている。

☐**27.** カフカス山脈は、古期造山帯に属し、起伏が小さい山が連なっている。

☐**28.** ロッキー山脈では、標高が高く急峻な山々がみられる。

☐**29.** アパラチア山脈では、侵食が進んだ比較的なだらかな山々がみられる。

☐**30.** ウラル山脈では、活発な隆起運動が生じている。

☐**31.** アンデス山脈は、古生代から現在まで活発な造山運動を受けているため、高く険しい山脈となっている。

☐**32.** アフリカ大陸は、おもに安定陸塊から成るが、南部に新期造山帯の山脈が位置し、そこでは地震・火山活動が活発である。

☐**33.** 南アメリカ大陸は、中部から東部はおもに安定陸塊から成るが、西海岸沿いに新期造山帯の山脈が連なり、そこでは地震・火山活動が活発である。

□**19.** 解答 ✕ 「地震や火山噴火が頻繁に生じている」➡卓状地は安定陸塊に広がる低平な地形で、地震や火山などはみられない。

□**20.** 解答 ○ カナダ楯状地＝**安定陸塊**

□**21.** 解答 ✕ 「プレートとプレートが広がる境界上に位置するため、火山活動が活発」➡プレート境界に属さない安定陸塊で、火山活動もみられない。

□**22.** 解答 ✕ 「石炭や石油を多く産出する楯状地がみられる」➡楯状地は安定陸塊に広がる。また楯状地ではおもに**鉄鉱石**が多く産出される。

□**23.** 解答 ✕ 「広大な低地の中に基盤岩が隆起した卓状地がみられる」➡卓状地は安定陸塊に広がる。

□**24.** 解答 ✕ 「構造平野がみられる」➡構造平野は長期の侵食を受けて形成されたもので、現在も活動のある新期造山帯にはみられない。

□**25.** 解答 ○ 新期造山帯＝**大山脈・弧状列島**

□**26.** 解答 ○ インドネシア東部の海域＝アルプス・ヒマラヤ造山帯と環太平洋造山帯が接する多島海

□**27.** 解答 ✕ 「古期造山帯に属し、起伏が小さい山が連なっている」➡**新期造山帯に属し**、急峻な山が連なっている。

□**28.** 解答 ○ ロッキー山脈＝新期造山帯（急峻な山容）

□**29.** 解答 ○ アパラチア山脈＝古期造山帯（なだらかな山容）

□**30.** 解答 ✕ 「活発な隆起運動が生じている」➡**古期造山帯に属しており**、現在の造山活動はみられない。

□**31.** 解答 ✕ 「古生代から」➡アンデス山脈は新期造山帯で、中生代・新生代以降に造山運動を受けた山脈である。

□**32.** 解答 ✕ 「南部に新期造山帯の山脈が位置し、そこでは地震・火山活動が活発」➡アフリカ大陸の南部には古期造山帯がみられ、地震・火山活動はみられない。

□**33.** 解答 ○ 南アメリカ大陸中部から東部＝ブラジル高原やアマゾン低地など＝安定陸塊、西海岸沿い＝アンデス山脈＝新期造山帯

系統地理

3 地形

☐**34.** オーストラリア大陸は、中部から西部はおもに安定陸塊から成るが、東海岸沿いに新期造山帯の山脈が連なり、そこでは地震・火山活動が活発である。

☐**35.** ニュージーランド北島は、おもに安定陸塊からなるが、ニュージーランド南島は新期造山帯に位置し、そこでは地震・火山活動が活発である。

☐**36.** ハワイ諸島には、水没したかつての火山島が、プレートの移動方向に連なってみられる。

☐**37.** スリランカ西方にあるモルディブ諸島は、活火山からなる島である。

☐**38.** オーストラリア南部のタスマニア島では、火山活動が盛んである。

☐**39.** 火山のある地域は美しい風景や温泉などに恵まれているため、観光地化がみられる。

☐**40.** 日本の火山地域にある国立公園や国定公園では、自然環境保全の観点から、入園料の徴収が義務づけられている。

☐**41.** 火山のある地域は地熱エネルギーが豊富であるため、地熱発電による電力供給がみられる。

☐**42.** 日本の火山の山麓では、温泉や地熱を利用して、野菜や果樹の促成栽培が盛んに行われている。

☐**43.** 火山周辺には豊富な地下水が存在するため、生活用水としての利用がみられる。

☐**44.** スカンジナビア半島では、火山活動によりカルデラが形成されている。

☐**45.** 阿蘇山は、大量の火砕物質の噴出に関係したカルデラとよばれる火山凹地の地形を示すが、過去10万年間は噴火を起こしていない。

□**34.** 解答 ✕ 「東海岸沿いに新期造山帯の山脈が連なり、そこでは地震・火山活動が活発」➡オーストラリア大陸に新期造山帯はみられない。

□**35.** 解答 ✕ 「おもに安定陸塊からなる」➡ニュージーランドは北島・南島ともに新期造山帯に属する。

□**36.** 解答 〇 ハワイ島＝ホットスポット＝火山が存在

□**37.** 解答 ✕ 「活火山からなる島」➡モルディブはプレート上に位置し、活火山はみられない。サンゴ礁 で構成された島々である。

□**38.** 解答 ✕ 「火山活動が盛ん」➡タスマニア島では火山はみられない。

□**39.** 解答 〇 火山のある地域＝観光地となる

□**40.** 解答 ✕ 「入園料の徴収が義務づけられている」➡現在は義務にはなっていないが、今後、徴収する地域は増加する可能性はある。

□**41.** 解答 〇 火山のある地域＝**地熱発電**

□**42.** 解答 ✕ 「温泉や地熱を利用して、野菜や果樹の促成栽培が盛ん」➡温泉や地熱などを利用した促成栽培はほとんどみられない。

□**43.** 解答 〇 火山周辺＝豊富な地下水が存在

□**44.** 解答 ✕ 「火山活動によりカルデラが形成」➡スカンジナビア山脈は古期造山帯に属し、火山活動がみられない。

□**45.** 解答 ✕ 「過去10万年間は噴火を起こしていない」➡阿蘇山は活火山であり、小規模な噴火は現在もみられる。

選択問題

☐ **1.** 下の図1に示されたА～Dの特徴的な地形について述べた文として正しいものを、次の①～④のうちから一つずつ選べ。

① 起伏のゆるやかな低地がひろがり、大小の湖沼が点在する。
② 山地や高原に囲まれた盆地の底部に、大河川や湿地がみられる。
③ 東西を山脈に囲まれた標高2000m以上の高原に、盆地が点在する。
④ 標高3000m以上の山を含む山脈に、氷河に関連した地形がみられる。

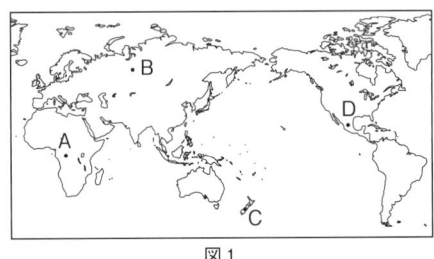

図1

☐ **2.** 下の図2に示されたア～ウの特徴的な地形について述べた文として正しいものを、次の①～③のうちから一つずつ選べ。

① 氷期に拡大した氷河の侵食によって形成された谷に、その後に起こった海面上昇によって海水が浸入した複雑な入江がみられる。
② 氷期の後に起こった大規模な海面上昇によって、河川の下流部に海水が浸入した入江がみられる。
③ 平野を流れる河川の下流部に、砂や泥などが大量に堆積して形成された低平な地形がみられる。

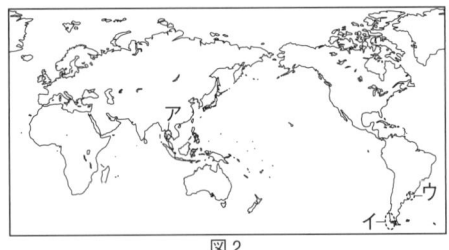

図2

解答・ポイント

選択問題

□ **1.** **解答** A ② 「**盆地**」はコンゴ盆地のことで、「**大河川**」はコンゴ川である。

解答 B ① 「**低地**」であるのはBのみ。

解答 C ④ 「**標高3000m 以上**」であるのは造山帯に含まれる**ニュージーラ ンド**。「**氷河に関連した地形**」は南西部にみられる**フィヨルド**の こと。

解答 D ③ 「**東西を山脈に囲まれた……高原**」は**メキシコ高原**。

□ **2.** **解答** ア ③ 「**砂や泥などが大量に堆積して形成された低平な地形**」は三角 州(さんかくす)のことで、チャオプラヤ川河口にみられる。

解答 イ ① 「**氷河の侵食によって形成された谷**」はU字谷のこと。そこに 「**海水が浸入した複雑な入江**」はフィヨルドで、チリの南部にみ られる。

解答 ウ ② 「**河川の下流部に海水が浸入した入江**」は三角江(さんかくこう)(エスチュアリ ー)のことで、ラプラタ川河口にみられる。

□ **3.** 下の図3の**A**の地域に分布している多くの湖について説明した文として最も適当なものを、次の①〜④のうちから一つ選べ。

① 降水を上回る蒸発によって塩分濃度が高くなった塩湖が多い。
② 蛇行（だこう）した河川の流路変更によって形成された三日月湖が多い。
③ 氷河の侵食作用によって形成された凹地（おうち）に水がたまった氷河湖が多い。
④ 火山の噴火によって形成された火口に水がたまった火口湖が多い。

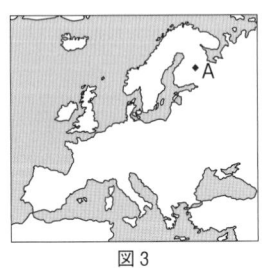

図3

□ **4.** 日本とほぼ同緯度に位置するニュージーランドに分布する地形のうち、日本にはみられない地形を、次の①〜④のうちから一つ選べ。

① カール   ② 断層崖（だんそうがい）   ③ フィヨルド   ④ リアス式海岸

□ **5.** 日本において古くから集落が立地しやすい場所として**適当でないもの**を、次の①〜④のうちから一つ選べ。

① 河岸段丘面   ② 後背湿地（こうはいしっち）   ③ 自然堤防の上   ④ 扇状地の扇端

□ **6.** ふだんは乾いているが、一時的な降雨の際に水流がみられる、乾燥地域の水無川（なしがわ）の地形名称として正しいものを、次の①〜④のうちから一つ選べ。

① カナート   ② ゲル   ③ サヘル   ④ ワジ

□ **7.** 外来河川の説明として最も適当なものを、次の①〜④のうちから一つ選べ。

① 国境を越えて複数の国を流れる河川
② 湿潤な地域から乾燥した地域に流れ込む河川
③ 経済的・文化的に異なる二つの地域を結ぶ河川
④ 人工的な流路改変によって、ある地域に新たに流れ込むようになった河川

☐ **3.** 解答 ③ A地域のフィンランドには氷河湖が多くみられる。
①塩湖は乾燥地域にみられるが、A地域は乾燥地域ではない。
②多くの三日月湖を形成するほどの河川氾濫が、A地域にはみられない。
④A地域には火山がみられない。

3
地形

☐ **4.** 解答 ③ フィヨルドは、**ニュージーランドにはみられる**。夏に高温となる日本では氷河が広くみられず、フィヨルドも形成されなかった。

☐ **5.** 解答 ② 日本で古くから集落が立地した地域は、水を得やすいいっぽうで水害の起きにくい地域であった。後背湿地は、水はけの悪い低地で、水害に遭いやすい地形といえる。

☐ **6.** 解答 ④ ①カナートは、イランの地下水路の名称。②ゲルは、モンゴルなどにみられる移動式住居の名称。③サヘルは、サハラ砂漠南縁の地域。

☐ **7.** 解答 ②

■ 空所補充問題

□ 8. 砂漠の中で水が得られ樹木が生育している（　　　）では、農業が可能。

□ 9. 乾燥地域の河川は、降雨の時だけ水が流れる（　　　）になる場合も多い。

□10. オーストラリア大陸東岸には、世界自然遺産に含まれる（　　　）というサンゴ礁帯がみられる。

□11. 中国の桂林地区では塔状の地形がみられ、この地形は、（　　　）岩の溶食作用により形成された。

□12. 山岳地域の谷頭部が氷河に削り取られることによって巨大な凹地である（　①　）という地形が形成され、これが多方向から切り合うと山頂部が尖った岩峰である（　②　）という地形になる。

□13. （　　　）谷は谷底部が氷河によって削り取られた侵食地形で、これが沈水するとフィヨルドになる。

- -

■ 正誤問題

□14. パリ盆地では、ケスタがみられる。

□15. アメリカ合衆国のモニュメントバレーにみられるメサやビュートなどの垂直な崖の地層は、その直下の斜面の地層に比べて侵食されやすい。

□16. ガンジス川の河口付近には、扇状地が広がっている。

□17. ミシシッピ川河口では、河川の作用により三角州（デルタ）が形成されている。

□18. セントローレンス川では、大河川の河口部に三角州（デルタ）がみられる。

□19. 扇状地は、河川流域に形成される侵食地形である。

□20. 扇状地を流れる河川では、氾濫から住居や耕地を守るために堤防を高くした結果、天井川が形成されることがある。

□21. 山間部を流れてきた河川は、山麓部において流速が小さくなるので、扇状地の堆積物はおもに粘土で構成されている。

□22. 扇状地の扇央部は、地下にしみ込んだ伏流水が湧き出しやすく、水が得やすいため集落が形成されてきた。

▆ 空所補充問題

□ 8 . **解答** オアシス

□ 9 . **解答** ワジ(涸れ川)

□10. **解答** グレートバリアリーフ(大堡礁)

□11. **解答** 石灰　タワーカルストとよばれる地形で、雨水などにより溶食され形成された。

□12. **解答** ① カール　② ホーン(ホルン)

□13. **解答** U字(氷食)

▆ 正誤問題

□14. **解答** ○　パリ盆地＝ケスタ

□15. **解答** ×　「侵食されやすい」➡垂直な崖の地層は、直下の斜面の軟らかい地層に比べて硬いため、侵食されにくいといえる。

□16. **解答** ×　「扇状地が広がっている」➡**三角州**がみられる。

□17. **解答** ○　ミシシッピ川河口＝三角州（デルタ）

□18. **解答** ×　「三角州（デルタ）」➡**三角江（エスチュアリー）**がみられる。

□19. **解答** ×　「侵食地形」➡扇状地は河川による堆積地形である。

□20. **解答** ○　堤防を高くする＝天井川が形成←天井川は**人工堤防の建設**などによって形成

□21. **解答** ×　「扇状地の堆積物はおもに粘土で構成」➡扇状地の堆積物は、おもに粒の大きい**砂礫**で構成されている。

□22. **解答** ×　「地下にしみ込んだ伏流水が湧き出しやすく、水が得やすいため集落が形成」➡伏流水が湧き出しやすいのは、**扇端部**である。扇央部はかつてから水が得にくく、集落形成が遅れた。

☐**23.** 桑畑や果樹園に利用されてきた扇央部には、灌漑用水路の整備により、水田が造成されたところもある。

☐**24.** 河川は扇央部において伏流することがあり、扇端では湧水がみられることが多い。

☐**25.** 三角州（デルタ）では、旧河道上に村落が立地することが多い。

☐**26.** 河岸段丘では、段丘面上よりも段丘崖に村落が立地することが多い。

☐**27.** 氾濫原では、自然堤防上よりも後背湿地に村落が立地することが多い。

☐**28.** 台地上の地域は、水が得にくいため開発が遅れる傾向にあるが、用水路の整備にともない水田や集落の開発が進むことがある。

☐**29.** 海岸段丘が発達している地域では、この地域が隆起してきたことを示している。

☐**30.** 岩石海岸が発達している地域は、堆積作用が活発であることを示している。

☐**31.** 三陸海岸は、長期的には沈水していて、多数の小さな入り江が外洋に開いており、沖合の地震では津波の被害を受けやすい。

☐**32.** 乾燥地域に多くみられる砂丘は、おもに風による侵食・運搬・堆積の作用でつくられる。

☐**33.** ホルンは孤立した峰地形で、山体を覆った氷河の圧力によって、地層が褶曲することで形成される。

☐**34.** カール（圏谷）とよばれる凹地形は、氷河の流動により、山地の斜面が侵食を受けることで形成される。

☐**35.** U字谷は、もとは氷河の侵食によるV字形の谷が、氷河の消失後に、地すべりで埋積されて形成される。

☐**36.** モレーンとよばれる高まりの地形は、氷河で削られた岩くずが、氷河の消失後に、流水で運搬されて堆積することで形成される。

□**23.** 解答 ○ 扇央部＝**桑畑・果樹園**が多い→水田造成も可能となった

□**24.** 解答 ○ 扇央部＝伏流、扇端部＝湧水

□**25.** 解答 ✕ 「旧河道上に村落が立地」➡旧河道上は水害の危険性が高く、村落は立地しにくい。

□**26.** 解答 ✕ 「段丘面上よりも段丘崖に村落が立地」➡段丘崖は急斜面で村落は立地しにくい。

□**27.** 解答 ✕ 「自然堤防上よりも後背湿地に村落が立地」➡後背湿地のほうが低地で、水害に遭いやすいため村落は立地しにくい。

□**28.** 解答 ○ 台地上＝水が得にくい➡開発が遅れる

□**29.** 解答 ○ 海岸段丘＝隆起と侵食がくり返されたことで形成

□**30.** 解答 ✕ 「堆積作用が活発である」➡岩石海岸は波などの**侵食作用**によって形成された。

□**31.** 解答 ○ 三陸海岸＝典型的なリアス海岸地域➡**津波の被害**が大きくなる

□**32.** 解答 ○ 砂丘＝侵食・運搬・堆積作用で形成

□**33.** 解答 ✕ 「氷河の圧力によって、地層が褶曲する」➡ホルンは周辺の地層が削られ、尖った岩峰であり、褶曲作用で形成されたものではない。

□**34.** 解答 ○ カール＝氷河の侵食で形成

□**35.** 解答 ✕ 「もとは氷河の侵食によるＶ字形の谷が、氷河の消失後に、地すべりで**埋積されて形成**」➡Ｖ字形の谷は、**河川侵食**によって形成される。Ｕ字谷は氷河の侵食を受けて形成される。

□**36.** 解答 ✕ 「氷河の消失後に、流水で運搬」➡モレーンは、氷河により運搬され堆積した地形。

▌ 選択問題

☐ **1.** 下の図1に示されたA～Cの湖について述べた文として正しいものを、次の
①～③のうちから一つずつ選べ。

① この湖は、かつての海が地殻変動によって内陸に閉ざされた塩湖である。
湖面は海面より低い位置にあり、流出河川はない。

② この湖は、断層運動によって形成された淡水湖である。湖面は海抜200m
以上の位置にあり、水深が深い。

③ この湖は、大陸氷河の侵食作用によって形成された、世界最大の淡水湖で
ある。湖面は海抜200m以下の位置にあり、流出河川の水量は豊富である。

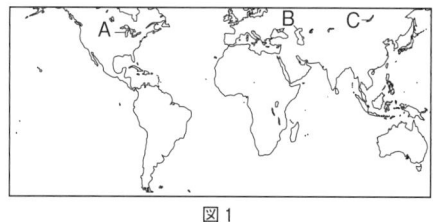

図1

☐ **2.** 次の図2に示されたア～ウの湖の特徴について示したものとして正しいもの
を、下の①～③のうちから一つずつ選べ。

Diercke Weltatlas, 2015 などにより作成。

図2

	湖面標高(m)	最大水深(m)	おもな成因
①	372	310	氷食谷を流れる河川が堰き止められた。
②	1	5	入江が砂州によって閉じられた。
③	−400	426	地殻変動によって地溝帯が形成された。

🔍 解答・ポイント

- -

▐ 選択問題

☐ **1.** **解答** A③ 「**大陸氷河の侵食作用**」によって形成されたのは**五大湖**である。

　　　 解答 B① 「**内陸に閉ざされた塩湖**」「**湖面は海面より低い位置**」とあるのでカスピ海と判断する。

　　　 解答 C② 「**断層運動**」によって形成され、「**水深が深い**」のはバイカル湖である。

II

系
統
地
理

3

地

形

☐ **2.** **解答** ア① 「**氷食谷**」がある低温地域で、標高が高い山岳地域であることから判断。

　　　 解答 イ③ 「**地溝帯**」がある地域で、湖面標高がたいへん低いことから判断。

　　　 解答 ウ② 「**入江**」のある沿岸部であることから判断。

□ 3 . 大陸の縁辺部にみられる、水深200mまでの浅い海底を（　　　　）という。

□ 4 . （　　　　）は日本列島の沖合で親潮（千島海流）と出合い潮境（潮目）に好漁場を形成する。

□ 5 . イラン北部では、地下水路を用いて自由地下水を導水する伝統的な灌漑農業が行われ、小麦などが栽培されている。

□ 6 . オーストラリアの大鑽井（グレートアーテジアン）盆地では、被圧地下水を利用した大規模灌漑農業や、ウシやヒツジの放牧が行われている。

□ 7 . 大陸や島嶼に隣接する大陸棚の分布する海域は、全海域の約30%を占めている。

□ 8 . 世界の好漁場の多くは、大陸棚のある海域に分布している。

□ 9 . 大陸棚はかつての陸地と考えられており、最終氷期には海面が低下して海峡が地続きとなった場所が出現し、人類の居住域の拡大をもたらした。

□10 . 大西洋北部の北アメリカ沿岸部には潮境（潮目）が存在し、海水温の急激な変化がみられる。

□11 . ヨーロッパの気候が緯度の割には温暖である理由の一つとして、大西洋北部における海水温の高さがあげられる。

□12 . 北太平洋の北緯50度以上の地域では、海流の向きは時計まわりが卓越する。

□13 . 南回帰線付近の南アメリカ大陸周辺では、南極近海から流れ込む寒流の影響を受ける東側沖合のほうが、西側沖合よりも海水温が低くなっている。

□14 . カリフォルニア海流は、北アメリカの中緯度付近の西岸におもにみられる1年を通して冷涼で湿潤な気候や、この地域の沿岸域における漁場の形成にかかわっている。

□15 . 黒潮（日本海流）は多量の熱エネルギーを輸送するとともに、ウナギやマグロなどの回遊にかかわっている。

▐ 空所補充問題

☐ 3. 解答 大陸棚

☐ 4. 解答 黒潮(日本海流)

▐ 正誤問題

☐ 5. 解答 ○ イランの地下水路（カナート）＝自由地下水を導水

☐ 6. 解答 ✕ 「被圧地下水を利用した大規模灌漑農業」→大鑽井盆地の被圧地下水は、おもに牧羊に利用され、大規模な灌漑農業などには用いていない。

☐ 7. 解答 ✕ 「全海域の約30％」→約8％程度と、10％にも満たない。

☐ 8. 解答 ○ 大陸棚＝好漁場…大陸棚は水深が浅く、太陽光線が届くため、植物プランクトンや海藻が繁殖し、魚が集まりやすい環境となっている

☐ 9. 解答 ○ 大陸棚＝浅い海底→氷期に陸続きになった場所がある

☐ 10. 解答 ○ 大西洋北部の北アメリカ沿岸部＝潮境（潮目）

☐ 11. 解答 ○ 北大西洋海流＝暖流→ヨーロッパの気候が緯度の割に温暖となる

☐ 12. 解答 ✕ 「時計まわりが卓越」→北太平洋の北緯50度以上の海域の海流は**反時計まわり**となる。

☐ 13. 解答 ✕ 「南極近海から流れ込む寒流の影響を受ける東側沖合のほうが、西側沖合よりも海水温が低くなっている」→南アメリカ大陸の西側沖合のほうが、**寒流のペルー海流の影響**から海水温が低い。

☐ 14. 解答 ✕ 「冷涼で湿潤な気候」→北アメリカ中緯度付近は海洋の影響で比較的温暖であり、寒流の影響で乾燥した気候をもたらしている。

☐ 15. 解答 ○ 黒潮＝暖流

1 気候の成り立ち・成因

■ 選択問題

□ **1.** 下の図に示された**ア**～**エ**の島国の自然環境について述べた文として正しいものを、次の①～④のうちから一つずつ選べ。

① 安定陸塊（安定大陸）に位置しており、西岸はステップ気候などに、東岸は熱帯雨林気候に属している。

② 安定陸塊（安定大陸）に位置しており、北部はサバナ気候に、中部から南部にかけては熱帯雨林気候に属している。

③ 新期造山帯に位置しており、サバナ気候に属している。

④ 新期造山帯に位置しており、大部分が熱帯雨林気候に属している。

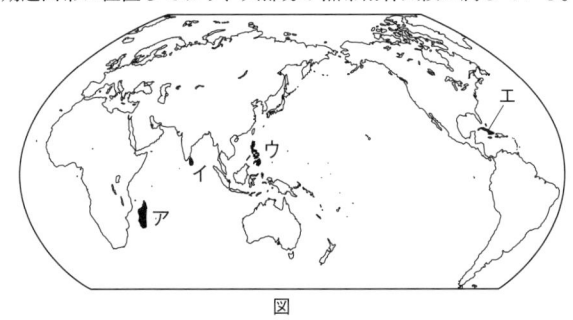

図

□ **2.** 北半球と南半球とで風向が異なっている貿易風の風向を、次の①～④から2つ選べ。

① 北東　　　② 北西　　　③ 南東　　　④ 南西

■ 空所補充問題

□ **3.** 緯度0～10度の地域は、年中（　　　）帯の支配下で上昇気流がみられ、その影響で年間を通じて多量の雨が降りやすい。

□ **4.** 緯度20～30度の地域は、年中（　　　）帯の支配下で下降気流がみられ、その影響で年間を通じて雨が降りにくい。

□ **5.** アルプス山脈から北部に向かって吹く（　　　）は、ヨーロッパの代表的な局地風である。

□ **6.** （　　　）は、夏季に吹く冷涼湿潤な東風であり、東北地方の稲作に悪影響を及ぼす。

解答・ポイント

選択問題

☐ **1.** **解答** **ア** ① マダガスカルは「安定陸塊」。貿易風帯のため、風上の東岸は年中多雨の熱帯雨林気候、風下は逆に乾燥気候となる。

解答 **イ** ② スリランカは「安定陸塊」。南部のほうが赤道に近く熱帯雨林気候となる。

解答 **ウ** ④ フィリピンは「新期造山帯」。赤道に近く熱帯雨林気候である。

解答 **エ** ③ キューバは「新期造山帯」。赤道からやや離れているためサバナ気候である。

☐ **2.** **解答** ①・③ 貿易風の風向は一般的に東からで、北半球では北東、南半球では南東となる。なお、風向で解答する方角とは、**「その風がどこから吹いてくるか」**なので気を付けよう。

空所補充問題

☐ **3.** **解答** 赤道低圧(熱帯収束)

☐ **4.** **解答** 中緯度(亜熱帯)高圧

☐ **5.** **解答** フェーン

☐ **6.** **解答** やませ

▌■ 正誤問題

□ **7.** 北極付近と赤道付近は、いずれも高圧帯となっている。

□ **8.** 高圧帯や低圧帯の南北移動は、降水量の季節変化の一因となっている。

□ **9.** 赤道付近では上昇気流が発生し、年降水量と年蒸発量が同程度である。

□ **10.** 緯度30度付近から高緯度側へ向かう大気の流れは、極東風とよばれる。

□ **11.** 緯度30度付近では下降気流が卓越し、湿潤な気候をもたらしている。

□ **12.** ハワイから日本に直行する飛行機は、貿易風が追い風となるために、日本からハワイに直行する飛行機よりも飛行時間が短い。

□ **13.** かつてのインド洋航路において、アフリカ東岸からスリランカへ向かう際は、1月に追い風を受けることができたため、所要日数の短縮につながった。

□ **14.** 同じ日射量を受けたとき、陸地は海洋よりも暖まりにくいので、夏季には通常、陸から海に向かって季節風が吹く。

□ **15.** 地中海側からのフェーンがアルプス山脈を吹き越えるときに、風下側にあたる山脈の麓に気温低下と湿度上昇をもたらす。

□ **16.** バルカン半島西部では、秋から冬にかけて、東ヨーロッパからディナルアルプス山脈を越えてアドリア海へ冷涼なフェーンが吹きおろす。

□ **17.** 冬に、シベリア高気圧から吹き出す寒冷な季節風の影響で、極東ロシア沿岸部から朝鮮半島にかけての地域は多雪地帯となる。

□ **18.** 東北地方の日本海側では、夏季にやませの影響を受け、冬季に季節風の影響を受けるため、屋敷林を設けた家屋がみられる。

正誤問題

□ **7.** 解答 ✕ 「いずれも高圧帯」➡赤道付近は低圧帯となっている。

□ **8.** 解答 〇 高圧・低圧帯＝降水の有無の要因、気圧帯＝**季節により南北に移動**する

□ **9.** 解答 ✕ 「年降水量と年蒸発量が同程度」➡赤道低圧帯の影響で、年降水量のほうが多い。

□ **10.** 解答 ✕ 「極東風とよばれる」➡このような大気の流れは**偏西風**とよばれる。極東風は、極付近から緯度60度付近へ向かう大気の流れのこと。

□ **11.** 解答 ✕ 「湿潤な気候をもたらしている」➡亜熱帯（中緯度）高圧帯がみられ下降気流が卓越するため、**乾燥した気候**をもたらしている。

□ **12.** 解答 ✕ 「貿易風が追い風となるために、日本からハワイに直行する飛行機よりも飛行時間が短い」➡ハワイ〜日本の航路上は偏西風帯で、ジェット気流により向かい風となるため、ハワイから日本に直行する飛行機の飛行時間は長くなる。

□ **13.** 解答 ✕ 「1月に追い風を受けることができた」➡7月に吹く**南西の季節風を受ける**と追い風となる。逆に、1月は北東の貿易風が吹くため向かい風となる。

□ **14.** 解答 ✕ 「陸地は海洋よりも暖まりにくいので、夏季には通常、陸から海に向かって季節風が吹く」➡陸地は海洋よりも暖まりやすい。また、夏季は、海から陸に向かって季節風が吹く。

□ **15.** 解答 ✕ 「気温低下と湿度上昇をもたらす」➡フェーンの風下側は、**下降気流により乾燥する**ため、気温の上昇と湿度の低下をもたらす。

□ **16.** 解答 ✕ 「冷涼なフェーンが吹きおろす」➡アドリア海へ吹きおろす冷涼な風はボラとよばれる。フェーンはアルプス山脈北部に吹きおろす**高温乾燥風**である。

□ **17.** 解答 ✕ 「極東ロシア沿岸部から朝鮮半島にかけての地域は多雪地帯」➡シベリア高気圧からの冬季の季節風により多雪となるのは、日本列島の日本海側である。

□ **18.** 解答 ✕ 「夏季にやませの影響を受け」➡日本海側は、冬季の季節風の影響を受けるが、やませの影響は受けない。

2 ケッペンの気候区分

▶ 選択問題

☐ **1.** イタリアでは、夏季は乾燥し、冬季は降水量が多くなる。このような気候的特徴がみられる地域として**適当でないもの**を、次の①～④のうちから一つ選べ。

① オーストラリアの南西部沿岸　　② 中国の北東部沿岸
③ トルコの南部沿岸　　④ 南アフリカ共和国の南西部沿岸

▶ 正誤問題

☐ **2.** アマゾン川中流域では、北東貿易風と南東貿易風の収束帯などの影響を受けるため、年間を通して降水が多い。

☐ **3.** 熱帯雨林気候に隣接する地域では、雨季と乾季がみられる。

☐ **4.** インドシナ半島東部では、1月に大陸から低温の北東風が吹き出し、多雪地域となる。

☐ **5.** 年降水量200mm以下の降水量の少ない地域は、北緯および南緯15度から30度付近に分布する傾向がある。これは、<u>亜熱帯高圧帯下にあって上昇気流が発生しにくい</u>ことが大きな原因である。

☐ **6.** 年降水量200mm以下の降水量の少ない地域は、アジアや北アメリカ大陸の東岸には分布しない。これは、<u>季節風が南東側の海洋から大陸に向かって吹く</u>時期に水蒸気の供給がなされるためである。

☐ **7.** 赤道に近い大陸西岸の低緯度帯でも乾燥地域がみられる場合がある。これは、<u>付近の海水温が相対的に低く、降水の原因となる上昇気流が起こりにくい</u>ことが理由である。

☐ **8.** 低緯度帯には、南北に走る山脈の存在により、<u>偏西風が山脈を吹きおりて下降気流が卓越する</u>ことから、一年を通して乾燥する地域もある。

☐ **9.** 地中海沿岸でもエジプトやリビアの北岸は、1年を通して亜熱帯高圧帯（中緯度高圧帯）の影響下にあり、砂漠がひろがっている。

☐ **10.** ヒマラヤ山脈の南斜面は、7月に多雨地域となるが、モンスーンがさえぎられる北斜面は少雨地域となる。

📖🔍 解答・ポイント

📕 選択問題

□ **1.** **解答** ② この気候は地中海性（Cs）気候で、おもに緯度30〜40度の大陸西岸に分布するが、**大陸東岸にはみられない**。

📕 正誤問題

□ **2.** **解答** ○ 北東貿易風と南東貿易風の収束帯＝**赤道低圧帯（熱帯収束帯）** ➡ 降水が多い

□ **3.** **解答** ○ 熱帯雨林気候に隣接する地域＝サバナ気候地域

□ **4.** **解答** ✕ 「多雪地域となる」 ➡ 1月は乾季となるため、降水はないうえ、インドシナは熱帯地域で雪もみられない。

□ **5.** **解答** ○ 緯度15度から30度＝亜熱帯高圧帯下＝砂漠が形成されやすい

□ **6.** **解答** ○ 季節風が吹く大陸東岸＝砂漠が形成されにくい

□ **7.** **解答** ○ 寒流の流れる大陸西岸＝砂漠が形成されやすい

□ **8.** **解答** ✕ 「偏西風が山脈を吹きおりて」 ➡ 偏西風が年中山脈から吹きおろし、下降気流となるのは、アルゼンチン南部のパタゴニア地域などで、低緯度帯ではない。低緯度帯では偏西風も卓越しない。

□ **9.** **解答** ○ エジプト・リビア＝亜熱帯高圧帯下➡乾燥気候

□ **10.** **解答** ○ ヒマラヤ山脈＝南斜面；モンスーンで**多雨**、北斜面；風下で**少雨**

☐ **11.** 北半球で観測された最低気温は、北極圏内に位置するグリーンランドの北極海沿岸部で記録された。

☐ **12.** シベリア内陸部では、水蒸気量が少ないので、低温にもかかわらず降雪量が少ない。

☐ **13.** アンデス山脈では、ツンドラ気候がみられる。

☐ **14.** 北極圏では、夏には太陽が一日中沈まない期間、冬には太陽が一日中昇らない期間があり、夏にはオーロラが頻繁に観察される。

☐ **15.** 低緯度であっても、アンデス山脈にある高地では比較的涼しく、気温の年較差が大きい。

☐ **16.** アフリカ大陸の低緯度地方では、降雪があってもすぐとけてしまうので、5,000mを超える高山でも万年雪や氷河は形成されない。

☐ **17.** 日本の大部分では、モンスーンの交代期に梅雨となって長雨が続くが、梅雨明け後は高温多湿な夏となる。

☐ **18.** 北陸地方では、日本海の海水温が比較的高く、寒気が日本海を渡る距離も長いので、降雪量が多い。

☐ **19.** 淡路島は瀬戸内の気候で全国平均と比べて年間の日照時間が長い。

□**11.** 解答 × 「北極圏内に位置するグリーンランドの北極海沿岸部で記録」➡北半球の最低気温は、「北半球の寒極」とよばれる**シベリア内陸部**で観測された。

□**12.** 解答 ○ シベリア内陸部＝隔海度が高い（海から遠い）➡降水が少ない

□**13.** 解答 ○ 高山地域＝気温逓減により低温➡ツンドラ気候

□**14.** 解答 × 「夏にはオーロラが頻繁に観察」➡オーロラの観察は、冬の極夜時期に頻繁に行われる。

□**15.** 解答 × 「気温の年較差が大きい」➡山地であっても、**低緯度地域では気温の年較差は小さい。**

□**16.** 解答 × 「万年雪や氷河は形成されない」➡標高5000m 地域では、熱帯地域であっても気温が下がり、万年雪や氷河がみられる。

□**17.** 解答 ○ 夏と冬のモンスーンの風向きが変わる時期＝梅雨

□**18.** 解答 ○ 北陸地方＝暖流の対馬海流➡水蒸気量が多い

□**19.** 解答 ○ 瀬戸内気候＝晴天が多い➡年間日照時間が長い

■ 選択問題

□ **1.** 西ヨーロッパから東ヨーロッパにかけて広く分布していた原生林は、その多くが耕地や人工林に変えられてきたが、その原生林の一部は下の図1中の**A**地点付近に残っており、世界自然遺産に登録されている。この原生林の特徴を説明したものとして最も適当なものを、次の①～④のうちから一つ選べ。

① 多種類の常緑広葉樹が密に生育する森林
② 乾燥に強い硬葉樹や灌木（かんぼく）から構成される森林
③ 落葉広葉樹と針葉樹が混じり合った森林
④ 光沢のある葉をもった照葉樹が主体となっている森林

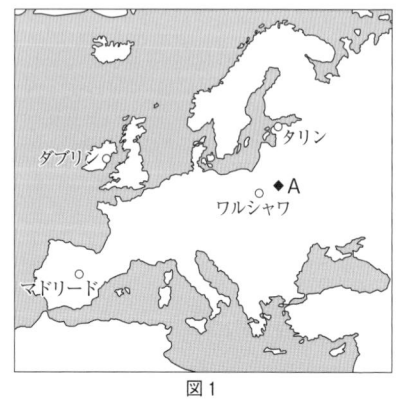

図1

□ **2.** 下の図2に示された**ア～オ**で典型的にみられる土壌と農業の特徴について述べた文として正しいものを、次の①～⑤のうちから一つずつ選べ。

① 玄武岩などが風化して生成した肥沃（ひよく）な土壌のテラローシャがみられ、おもにコーヒーが栽培されている。
② 玄武岩の風化で生成した肥沃な土壌のレグールがみられ、おもに綿花や雑穀が栽培されている。
③ 石灰岩が風化して生成した土壌のテラロッサがみられ、おもに果樹が栽培されている。
④ 草原地帯に分布する肥沃な土壌のチェルノーゼムがみられ、おもに小麦やトウモロコシが栽培されている。
⑤ 草類が枯れて分解されてできた黒色の土壌のプレーリー土がみられ、おもに小麦が栽培されている。

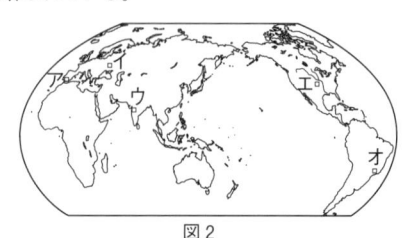

図2

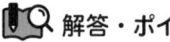

|■ 選択問題

☐ 1. 解答 ③　温帯と冷帯境界付近に位置しており、落葉広葉樹と針葉樹の混合林となる。

☐ 2. 解答 ア③　テラロッサは地中海沿岸に分布する。

解答 イ④　チェルノーゼムは黒海北岸からカザフスタンにかけて分布する。

解答 ウ②　レグールはインド中央部に分布する。

解答 エ⑤　プレーリー土はアメリカ合衆国中央部に分布する。

解答 オ①　テラローシャはブラジル高原南部に分布する。

□ **3.** カナダやロシアの内陸部には、低温に強い（　　　）葉樹林が分布している。

□ **4.** アメリカ合衆国東部には、冬季に落葉する（　　　）葉樹林が分布している。

□ **5.** 北極海に面した北アメリカ大陸沿岸部には、おもに地衣類や蘚苔類などからなる（　　　）という植生が広く分布している。

□ **6.** 日本の本州には（　　　）とよばれる成帯土壌が広く分布している。

□ **7.** 日本の本州よりも高緯度に位置する樺太には（　①　）とよばれる成帯土壌が、本州よりも低緯度に位置するフィリピンのルソン島には（　②　）とよばれる成帯土壌が、それぞれ広く分布している。

□ **8.** アメリカ合衆国中央部に分布するプレーリー土は、（　①　）色土の一種である。枯れ草が分解されてできた腐植に富む土壌であり、世界有数の穀倉地帯を形成してきた。同じような成因でできた土壌に、ウクライナ周辺にみられる（　②　）などがある。

□ **9.** アルゼンチンを流れるラプラタ川下流域は Cfa 気候地域で、（　　　）とよばれる温帯草原が広がる。

□ **10.** ヨーロッパの地中海沿岸には、赤色土壌の（　　　）が分布する地域があり、その土壌に適した作物の栽培が行われている。

□ **11.** 赤道付近は、冷帯地域に比べ、高い樹木が多くみられる植生となる。

□ **12.** サバナ気候下の植生には、乾季に葉や茎などが枯れる草原のほか、深い根と肉厚の葉をもつ低木林もみられる。

□ **13.** 島嶼では、その閉鎖性により独自の進化を遂げた固有種がみられることがあり、キューバの代表的な植物としてバオバブが知られている。

□ **14.** 砂漠には、地面が砂だけでなく、小石や岩のかけらに覆われるものや岩盤が露出したものもある。

□ **15.** ステップ気候下では、落葉樹林に由来する腐植により、湿潤地域より肥沃な土壌になりやすい。

■ 空所補充問題

☐ 3. 解答 針

☐ 4. 解答 広

☐ 5. 解答 ツンドラ

☐ 6. 解答 褐色森林土　日本の本州は温帯に属する。

☐ 7. 解答 ① ポドゾル　② ラトソル

☐ 8. 解答 ① 黒　② チェルノーゼム

☐ 9. 解答 パンパ　パンパには肥沃な黒色土が分布し、農業が盛んである。

☐10. 解答 テラロッサ

■ 正誤問題

☐11. 解答 ○　赤道付近の植生＝高木・高密度・樹種が多様

☐12. 解答 ○　サバナ気候の植生＝疎林と乾季に枯れる草原

☐13. 解答 ×　「キューバの代表的な植物としてバオバブ」 ➡ バオバブはアフリカ、マダガスカル島、オーストラリアなどに分布する植物。

☐14. 解答 ○　砂漠＝岩石砂漠と砂砂漠がある

☐15. 解答 ×　「落葉樹林に由来する腐植」 ➡ ステップ気候は**無樹林気候**であり、落葉樹林などはみられない。

☐ **16.** 日本の北海道地方では、オホーツク海高気圧の影響が大きく夏季も冷涼であり、針葉樹と広葉樹の混合林が広くみられる。

☐ **17.** アルゼンチンのパンパには、乾燥に強い硬葉樹林が分布している。

☐ **18.** サバナ（Aw）気候地域では、腐植による栗色（くりいろ）の土壌と丈の低い草原がみられる。

☐ **19.** 温帯地域では、腐植の集積した褐色の土壌と混交林がみられる。

☐ **20.** 黒海北部のウクライナでは、水分の蒸発により塩類が集積し、灰色の土壌が形成される。

☐ **21.** グリーンランド内陸部は、氷床に覆われている。

☐ **22.** ロシア西部のモスクワ周辺には、永久凍土が広く分布する。

☐ **23.** 永久凍土は、ツンドラ地帯のみでなくタイガ地帯にも分布している。

☐ **24.** 氷期には、大陸氷河（氷床）が現在より低緯度側に広がっていた。

☐ **25.** 氷期には、ツンドラが現在より低緯度側に広がっていた。

☐ **26.** 氷期には、森林限界が現在より標高の高い地域に分布していた。

☐ **27.** 陸上に存在する雪氷量が増大していた時期は現在よりも温暖であり、海水面が上昇していた。

☐ **16.** 解答 ○ 北海道（冷帯）の植生＝針葉樹・広葉樹の混合林

☐ **17.** 解答 ✕ 「硬葉樹林が分布」➡**硬葉樹林は地中海性気候**におもにみられる。アルゼンチンのパンパには温帯草原が広がっている。

☐ **18.** 解答 ✕ 「腐植による栗色の土壌」➡**栗色の土は乾燥帯**でみられ、熱帯の土壌は赤色である。また、丈の高い草原が広くみられる。

☐ **19.** 解答 ○ 温帯地域＝褐色森林土、広葉樹と針葉樹の混交林

☐ **20.** 解答 ✕ 「塩類が集積し、灰色の土壌が形成」➡**チェルノーゼムが分布**しており、肥沃な黒色土がみられる。

☐ **21.** 解答 ○ グリーンランド内陸部＝ＥＦ（氷雪）気候＝年中低温のため氷床が分布

☐ **22.** 解答 ✕ 「永久凍土が広く分布する」➡永久凍土はロシア国内では**おもに東部に広く分布**している。

☐ **23.** 解答 ○ 永久凍土の分布＝ロシアの北極海沿岸やシベリアなど

☐ **24.** 解答 ○ 氷期は気温が現在よりも低い➡低緯度方面も今より低温であった。

☐ **25.** 解答 ○ 氷期は気温が現在よりも低い➡低緯度方面も今より低温であったため、ツンドラ気候の範囲も低緯度へ広がっていた。

☐ **26.** 解答 ✕ 「森林限界が現在より標高の高い地域に分布」➡寒冷地が現在より多く広がっていたと考えられ、森林限界も現在より標高の低い地域に分布していたといえる。

☐ **27.** 解答 ✕ 「現在よりも温暖であり、海水面が上昇していた」➡雪氷量が増大していた時期は氷期であり、現在よりも低温であった。そのため、陸上の氷河の量が多く、海水面は低下していた。

4 異常気象・災害

■ 空所補充問題

□ **1.** おもに太平洋赤道海域の中部から東部において、海水温が平年より高い状態が続く現象のことを、（　　　）現象という。

□ **2.** エルニーニョ現象の発生時には、太平洋の低緯度地域で（　　　）風が弱まる。

□ **3.** 発達した熱帯低気圧の名称は地域によって異なり、インド洋周辺では（　　　）とよばれる。

□ **4.** アメリカ合衆国南部のカリブ海沿岸地域では、しばしば（　　　）とよばれる熱帯低気圧が発生し、周辺に被害を与える。

□ **5.** アメリカ合衆国の平原部では、（　　　）がしばしば発生し、建物などに大きな被害をもたらすことがある。

□ **6.** 日本周辺に襲来する台風は、中緯度では（　　　）風により東に進路を変えることが多い。

□ **7.** 火山噴火時に起こる（　　　）流は、高温のガスと個体粒子が一体となって高速度で流下する。

■ 正誤問題

□ **8.** エルニーニョ現象発生の際、南アメリカ北西部から太平洋中部、および北アメリカ南部では干ばつの発生する可能性が高まる。

□ **9.** 1997年から1998年にかけてエルニーニョ現象が発生したときには、アメリカ合衆国の西部では多雨、東南アジアでは高温・少雨の傾向がみられた。

□ **10.** インドネシアのスマトラ島でみられる干ばつの背景として、太平洋西部の海水温が異常に上昇するエルニーニョ現象などがある。

□ **11.** 同規模の地震・大雨などの現象が発生すれば、時代や地域にかかわらず被害の大きさは同程度である。

□ **12.** 南アメリカ大陸は、北アメリカ大陸に比べて、熱帯低気圧の襲来が多い。

📷🔍 解答・ポイント

▐▬ 空所補充問題

☐ **1.** 解答 エルニーニョ

☐ **2.** 解答 貿易　貿易風の弱化により、暖海水が西方へ流れなくなり、ペルー沖に滞留することで海水温が上昇する。

☐ **3.** 解答 サイクロン

☐ **4.** 解答 ハリケーン

☐ **5.** 解答 トルネード(竜巻)

☐ **6.** 解答 偏西

☐ **7.** 解答 火砕

▐▬ 正誤問題

☐ **8.** 解答 ✕ 「干ばつの発生する可能性が高まる」→降水が多くなるため、洪水など水害が発生する危険性が高まる。

☐ **9.** 解答 ◯ エルニーニョ現象の発生時＝太平洋東部（南北アメリカ方面）；**多雨**、西部（東南アジア方面）；**少雨**

☐ **10.** 解答 ✕ 「太平洋西部の海水温が異常に上昇」→エルニーニョ現象は**太平洋東部**の海水温が上昇する。

☐ **11.** 解答 ✕ 「時代や地域にかかわらず被害の大きさは同程度」→近年になるほど治水対策が進み被害が縮小しやすい。また、水はけの悪い土壌の地域では被害が拡大するなど、程度に差がある。

☐ **12.** 解答 ✕ 「熱帯低気圧の襲来が多い」→おもにカリブ海で発生する熱帯低気圧が北上し、北アメリカ大陸に被害を及ぼすため、**南アメリカ大陸の方が襲来は少ない**。

☐**13.** 南アジアでは、雨季の終わるころにはベンガル湾に熱帯低気圧（サイクロン）が発生して、大洪水が頻繁に起きる。

☐**14.** 台風は日本近海よりも海面水温の高い熱帯域で発生しやすい。

☐**15.** 熱帯低気圧は地球の自転の影響により赤道上で発生しやすい。

☐**16.** 南半球における熱帯低気圧の発生数は、季節にかかわらず年間を通じてほぼ一定である。

☐**17.** キューバとマダガスカルは、発達した熱帯低気圧の襲来を6〜11月に受けることが多い。

☐**18.** 日本への台風の接近および上陸が多いのは、日本付近に秋雨前線が停滞する9月ごろである。

☐**19.** 熱帯低気圧の中には、発達しながら中高緯度方面に移動し、その後、温帯低気圧に変わるものがある。

☐**20.** 熱帯低気圧は、中緯度地域では、卓越風の影響で西向きに進む傾向がある。

☐**21.** 台風は太平洋高気圧の縁を回り込むような経路をとることが多い。

☐**22.** 熱帯低気圧がもたらす多量の降雨は、洪水などの災害をもたらすことがあるいっぽう、貴重な水資源として活用されることも多い。

☐**23.** 中緯度地域に達する一部の台風は、日本付近に停滞する前線へ暖かく湿潤な空気を供給する。

☐**24.** 熱帯付近で発生する台風は、中緯度帯では東に進むことが多いため、風水害がみられる地域は東日本に集中している。

☐**25.** 日本列島では、前線が停滞しているときに台風が接近すると集中豪雨が発生することがあり、地すべりなどの土砂災害が生じる。

☐**26.** 活断層は、将来地震を起こすおそれがあり、活断層の近くでは、地震時の強い振動によって、建築物に大きな被害が出る可能性がある。

☐**27.** 活断層の活動によって地震が発生した場合、内陸の湖でも高潮が発生する可能性がある。

☐**13.** 解答 ○ インド洋周辺の熱帯低気圧＝サイクロン

☐**14.** 解答 ○ 台風＝水温の高い海域で発生

☐**15.** 解答 ✕ 「赤道上で発生しやすい」 ➡ **赤道上では、地球の自転の力（コリオリの力）が働かないため発生しない。**

☐**16.** 解答 ✕ 「季節にかかわらず年間を通じてほぼ一定」 ➡ 発生は気温の高い夏季に集中している。

☐**17.** 解答 ✕ 「6〜11月に受ける」 ➡ キューバは北半球であるが、マダガスカルは南半球であるから11〜4月に受けることが多い。

☐**18.** 解答 ○ 日本の台風上陸＝**9月**頃＝**秋雨前線停滞**期

☐**19.** 解答 ○ 熱帯低気圧＝高緯度に移動すると温帯低気圧に変化

☐**20.** 解答 ✕ 「卓越風の影響で西向きに進む」 ➡ 中緯度地域で卓越する**偏西風**により、東向きに進む傾向がある。

☐**21.** 解答 ○ 台風＝太平洋高気圧の縁を通過

☐**22.** 解答 ○ 熱帯低気圧 ➡ 多量の雨をもたらす＝貴重な水資源

☐**23.** 解答 ○ 前線へ暖かく湿潤な空気を供給＝豪雨の原因にもなる

☐**24.** 解答 ✕ 「東日本に集中している」 ➡ 最初に上陸しやすい西日本に集中している。

☐**25.** 解答 ○ 前線停滞＋台風の接近＝集中豪雨 ➡ 地すべりなどの土砂災害

☐**26.** 解答 ○

☐**27.** 解答 ✕ 「高潮が発生する可能性」 ➡ 高潮は海沿いで発生する。

系統地理

4

気候

☐**28.** 活断層の活動は、地震を起こすとともに、地層だけでなく地表面も変形させることが多いので、<u>地形によって活断層の位置がわかる可能性がある</u>。

☐**29.** 古い史料の記述から、活断層の活動によって、<u>いつ地震が発生したかを推定できる可能性がある</u>。

☐**30.** 震源の浅い直下型地震が発生すると、地表に断層の動きにともなう水平方向や垂直方向のずれが現れる場合がある。

☐**31.** 沖積平野の地盤は台地に比べて強固であり、地震による揺れが小さい。

☐**32.** 旧河道では地震発生の際、液状化が発生しやすい。

☐**33.** インド洋地域で観測された津波は、おもにインド洋の南西部で発生したものである。

☐**34.** 太平洋地域での津波の観測回数がインド洋地域より多い要因の一つとして、太平洋ではプレート境界が海洋を取りまくように分布することがあげられる。

☐**35.** グリーンランドで観測された津波の要因には、地震に加え、島内で生じた火山活動がある。

☐**36.** オセアニアの島嶼国・地域において、津波の観測回数に地域差がみられるのは、おもに島の面積の違いによる。

☐**37.** 日本の太平洋沿岸では、沖合のプレート境界であるフォッサマグナで発生する地震により、津波被害が生じる。

☐**38.** 1960年のチリで発生した地震では、震源付近だけでなく日本を含む太平洋沿岸に津波が到達した。

☐**39.** 阪神・淡路大震災を引き起こした兵庫県南部地震では、多くの人々が倒壊した家屋や家具の下敷きとなった。

☐**40.** 兵庫県南部地震では大規模な津波が発生した。

☐**41.** 本震のマグニチュードは、兵庫県南部地震より東北地方太平洋沖地震のほうが大きかった。

☐**28.** 解答 ○ 地形の変化＝活断層の位置の推定

☐**29.** 解答 ○

☐**30.** 解答 ○ 震源の浅い直下型地震＝断層の水平・垂直方向のずれ

☐**31.** 解答 ✕ 「地盤は台地に比べて強固であり、地震による揺れが小さい」➡沖積平野の地盤は、台地に比べ形成年代が新しく、強固なものとはいえない。

☐**32.** 解答 ○ 液状化＝水分の多い地域➡旧河道・埋立地など

☐**33.** 解答 ✕ 「おもにインド洋の南西部で発生した」➡おもにインド洋の北東部のインドネシア周辺海域で発生したものである。

☐**34.** 解答 ○ 太平洋を取りまくように環太平洋造山帯が分布しており、この地域が津波の発生地域となっている。

☐**35.** 解答 ✕ 「島内で生じた火山活動」➡グリーンランド島内に**火山はみられない**。氷河の崩壊による揺れにより津波が生じることがある。

☐**36.** 解答 ✕ 「島の面積の違いによる」➡観測回数の地域差は、国・地域内にプレート境界や火山があるか否かによる。

☐**37.** 解答 ✕ 「沖合のプレート境界であるフォッサマグナ」➡フォッサマグナは、沖合のプレート境界ではない。フォッサマグナは、新潟県と静岡県を結ぶ内陸にある。

☐**38.** 解答 ○ チリの地震➡**日本など太平洋沿岸**に津波をもたらす

☐**39.** 解答 ○ 兵庫県南部地震＝都市型地震➡建物の倒壊が多い

☐**40.** 解答 ✕ 「大規模な津波が発生」➡活断層による地震であり、津波の発生する海溝型の地震ではなかった。

☐**41.** 解答 ○ マグニチュード＝兵庫県南部地震＜東北地方太平洋沖地震

☐**42.** 火山地域では、溶岩流や火砕流（かさいりゅう）のみならず、噴火後の土石流や泥流によっても災害が発生する可能性がある。

☐**43.** 火山噴火によって発生した火山灰は、大気中に長期間とどまって、地球規模の気温上昇を引き起こすことがある。

☐**44.** 日本の火山の周辺では、上空に吹く風の影響により、火口の東側よりも西側に火山灰が厚く堆積（たいせき）することが多い。

☐**45.** 日本列島では、海溝に直交する向きに火山が列状に分布しており、噴火による災害がたびたび発生する。

☐**46.** 日本各地でみられる森林の管理不足は、土砂災害を拡大させる場合がある。

☐**47.** 日本列島で発生してきたおもな土砂災害には崖くずれ（山くずれ）・地すべり・土石流がある。

☐**48.** 土石流の危険性がある地域では、砂防ダムなどの対策が有効である。

☐**49.** 日本の集落では、家屋の裏山に土石流による被害を防ぐためにコンクリートで覆（おお）われている部分がみられる。

☐**50.** 機械を用いた高度な土木工事が困難だった時代には、霞堤（かすみてい）など、自然災害をもたらす現象をある程度受け入れる防災対策も行われた。

☐**51.** 日本列島の日本海側地域でみられる豪雪の背景として、太平洋からユーラシア大陸に向かって吹くモンスーン（季節風）などがある。

☐**52.** 日本の東北地方では、冬に寒冷な季節風が吹くと、日本海側では雪害、太平洋側では冷害が生じる。

☐**53.** 現代ではさまざまな防災対策が進んでいるが、地形からみて自然災害の危険性がある場所へ住宅地が拡大しているところもある。

☐**54.** 日本では、人々が災害にあわないように自治体によってはハザードマップを作成・公開している。

☐**55.** 春先に、日本海上空に進入した低気圧が急激に発達すると、本州では強風が吹いて気温が上昇する。

□**42.** 解答 ○ 火山地域の災害＝溶岩流・**火砕流**・**土石流**・泥流
＊河川や湖が噴火後に決壊し、灰などともに土石流となって流下
することがある。

□**43.** 解答 ✕ 「地球規模の気温上昇を引き起こす」➡火山灰は太陽光線を遮る
ため、逆に地球規模の**気温低下**を引き起こす。

□**44.** 解答 ✕ 「火口の東側よりも西側に火山灰が厚く堆積する」➡日本は**偏西風
帯**であるため、その影響から火山灰は風下にあたる**火山の東側**に
分布しやすい。

□**45.** 解答 ✕ 「海溝に直交する向きに火山が列状に分布」➡日本列島の火山は、
海溝と**並行**して分布している。

□**46.** 解答 ○ 森林の管理不足➡土砂災害の拡大

□**47.** 解答 ○ 土砂災害＝崖くずれ（山くずれ）・地すべり・土石流

□**48.** 解答 ○ 土石流の対策＝**砂防ダム**

□**49.** 解答 ✕ 「土石流による被害を防ぐため」➡斜面をコンクリートで覆うのは
土砂崩れの危険を防ぐためで、土石流の被害ではない。

□**50.** 解答 ○ 霞堤＝不連続になっている堤防➡洪水時に開口部から逆流させて
流れを弱める機能がある。

□**51.** 解答 ✕ 「太平洋からユーラシア大陸に向かって吹くモンスーン（季節風）」
➡豪雪の背景には、冬季の**ユーラシア大陸から太平洋へ向かって**
吹くモンスーンの影響がある。

□**52.** 解答 ✕ 「太平洋側では冷害」➡冬季の季節風により、太平洋側で冷害が
起きることはない。太平洋側の冷害は、やませによって生じる。

□**53.** 解答 ○ 自然災害の危険性がある場所➡住宅地拡大

□**54.** 解答 ○ 日本の自治体＝ハザードマップの作成・公開

□**55.** 解答 ○ 低気圧に向かって風が吹く＝日本海に向かって太平洋から風が吹
く➡気温が上昇する

5 | 環境問題

1 環境問題

■ 選択問題

□ **1.** 下の図に示されたA〜Eの地域にみられる自然環境について述べた文として正しいものを、次の①〜⑤のうちから一つずつ選べ。

① 国境を越えてきた大気汚染物質がもたらす酸性雨により、この地域の河川や湖沼では水質が酸性化し、水棲生物が死滅する被害があった。

② この地域では、商業伐採や農園造成がすすんだことにより、多くの樹種を特徴とする森林が減少し、そこに生息する希少生物が絶滅の危機にある。

③ この地域を流れる河川には、世界最大規模の水力発電ダムが建設されており、流域の生態系への影響が懸念されている。

④ 数年にわたる大干ばつなどの自然的要因と、過放牧などの人為的要因とが複合して、砂漠化が生じた。

⑤ 使用ずみの有機溶剤による地下水汚染などといったハイテク汚染が生じた。

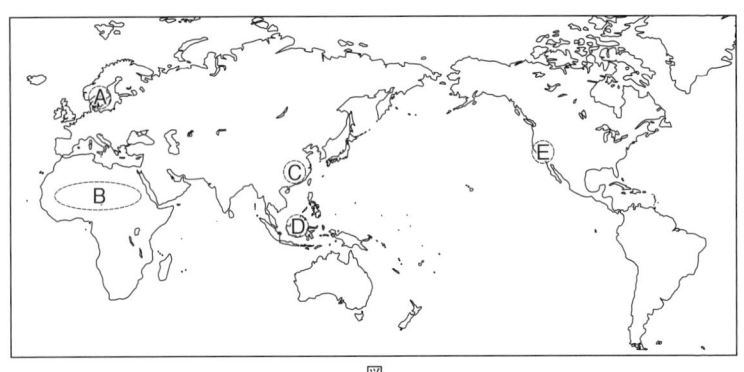

図

□ **2.** 山岳地域などで氷河の縮小が起きているが、それと原因が共通する現象として最も適当なものを、次の①〜④のうちから一つ選べ。

① アルプス山脈における森林限界の低下
② ケルン大聖堂（ドイツ）の外壁石材の風化
③ スカンディナビア（スカンディナヴィア）半島における湖沼生態系の破壊
④ 北海沿岸における低地水没の危機

解答・ポイント

選択問題

□ 1. **解答** A ① 「**国境を越えてきた大気汚染物質**」「**水棲生物が死滅**」から北ヨーロッパ地域と判断。

解答 B ④ 「**大干ばつ**」「**過放牧**」などによる「**砂漠化**」はサヘル地域と判断。

解答 C ③ 「**世界最大規模の水力発電ダム**」は長江流域のサンシャダムのこと。

解答 D ② 「**商業伐採や農園造成**」からプランテーション農業を想起し、東南アジアと判断。

解答 E ⑤ 「**ハイテク汚染**」とあるので、ハイテク産業の発達しているアメリカ西海岸と判断。

□ 2. **解答** ④ 氷河の縮小は温暖化によって起きている。④も温暖化により海水面が上昇することで起きている。①の森林限界の低下は氷期など寒冷化すると起こる。②③は酸性雨によって起こる。

☐ **3.** アジアにおいてマングローブの減少を引き起こしたおもな要因として最も適当なものを、下の①〜④のうちから一つ選べ。

① 森林火災による焼失 　　② 水温上昇にともなう枯死
③ 津波による流失 　　④ 養殖池や農地の開発

☐ **4.** 現在、貴重な生物種の生息地を十分に保護する必要性が指摘されている。このような生物種の保護・保全に関連した国際的な取り決めとして**適当でないもの**を、下の①〜④のうちから一つ選べ。

① 生物多様性条約 　　② マーストリヒト条約
③ ラムサール条約 　　④ ワシントン条約

|■空所補充問題

☐ **5.** （　　　）ガスの増加による地球温暖化にともなって海水面が上昇すると、低地では水没の危険性がある。

☐ **6.** アフリカ大陸のサハラ砂漠南縁にある（　　　）地域では、砂漠化が進行している。

☐ **7.** 干ばつなど砂漠化は、（　　　）難民が発生する要因の一つともなっている。

☐ **8.** オーストラリアでは、（　　　）破壊の進行による紫外線の増大によって、人間の健康への影響が懸念されている。

|■ 正誤問題

☐ **9.** 温暖化による海水面の上昇で国土の大部分が水没すると考え、国民の組織的移住に取り組みはじめた国がある。

☐ **10.** 温暖化による海水温の上昇にともなって、低緯度海域で蒸発量が増え、海洋全域において塩分濃度が上昇している。

☐ **11.** 温暖化にともなって降水量の変動が生じ、干ばつや洪水などが発生するばかりでなく、地震や火山活動も活発になってきている。

☐ **12.** 温暖化によって熱帯雨林が急速に拡大し、硬葉樹林の一部において熱帯雨林への移行がみられるようになった。

☐ **13.** ヒマラヤ山脈では、地球の温暖化にともなう多くの氷河の後退が懸念されている。

□ 3. 解答 ④　エビの養殖池や、プランテーション農園の開発により、マングローブが多く伐採された。

□ 4. 解答 ②　マーストリヒト条約とは、ＥＣがＥＵになる際の政治的統合などを定めた条約。

■空所補充問題

□ 5. 解答 温室効果

□ 6. 解答 サヘル

□ 7. 解答 環境　環境の変化・悪化により他の地域への移住を余儀なくされ、その地をおわれた人々のことを環境難民という。

□ 8. 解答 オゾン層

■ 正誤問題

□ 9. 解答 ○　国民の組織的移住に取り組みはじめた国＝太平洋の島国であるツバルなど

□10. 解答 ×　「海洋全域において塩分濃度が上昇」➡温暖化により地表面の氷河が融解し、海洋に流れ込むため、塩分濃度が上昇するとはいえない。

□11. 解答 ×　「地震や火山活動も活発」➡温暖化により、地震・火山活動が活発となる事例は確認されていない。

□12. 解答 ×　「硬葉樹林の一部において熱帯雨林への移行」➡温暖化により硬葉樹林が熱帯雨林に移行する事例は確認されていない。

□13. 解答 ○　地球温暖化＝氷河の後退

☐**14.** 海氷が融解することにより、北極海を経由する航路が形成されると、東アジアとヨーロッパを結ぶ船舶による航行距離が短縮される。

☐**15.** 海氷の分布域が縮小することにより、海氷上の移動をともなう伝統的な方法による狩猟が困難になりつつある。

☐**16.** 南極大陸の上空では、1980年代にオゾンホールが発見され、これが契機となって、オゾン層破壊物質に関する規制への世界的な取り組みが進められてきた。

☐**17.** オゾン層破壊の要因となるフロンガスの排出量規制のため、南半球の多くの国々では、国際条約に基づいてフロンガスの使用が全面的に禁じられている。

☐**18.** 有害紫外線の増加によって、皮膚癌や白内障などの健康被害が懸念され、オーストラリアではサングラスの着用を勧める学校もある。

☐**19.** サヘルでは、雨季・乾季が明瞭で、年ごとの降水量の変動が大きいために、干ばつが起こりやすい。

☐**20.** サヘルにおける農地の拡大や家畜の増加は、砂漠化の進行を抑制する。

☐**21.** 西部アフリカのマリでは、先進国企業による精密機械工場の建設のため、森林の過伐採が進んでいる。

☐**22.** オーストラリアでは、おもに景観の保全に必要な火入れが行われているため、森林面積が減少している。

☐**23.** インドネシアでは、森林の商業伐採や農地開発によって、熱帯固有の生物種の減少とともに先住民の伝統的な生活に影響が生じている。

☐**24.** 中国沿岸の工業地域から拡散する大気汚染物質は、貿易風の風下に位置する朝鮮半島や日本列島の降水を酸性化させるなど、国境を越えた影響も引き起こしている。

☐**25.** コンゴ盆地では、過剰な灌漑による土壌の塩類化（塩性化）の問題がみられる。

☐**26.** オーストラリアのマリー・ダーリング盆地では、過耕作や過放牧による土壌侵食の問題がみられる。

☐**27.** 北海では、産業・生活排水による水質汚濁の問題がみられる。

☐ **14.** 解答 ○ 海氷の融解➡北極海航路が形成➡**東アジア～ヨーロッパ**の船舶航行距離の**短縮**

☐ **15.** 解答 ○ 海氷の分布域縮小➡海氷上を移動する伝統的な狩猟が困難

☐ **16.** 解答 ○ オゾン層破壊物質＝フロンガス➡規制の取り組みが進む

☐ **17.** 解答 ✕ 「南半球の多くの国々」➡フロンガス使用が条約により規制されているのは先進国が中心で、南半球の多くの国ではない。

☐ **18.** 解答 ○ 紫外線の増加対策＝サングラスの着用（オーストラリアなど）

☐ **19.** 解答 ○ サヘル＝ステップ気候やサバナ気候（雨季・乾季が明瞭）＝降水量の変動が大きい➡干ばつ

☐ **20.** 解答 ✕ 「砂漠化の進行を抑制」➡砂漠化の進行を**促進**させる。

☐ **21.** 解答 ✕ 「精密機械工場の建設のため」➡精密機械工場の進出などはみられない。おもに過耕作や薪炭材の伐採が要因。

☐ **22.** 解答 ✕ 「景観の保全に必要な火入れが行われている」➡乾燥地域が大半であるため、景観保全のための森林への火入れは行われていない。

☐ **23.** 解答 ○ インドネシア＝プランテーション農園開発➡生物種の減少・伝統的な生活への影響

☐ **24.** 解答 ✕ 「貿易風の風下に位置する」➡朝鮮半島や日本列島は偏西風の風下に位置しているため、大気汚染物質による影響を受けている。

☐ **25.** 解答 ✕ 「過剰な灌漑による土壌の塩類化（塩性化）」➡熱帯であるコンゴ盆地は、降水が多く、灌漑などが過剰に行われることはない。また、**土壌の塩性化は乾燥地域で発生**しやすい。

☐ **26.** 解答 ○ マリー・ダーリング盆地＝灌漑（かんがい）による農業が盛ん➡土壌侵食問題

☐ **27.** 解答 ○ 北海＝周辺が先進国➡水質汚濁問題

□**28.** アマゾン盆地では、降水量が多いため、酸性雨の影響による森林被害が広がっている。

□**29.** 近年、アラスカでは、東アジアから飛来した大気汚染物質に起因する酸性雨によって、永久凍土の溶解がすすんでいる。

□**30.** スウェーデンでは、大気汚染に起因する酸性雨によって、<u>枯死する針葉樹林がみられ、常緑広葉樹林が卓越するようになった</u>。

□**31.** 酸性雨により酸性になった土壌や湖沼の中和には、ヘリコプターや散布車から石灰を散布する対策がとられている。

□**32.** 旧式の工場設備や自動車が多かった東ヨーロッパ諸国では、酸性雨原因物質の排出削減対策には、なお時間がかかるとみられている。

□**33.** 酸性雨そのものの防止のため、原因となる硫黄酸化物や窒素酸化物の排出を減らす対策がとられている。

□**34.** 1975年にラムサール条約が発効したことで、酸性雨の原因物質の排出を削減するための国際的な協力の枠組みが整えられた。

□**35.** バングラデシュでは、<u>廃棄物処理に対する環境規制が先進国ほど厳しくなく</u>、自然環境の悪化や人々の健康被害が懸念されている。

□**36.** 朝鮮半島や日本列島には、春の風で中国やモンゴルから黄砂が運ばれてきていたが、近年は大陸での植生の回復によりその発生が抑えられている。

□**37.** 日本の都市では生態系の保全・再生やその教育のために、学校や公園・緑地内にビオトープを整備している。

□**38.** 日本では都市の気温上昇を緩和するために、エアコンの普及をすすめている。

□**39.** 日本では、水資源を有効利用するために、雨水を貯留して生活用水の一部に用いている。

□**28.** 解答 ✕ 「酸性雨の影響による森林被害」→**酸性雨被害は工業地帯が中心**で、アマゾン盆地ではみられない。

□**29.** 解答 ✕ 「酸性雨によって、永久凍土の溶解がすすんでいる」→酸性雨ではなく、地球温暖化による溶解。

□**30.** 解答 ✕ 「常緑広葉樹林が卓越するようになった」→森林の枯死はみられたが、常緑広葉樹林への変化はみられない。

□**31.** 解答 ◯ 酸性雨対策＝石灰の散布

□**32.** 解答 ◯ 東ヨーロッパ諸国（旧社会主義国）＝大気汚染物質の削減には時間がかかる

□**33.** 解答 ◯ 酸性雨防止＝**硫黄酸化物・窒素酸化物**の排出を減らす

□**34.** 解答 ✕ 「ラムサール条約が発効した」→ラムサール条約は**湿地の保全条約**であり、酸性雨の原因物質の排出削減の条約ではない。

□**35.** 解答 ◯ 発展途上国＝環境規制が厳しくない

□**36.** 解答 ✕ 「近年は大陸での植生の回復によりその発生が抑えられている」→黄砂は砂漠化などの影響で、現在も発生している。

□**37.** 解答 ◯ 生態系の保全＝ビオトープの整備

□**38.** 解答 ✕ 「エアコンの普及をすすめている」→都市の気温は、エアコンの使用などによって上昇しており、**ヒートアイランド現象**が起こっている。

□**39.** 解答 ◯ 日本の水資源の活用＝雨水の貯留

6 | 農林水産業

1 農業の発達と穀物

選択問題

☐ **1.** 次の図のA〜Fは、現在、世界で広く栽培されている作物のおもな栽培起源地とされている地域を示している。A〜Fにあてはまる作物を、下の**ア〜カ**のうちから一つずつ選べ。

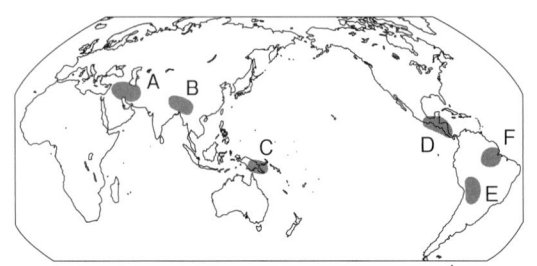

星川清親『栽培植物の起源と伝播』などにより作成。

図

ア 稲　　　　　　**イ** 小麦　　　　　**ウ** サトウキビ
エ 天然ゴム　　　**オ** トウモロコシ　**カ** ラッカセイ

☐ **2.** コーヒーの一種であるアラビカ種の栽培には、標高500〜2000mの高地が適している。コーヒーの主要な種となっているアラビカ種の原産地（栽培起源地）に該当するものを、次の①〜④のうちから一つ選べ。

① アラブ首長国連邦　　② ウルグアイ
③ エチオピア　　　　　④ ジャマイカ

☐ **3.** 次の①〜⑥の地域のうち、2016年における耕地1ha当たりの肥料の消費量が最も多い地域と、最も少ない地域をそれぞれ選べ。

① アジア　　　　　　　② アフリカ　　　　③ ヨーロッパ
④ 北・中央アメリカ　　⑤ 南アメリカ　　　⑥ オセアニア

☐ **4.** 次の①〜④の国のうち、農地1ha当たりの農業生産額が最も多い国を選べ。

① アメリカ合衆国　　② イギリス　　③ オランダ　　④ マレーシア

解答・ポイント

選択問題

□ **1.** 解答 A イ　B ア　C ウ　D オ　E カ　F エ

□ **2.** 解答 ③　コーヒーはエチオピアのカッファ地方が原産とされる。
　　　　なお、①アラブ首長国連邦のような乾燥地域では、コーヒーの栽培は不可能である。
　　　　問題文に「標高500～2000m の高地」が適しているとあるので、標高の低い②ウルグアイや④ジャマイカは該当しない。エチオピアは高原上に位置し、標高が高い。

□ **3.** 解答 多い地域　①　　少ない地域　②
　　　　先進地域のヨーロッパや北アメリカが一見多そうに感じる。しかし、EUでは環境を重視する農業を行うため化学肥料の使用量は抑えられており、耕地面積の広い北アメリカでは「1 ha 当たり」の消費量は少ない。

□ **4.** 解答 ③　オランダは酪農や園芸農業など、集約的で土地生産性の高い農業が盛んである。

□ 5 . 次の①〜④の国のうち、農産物の輸出額が、輸入額を上回っている国を一つ選べ。

　　① タイ　　　　　　　② 中国　　　　③ ドイツ　　　④ 日本

▐▀ 空所補充問題
□ 6 . 米は生産量の割に輸出量が少なく、生産した地域で消費されるため（　　　）的性質の強い作物といえる。

□ 7 . 中国では、経済発展にともなう食生活の変化により、畜産物の生産が増加したため、飼料用の（　　　）を多く輸入するようになった。

▐▀ 正誤問題
□ 8 . 米は小麦と比べて世界の総生産量に対する総輸出量の割合が高い。

□ 9 . 米は一般的に生産国で消費される傾向にあるが、タイやアメリカ合衆国では、輸出向けに生産される割合も高い。

□10. 日本では米の国内生産量が増えたにもかかわらず、国内消費量が減ったため、アジア各国などへの米の輸出量は急増した。

□11. イタリアのポー川流域での大規模な稲作と比べると、タイのチャオプラヤ川河口域での集約的稲作のほうが労働生産性は高い。

□12. 冷凍船の就航は鮮度を保持しながらの遠距離輸送を可能とし、南半球において酪農や肉牛生産を発展させる契機となった。

□ **5.** 解答 ① タイは米の世界的な輸出国である。日本は農作物の輸入依存が大きい。中国とドイツは輸出額も大きいが、中国は消費も多いため輸入も多く、ドイツはEUに加盟しており自由貿易が盛んであるため輸入も多くなる。

◼ **空所補充問題**

□ **6.** 解答 自給

□ **7.** 解答 大豆　大豆とトウモロコシは、飼料作物として消費されることが多い。

◼ **正誤問題**

□ **8.** 解答 ✕ 「総輸出量の割合が高い」➡米は生産された地域でほぼ消費される傾向にあり、輸出量の割合が低い。

□ **9.** 解答 ○ 米＝生産国で消費＝**自給的**作物、タイ・アメリカ合衆国の米＝輸出向けの生産

□ **10.** 解答 ✕ 「米の輸出量は急増した」➡国内消費量の減少に伴い、国内での米の生産量も減少しており、輸出が急増するまでの余剰はない。

□ **11.** 解答 ✕ 「労働生産性は高い」➡労働生産性は機械化が進んだ地域ほど高く、タイよりもイタリアのほうが高いといえる。

□ **12.** 解答 ○ **冷凍船**の就航＝**南半球**の牧牛発達…肉類や酪製品は、おもに北半球の欧米諸国で消費が多く、南半球からそれらを輸送する際、熱帯を通過するため冷凍船の就航が不可欠であった。

■ 選択問題

□ **1.** 農産物の生産目的は、自国内の消費や他国への輸出などさまざまである。生産量と輸出量について、世界第1位の国が同一である農産物を、次の①〜④のうちから一つ選べ。

① オレンジ　　② カカオ豆　　③ キャッサバ　　④ バナナ

□ **2.** アグリビジネス（農業関連企業）について述べた文として**適当でないもの**を、次の①〜④のうちから一つ選べ。

① 果物を世界各地で販売するために、熱帯地域で農園を経営している。
② 国営農場（ソフホーズ）を集団農場（コルホーズ）に再編し、自給的農業を行っている。
③ 独自の情報網を利用して、世界の穀物需給の動向を把握している。
④ 農産物の集荷、貯蔵、加工のほか、肥料や飼料の生産や販売を手がけている。

□ **3.** 次の①〜④の各地域で行われている酪農について述べた文にあてはまる地域を、下の**ア〜エ**からそれぞれ一つずつ選べ。

① 機械化のすすんだ酪農が行われており、数千頭規模の乳牛を飼育する企業的な経営もみられる。
② 19世紀後半から協同組合や農業教育が普及し、農業技術を発達させた酪農が行われている。
③ 第二次世界大戦後に入植によって酪農が広く行われるようになったが、近年は生産過剰などの問題を抱えている。
④ 冬季の気候が温暖で年間を通して牧草が育つことから、自然の牧草地を利用した粗放的な酪農が行われている。

ア アメリカ合衆国太平洋岸　　イ ニュージーランド
ウ 北海道東部　　エ ヨーロッパ北西部

解答・ポイント

選択問題

□1. 解答 ② 生産量・輸出量ともに多い、ということは、輸出するために栽培された商品作物ということである。③・④は主食として食べている地域もあるため、商品作物とはいえない。①も地域で食されることが多い果実である。②のカカオ豆は欧米への輸出向けの作物として栽培されており、コートジボワールが生産・輸出ともに１位である。

□2. 解答 ② アグリビジネスとは、欧米諸国中心に拠点のある穀物メジャーとよばれる大企業などにより、農作物を取引する世界的なビジネスのことである。ソフホーズやコルホーズは、かつてロシアがソ連時代に有していた農場のことで、アグリビジネスと何ら関係がない。

□3. 解答 ①ア 「機械化」「企業的な経営」は、新大陸であるアメリカでみられる。

解答 ②エ 「19世紀後半から協同組合」が発達したのは、デンマークなどヨーロッパの北西部。

解答 ③ウ 「第二次世界大戦後」に酪農が盛んとなったのは日本。

解答 ④イ 「冬季の気候が温暖」なのは海洋性の気候、「粗放的な酪農」はヨーロッパなどの先進国ではないことを示している。

□ **4.** 次の①〜④は、下のア〜エのいずれかの国の畜産業の特徴について述べたものである。①〜④とア〜エの正しい組合せをそれぞれ選べ。

①19世紀後半の冷凍技術の発達により遠隔の大消費地へ牛肉の輸出が可能となり、平坦で肥沃な土地に広がる大牧場での牛の飼育が盛んになった。

②乾燥した地域が広く分布することから、スペインを原産地とするメリノ種が多く飼育され、世界最大の羊毛の輸出国となっている。

③乳牛を、夏には山地で放牧し、冬には麓の牛舎で飼育する移牧が行われ、バターやチーズなどの乳製品を生産している。

④牛や水牛の飼育頭数が多く、役畜として利用されてきたほか、近年は流通網の整備や品種改良などにより乳の生産量が増加し、「白い革命」とよばれる。

ア アルゼンチン　　イ インド　　ウ オーストラリア　　エ スイス

- -
▌▀ **空所補充問題**

□ **5.** 乾燥地域では、地下に用水路を掘削し、この地下水路の用水を利用してオアシス農業が営まれている。この地下水路は、北アフリカや中国などの乾燥地域でもみられ、イランでは（　　　）とよばれる。

□ **6.** アメリカ合衆国中央部では、（　　　）方式とよばれる地下水をくみ上げ散水する灌漑農業が行われ、塩害などが懸念されている。

□ **7.** グレートプレーンズでは、（　　　）を用いて肉牛を肥育する企業的牧畜業が行われている。

□ **8.** アメリカ合衆国には、（　　　）とよばれる大規模な多国籍企業の本拠地が存在しており、世界の穀物市場に強い影響を与えている。

□ **9.** EUは、EC時代から実施された農産物の価格支持などの（　　　）政策により、穀物の輸入地域から輸出地域へと変貌した。

□ **10.** 中国の長江下流域では、温暖湿潤な気候のもとで、1年の間に米麦両方を栽培する（　　　）作が広くみられる。

□ **11.** 日本では品種改良による収量増大や食生活の変化にともない、米が生産過剰となり、水田面積を減少させるため（　　　）政策がとられるようになったが、2018年度に廃止された。

□ **12.** 日本の住居に多くみられる畳表の原料は（　　　）である。

□ **4.** 解答 ①ア　冷凍技術の発達により輸出が可能となったのは南半球であり、**「肥沃な土地」**である国から判断する。

　　　解答 ②ウ　乾燥地域が広がり、**「世界最大の羊毛の輸出国」**であることから判断する。

　　　解答 ③エ　移牧はアルプス山脈でみられる牧畜形態。

　　　解答 ④イ　**「白い革命」**が行われた国で判断する。

|■ 空所補充問題

□ **5.** 解答　カナート

□ **6.** 解答　センターピボット

□ **7.** 解答　フィードロット

□ **8.** 解答　穀物メジャー

□ **9.** 解答　共通農業

□ **10.** 解答　二毛

□ **11.** 解答　減反

□ **12.** 解答　い草

▐■ 正誤問題

□**13.** タイでは、伝統的な農業に代わって、灌漑施設をととのえた高収量の浮き稲の栽培が急速に普及した。

□**14.** ヒマラヤ山脈では稲の品種改良によって耕作可能地域が広がり、人間の常住限界高度まで稲作が行われている。

□**15.** 第二次世界大戦後のプランテーション農業では、国や現地資本の中小企業などが経営する農園が多くなったが、多国籍企業による契約農業など欧米資本の関与が継続している場合もある。

□**16.** マレーシアでは、油ヤシやゴムの栽培が第二次世界大戦前に中国系住民によって始められ、戦後、コーヒーやカカオ栽培に転換されていった。

□**17.** フィリピンでは、アメリカ合衆国と日本の企業がバナナを大規模に栽培し、おもに日本へ輸出している。

□**18.** バングラデシュでは、ガンジス、ブラマプトラ（ジャムナ）両河川の三角州（デルタ）で稲作が行われ、米は古くから輸出農産物の首位を占めてきた。

□**19.** 近年、食用油や石けんの原料となるパーム油の需要が高まり、イランやパキスタンでアブラヤシの生産量が急増した。

□**20.** 茶はアジアで大半が生産されており、インドやスリランカなどではプランテーションでの生産が多い。

□**21.** パキスタンでは、インダス川流域で灌漑設備が整うにつれて野菜栽培が盛んとなり、小麦の総生産量を上回るようになった。

□**22.** アフガニスタンでは、家畜を飼養して乳製品や羊毛を生産する地域もみられる。

□**23.** イラン高原では、ため池の水を利用してコーヒーが栽培されている。

□**24.** サウジアラビアでは、大規模な灌漑施設を利用して小麦や野菜を栽培する地域もみられる。

□**25.** サハラ砂漠北縁では、乾燥に強いラクダなどを中心とした遊牧が広くみられる。

正誤問題

☐**13.** 解答 ✕ 「高収量の浮き稲の栽培」➡浮き稲は高収量品種ではなく、**雨季の時期に背丈の伸びる稲**のこと。

☐**14.** 解答 ✕ 「人間の常住限界高度まで稲作が行われている」➡ヒマラヤ山脈の高度の高い地域では、ヤクなどの遊牧が行われており、稲作はみられない。

☐**15.** 解答 ○ 植民地支配からの独立後のプランテーション農園＝国・現地資本の中小企業、多国籍企業による契約農業などもみられる

☐**16.** 解答 ✕ 「コーヒーやカカオ栽培に転換されていった」➡マレーシアではゴム栽培が中心であったが、油ヤシの栽培に転換され、現在、**パーム油の輸出が多い。**

☐**17.** 解答 ○ フィリピンのバナナ栽培＝**アメリカ合衆国・日本**の企業が行う

☐**18.** 解答 ✕ 「輸出農産物の首位を占めてきた」➡バングラデシュは国内における米の消費量が多く、輸出農産物の首位に米は入らない。

☐**19.** 解答 ✕ 「イランやパキスタンでアブラヤシの生産量が急増」➡アブラヤシは、インドネシアやマレーシアで栽培され、パーム油に加工されている。イランやパキスタンのような乾燥地域では栽培できない。

☐**20.** 解答 ○ 茶の生産＝アジアが大半、インド・スリランカはプランテーション栽培

☐**21.** 解答 ✕ 「小麦の総生産量を上回るようになった」➡パキスタンは主食である穀物の小麦生産のほうが多い。

☐**22.** 解答 ○ アフガニスタンの農業＝家畜の飼養（乳製品・羊毛の生産）

☐**23.** 解答 ✕ 「ため池の水を利用してコーヒーが栽培」➡イラン高原の乾燥地域では、地下水路のカナートを利用し、乾燥に強い果樹や小麦の栽培を行っている。

☐**24.** 解答 ○ 大規模な灌漑施設＝センターピボット農法➡小麦・野菜を栽培

☐**25.** 解答 ○ 乾燥地域＝**ラクダの遊牧**

□**26.** EU（欧州連合）は、EU域内各国間での農産物の関税を撤廃するいっぽうで、域外からの安価な輸入農産物に課徴金を課している。

□**27.** EUが行っている共通農業政策では、域内のおもな農産物の統一価格が決められ、市場での価格が統一価格より下がった場合には、統一価格での買入れが行われる。

□**28.** EU諸国間における共通農業政策の実施には多額の予算を必要とし、その負担をめぐってEU加盟国の間で対立が生じている。

□**29.** 牧草地が国土面積の約4割を占めるイギリスでは牧畜業が盛んであり、ペニン山脈の西側では牧羊、北部と東側では酪農が中心をなしている。

□**30.** フランスでは、1970年から2000年に小麦生産量が増加しているが、これは大規模経営による生産性の高さから小麦栽培を拡大してきたためである。

□**31.** イタリアでは、1970年以降小麦生産量の減少傾向が続いているが、これは農場の国有化を推進したものの、生産性が向上しなかったためである。

□**32.** ソ連時代に農産物の生産を担っていた国営農場や集団農場の多くは、ソ連崩壊後、企業や組合などに再編された。

□**33.** アメリカ合衆国は、広大な農地を少人数で経営する効率的な農業生産により、世界の食料基地とよばれるほどになった。

□**34.** 穀物メジャーとよばれる巨大な穀物商社は、世界の穀物価格の形成に大きな影響を与えている。

□**35.** 穀物メジャーは、アメリカ合衆国の穀倉地帯に数多くのカントリーエレベーターを所有している。

□**36.** 綿花の世界最大の生産国であるアメリカ合衆国では、中国への綿花の供給が盛んになされている。

□**37.** アメリカ合衆国の五大湖沿岸地域では、冷涼な気候のもとで酪農が広くみられる。

□**38.** カナダでは、年による小麦生産量の変動が大きいが、これは栽培限界の近くに位置し、気温や降水量の変動の影響を受けやすいためである。

□**39.** 中央アメリカでは、熱帯の気候に属する地域で輸出を目的としたバナナなどのプランテーション農業がみられる。

□**26.** 解答 ○ ＥＵ＝域内の農産物；関税撤廃、域外の輸入農産物；課徴金

□**27.** 解答 ○ 共通農業政策＝農産物の統一価格の決定

□**28.** 解答 ○ 共通農業政策＝多額の予算が必要➡負担をめぐった諸国間の対立

□**29.** 解答 ✕ 「西側では牧羊、北部と東側では酪農」➡偏西風地域であるため、**西側が湿潤となるため**酪農、**東側が乾燥するため**牧羊が中心となっている。

□**30.** 解答 ○ フランス＝大規模経営・生産性が高い

□**31.** 解答 ✕ 「農場の国有化を推進」➡イタリアは資本主義経済であり、土地の国有化などの社会主義的な政策はとっていない。

□**32.** 解答 ○ ソ連時代の国営・集団農場➡ソ連崩壊により再編

□**33.** 解答 ○ アメリカ合衆国の農業＝広大な農地を少人数で経営➡**労働生産性が非常に高い**

□**34.** 解答 ○ 穀物メジャー＝世界の穀物価格に及ぼす影響が大きい

□**35.** 解答 ○ カントリーエレベーター＝穀物を貯蔵する大規模な倉庫

□**36.** 解答 ✕ 「綿花の世界最大の生産国」➡綿花の世界最大の生産国はインドで、年次によっては中国のこともあるが、アメリカ合衆国ではない。

□**37.** 解答 ○ 五大湖沿岸地域＝氷食で土地がやせている➡**酪農**

□**38.** 解答 ○ カナダ＝冷帯と寒帯の境界付近＝**小麦栽培の限界**付近

□**39.** 解答 ○ 中央アメリカ＝熱帯の気候➡バナナのプランテーション

□**40.** 南アメリカ地域では、大土地所有制度の残存が影響して、少数の大地主と多数の農業労働者との間で大きな経済格差がみられる。

□**41.** アマゾン川流域では、豊富な河川の水を利用した粗放的な稲作が広くみられる。

□**42.** ブラジルでは農地開発などの目的で熱帯林が伐採されているため、森林面積が減少している。

□**43.** ブラジルのカンポ（カンポセラード）とよばれる草原地域では、大豆の生産が行われ、それらは輸出されている。

□**44.** アルゼンチンでは、おもにヨーロッパからの移民と資本導入によって農業開発が進められ、エスタンシアが解体された小規模農場が大半を占める。

□**45.** アンデス地方の高地では、トウモロコシがおもに家畜の飼料用として生産され、その栽培は機械化されている場合が多い。

□**46.** オーストラリアでは、企業的穀物農業が盛んであり、小麦栽培の大規模化と機械化の進展がみられる。

□**47.** ニュージーランド南島では、山脈の西側で羊の放牧が、東側で肉牛の飼育が盛んである。

□**48.** 大都市近郊にある多くの日本の農村では、米の需要の増大に対応するため、稲作が盛んになっている。

□**49.** 日本では減反政策によって水田から桑畑への転換が進んで養蚕農家が増え、製糸業の工場が多く立地している。

□**50.** 日本国内での米の生産・流通は食糧管理制度のもとに置かれてきたが、近年、新たな制度により規制緩和がすすめられている。

□**51.** 日本では、諸外国からの輸入自由化要求にもかかわらず、食料自給の観点から、米の輸入禁止措置は依然として堅持されている。

□**52.** 日本は農産物を輸入に依存する程度が高まっており、輸入相手国の不作の影響を受けやすくなっている。

□**53.** 日本ではオレンジなどの輸入量の増加や、農業就業者の高齢化、また後継者の不足によって、柑橘類の国内生産量は減少した。

□**40.** 解答 ○ 南アメリカ＝**大土地所有制度**の残存➡大地主と農業労働者の経済格差

□**41.** 解答 × 「粗放的な稲作が広くみられる」➡熱帯林の伐採地において、肉牛の放牧がおもに行われている。

□**42.** 解答 ○ ブラジル＝プランテーション農園・牧場の拡大➡森林面積減少

□**43.** 解答 ○ カンポ（サバナ気候地域）＝**大豆**の生産

□**44.** 解答 × 「エスタンシアが解体された」➡アルゼンチンは現在でもエスタンシアとよばれる大農場で、企業的農業が行われている。

□**45.** 解答 × 「機械化されている場合が多い」➡アンデスにおけるトウモロコシ栽培は、機械を使わない伝統的な栽培が行われている。

□**46.** 解答 ○ オーストラリア＝企業的穀物農業➡大規模化・機械化

□**47.** 解答 × 「山脈の西側で羊の放牧が、東側で肉牛の飼育」➡偏西風帯にあたるため、山脈の西側は湿潤となるので酪農や肉牛の飼育、東側は乾燥するので牧羊が盛んである。

□**48.** 解答 × 「米の需要の増大に対応する」➡現在、日本では米の消費量が減少している。

□**49.** 解答 × 「水田から桑畑への転換が進んで養蚕農家が増え、製糸業の工場が多く立地している」➡減反政策では水田から果樹や野菜の栽培への転換がすすんだ。現在、日本の養蚕業は衰退している。

□**50.** 解答 ○ 日本の米の流通＝食糧管理制度（国が生産・流通を管理）➡新しい制度による規制緩和

□**51.** 解答 × 「米の輸入禁止措置は依然として堅持されている」➡日本は米の輸入自由化を行っている。

□**52.** 解答 ○ 日本の農産物輸入依存度＝非常に高い➡輸入相手国の影響を受けやすい

□**53.** 解答 ○ 日本の柑橘類生産量減少◀輸入量の増加、高齢化・後継者不足問題が要因

☐**54.** 日本では消費者の国産和牛肉の嗜好が強いため、輸入自由化以降も牛肉の輸入量は増加しなかった。

☐**55.** 現在の日本では輸送技術の発達により冷凍野菜の輸入量は増加しているが、生鮮野菜は鮮度を保つことが困難であるため輸入量は伸びていない。

☐**56.** 日本では、外国産の安価な農産物の輸入増加を受け、政府は農業経営の効率化を支援している。

☐**57.** 日本では、後継者不足などによる農業就業人口の減少にともない、民間企業が農業に参入するようになった。

☐**58.** 日本では近年、効率的な農地の利用に関する取組みがすすめられており、農地を分割することで、労働生産性を高めて収益をあげようとする農業生産法人が増加している。

☐**59.** 日本では、農産物市場の対外開放にともなって、小規模な農家を保護するために営農の大規模化を抑制する政策がとられるようになった。

☐**60.** 日本の農業生産は機械化による省力化がすすみ、経営耕地面積の小さい農家では農業以外の収入を主とする副業的な農家が多い。

☐**61.** 北海道では、農業の振興策により主業農家が増えている。

☐**62.** 日本で耕作放棄地が増加している傾向の背景には、都市化の進展における農地の転用や農業人口の減少・高齢化があげられる。

☐**63.** 日本では都市住民のオーナーやボランティアを募ることで、農業活動を維持する試みが行われている。

□**54.** 解答 ✕ 「牛肉の輸入量は増加しなかった」 ➡ 輸入自由化以降、牛肉の輸入量は増加し、安価な外国産の牛肉が市場に多く出回るようになった。

□**55.** 解答 ✕ 「輸入量は伸びていない」 ➡ 生鮮野菜の輸入量も、技術の発達により伸びている。

□**56.** 解答 〇 日本政府＝日本の農業経営の効率化を支援

□**57.** 解答 〇 日本の農業＝民間企業が参入（大手スーパー、コンビニエンスストアなどが参入）

□**58.** 解答 ✕ 「農地を分割する」 ➡ 農地を分割すると労働生産性は低くなる。高めるには、農地を統合させ、大規模経営する必要がある。

□**59.** 解答 ✕ 「営農の大規模化を抑制する政策」 ➡ 農業経営の大規模化を促進することで、農業の効率化をはかっている。

□**60.** 解答 〇 小規模経営の農家＝**副業的農家**が多い

□**61.** 解答 ✕ 「主業農家が増えている」 ➡ 北海道においても、農家の高齢化などにより、現在は副業的農家が増加している。

□**62.** 解答 〇 耕作放棄地増加⇐都市化の進展、農地の転用、農業人口の減少・高齢化など

□**63.** 解答 〇 農業活動を維持する試み＝都市住民によるオーナー制度、ボランティア市民の募集

■ 選択問題

□ 1. 次の①〜⑧の食料需給や栄養供給に関する問題について述べた文にあてはまる国を、下のア〜クの中からそれぞれ選べ。

① 国内自給を満たす穀物を生産していないが、地下資源の輸出で得た外貨によって食料を輸入し、食料不足は大きな問題となっておらず、1人1日当たり食料供給栄養量（熱量）は高い。

② 国内消費を上回る量の穀物を生産し、輸出を行っているが、いっぽうで栄養不足の状態にある人々もみられる。

③ 政治的混乱、土壌劣化や伝統的主食作物の品種改良の遅れで食料生産が停滞しているうえ、人口増加も著しいため、食料不足は深刻な状況にある。

④ 総人口に占める農業就業人口の割合は低いが、農業の労働生産性が高いため、穀物を輸出し、1人1日当たり食料供給栄養量（熱量）は高い。

⑤ 日本向けのカボチャ栽培が急速に発展したが、連作や化学肥料・農薬の大量使用により、栽培地では地力の低下や土壌・地下水の汚染が起こっている。

⑥ パーム油の世界有数の生産国であるが、油ヤシのプランテーションの拡大にともない、熱帯林の焼却による煙害や土壌侵食などの問題が起こっている。

⑦ 輸出作物の強制作付けの廃止と多収量品種の導入で食料生産は増えたが、人口増加が著しいため、食料不足は依然として問題である。

⑧ 輸出用のカカオ豆の生産が盛んであるが、プランテーションの拡大により主食であるイモ類や穀物の生産が人口増加に追いつかず、栄養不足の状態にある人々もみられる。

ア アラブ首長国連邦　　イ インドネシア　　ウ コートジボワール
エ コンゴ民主共和国　　オ トンガ　　　　　カ パキスタン
キ フランス　　　　　　ク マレーシア

□ 2. 「緑の革命」について述べた文として最も適当なものを、次の①〜④のうちから一つ選べ。

① 各地の農民が伝承してきた在来農法に関する知識を再評価し、食料生産の増大に成功した。

② 高収量品種の穀物を農薬や肥料を用いて栽培し、食料生産量が大幅に増大した。

③ 国際競争力のある樹木作物の生産に集中し、それを輸出することで多くの外貨を得た。

④ 伐採によって失われた森林を回復するために計画的に植林を行い、洪水を防ぐのに成功した。

解答・ポイント

▐ 選択問題

☐ **1.** **解答** ①ア 「**地下資源**」は石油のことで、石油輸出により食料輸入している西アジア諸国と判断。

解答 ②カ 「**国内消費を上回る量の穀物を生産**」する農業国であるが、「**栄養不足**」がみられるなど貧しい国と考える。

解答 ③エ 「**政治的混乱**」などで食料生産が停滞している地域は、アフリカの途上国でみられ、食料不足に悩む貧困な国を想起する。

解答 ④キ 「**農業就業人口の割合は低い**」とあるので先進地域であり、「**食料供給栄養量**」も高いことから欧米諸国と判断する。

解答 ⑤オ 「**カボチャ栽培**」で発達した国はトンガである。

解答 ⑥ク 「**パーム油**」の生産国はマレーシアである。

解答 ⑦イ 「**輸出作物の強制作付け**」でプランテーション農業が行われていた地域で、「**多収量品種の導入**」とあるから緑の革命が行われたアジア諸国である。人口増加に悩む大国はインドネシア。

解答 ⑧ウ 「**カカオ豆**」の生産や「**イモ類**」の生産が多いのはコートジボワール。

☐ **2.** **解答** ② 「**高収量品種**」の穀物栽培で、食料生産が増大したことが緑の革命の主な内容である。①伝承してきた在来農法を使用したものではない。③樹木作物の生産ではなく、米や小麦などの穀物の生産に集中した。④植林や洪水を防ぐ目的のものではない。

6
農林水産業

☐ **3.** 次の①〜⑦の国の中で、2017年の1人1日当たり食料供給熱量が、3,000kcalを超える国をすべて選べ。

① アメリカ合衆国　　② インド　　③ 韓国　　④ サウジアラビア
⑤ ドイツ　　⑥ 日本　　⑦ ニュージーランド

▐▀ 空所補充問題

☐ **4.** (　　　　) 作物は、安定した供給が期待できることから、アメリカ合衆国やカナダでは、アグリビジネス企業などによりいち早く導入された。

☐ **5.** 輸出向けの特定の農産物生産に依存した経済を (　　　) 経済という。

☐ **6.** 高収量品種による飼料生産や肉牛を集中的に肥育するフィードロットの導入など、世界企業による (　　　) の展開にともない生産の大規模化がすすんでいる。

☐ **7.** 農作物の生産者の労働環境や所得水準を向上させるため、発展途上国における農作物などの輸出品を、適正価格で購入する (　　　) が、世界で広がりつつある。

▐▀ 正誤問題

☐ **8.** 「緑の革命」では、高収量品種の導入や灌漑施設の整備により、いくつかの国では穀物自給率が上昇した。

☐ **9.** 「緑の革命」は、小麦、米などをおもな対象として、品種改良や灌漑施設の整備などによって、土地生産性を大幅に向上させるものである。

☐ **10.** 「緑の革命」は、改良品種の栽培は農薬や化学肥料の投下を前提としており、生態系、人体への悪影響に加え、農業生産の化石燃料への依存を強めることになった。

☐ **11.** 「緑の革命」は、自給的農業を営む地域にかたよって普及したほか、政治的安定性などの条件によって成功した地域とそうでない地域が生じた。

☐ **12.** 遺伝子組み換え作物は生産量が安定することから、自給的農業が盛んな国で導入がすすんでいる。

□ **3 .** 解答 ①、③、④、⑤、⑦

欧米諸国は基本的に食料供給熱量が高い。アジア諸国の中では、韓国・中国、乾燥地域の産油国が高いことに気を付ける。

 II
系統地理

▐■ 空所補充問題

□ **4 .** 解答 遺伝子組み換え

□ **5 .** 解答 モノカルチャー

□ **6 .** 解答 アグリビジネス

□ **7 .** 解答 フェアトレード

6
農林水産業

▐■ 正誤問題

□ **8 .** 解答 ○ 緑の革命＝高収量品種の導入・灌漑施設の整備 ➡ **穀物自給率が上昇**

□ **9 .** 解答 ○ 緑の革命＝小麦・米が対象 ➡ 土地生産性が大幅に向上

□ **10.** 解答 ○ 石油を原料とする農薬や化学肥料のほか、機械化や灌漑設備工事などが求められ、石油などの使用依存が強まったといえる。

□ **11.** 解答 ✕ 「自給的農業を営む地域にかたよって普及した」 ➡ 「緑の革命」の導入には多額の費用がかかり、自給的農業を営む零細農家の導入は難しかった。逆に**商業的な農業を行う地域での**導入が多くみられた。

□ **12.** 解答 ✕ 「自給的農業が盛んな国で導入」 ➡ 遺伝子組み換え作物は安定供給が可能なことから、おもに大規模栽培を行う**企業的農業地域で導入がすすんでいる**。

 97

☐**13.** 世界的に遺伝子組み換え作物の生産量が増えているが、日本では、加工食品用の遺伝子組み換え作物の輸入を禁止している。

☐**14.** サハラ以南のアフリカでは、干ばつや地域紛争による農業生産の停滞などが、飢餓や食料不足の要因となっている。

☐**15.** 食料援助を受ける国では、自国で生産できない食物を食べる習慣がひろがり、輸入に依存するようになる場合がある。

☐**16.** アメリカ合衆国などの農業大国による農産物輸出は、輸出先の国における食料自給率の低下や農業就業人口の減少の要因となることがある。

☐**17.** 農産加工品などの輸入において先進国がフェアトレードを推進しており、発展途上国の農家の生活水準が悪化している。

☐**18.** アフリカのコーヒー輸出国には、輸出金額に占めるコーヒーの割合が大きい国があり、国家の経済が世界的な価格変動の影響を受けやすい。

☐**19.** コーヒーの取引価格は、消費国での流通過程において、より上昇する。

☐**20.** 世界的な流通に長い歴史をもつコーヒーは、フードシステム(食料供給体系)を統括する拠点が消費国よりも生産国にある場合が多い。

☐**21.** 多くの先進国では、国内消費を上回る量の食料品を輸入し、大量の食料が廃棄されるフードロスの問題が生じている。

☐**22.** 食品の安全に関する消費者の関心が近年高まり、<u>食品の生産国や製造国の違いに関する情報が表示される</u>ようになった。

☐**23.** 日本では消費者が食料品の生産地を知ることができるように、牛肉についてはトレーサビリティ(生産履歴追跡)制度が整備されている。

☐**24.** 日本では食の安心・安全への関心の高まりから地産地消が推進されたことにより、耕作放棄地が減少した。

☐**25.** 日本では全国的に進められた食糧増産事業の一環として、秋田県の八郎潟(はちろうがた)では干拓が行われ、大規模な稲作経営をめざす村が誕生した。

☐**26.** 農産物輸入に大きく依存する日本は、輸入相手国で生産に要した<u>水資源の間接的消費</u>や<u>農産物の輸送にともなう環境負荷の発生</u>にかかわっている。

☐**13.** 解答 ✕ 「加工食品用の遺伝子組み換え作物の輸入を禁止」➡遺伝子組み換え作物を用いた加工品の輸入禁止措置などは、現在の日本にはない。

☐**14.** 解答 ◯ サハラ以南アフリカ=**干ばつ・地域紛争**による農業生産停滞

☐**15.** 解答 ◯ 食料援助を受ける国=輸入依存になりやすい

☐**16.** 解答 ◯ 農業大国による農産物輸出←**食料自給率の低下・農業就業人口の減少**の要因

☐**17.** 解答 ✕ 「発展途上国の農家の生活水準が悪化」➡フェアトレードは、発展途上国の農産物や伝統的な技術で作られた製品などを適正価格で購入し、発展途上国の農家の生活水準向上を支援するものである。

☐**18.** 解答 ◯ 特定の農産物に依存する経済体制=モノカルチャー➡世界の価格変動により経済が不安定となりやすい。

☐**19.** 解答 ◯ 農産物取引価格=消費国での流通過程➡**上昇**

☐**20.** 解答 ✕ 「消費国よりも生産国にある場合が多い」➡流通に長い歴史をもつ農産物の多くは、先進国の多国籍企業が中心となり取引され、**消費国に拠点が置かれる**。

☐**21.** 解答 ◯ 先進国=食料品輸入増➡フードロス問題

☐**22.** 解答 ◯ 食の安全に関する例；食品の生産国・製造国の違いに関する情報の表示

☐**23.** 解答 ◯ 日本の牛肉=トレーサビリティ（生産履歴追跡）制度

☐**24.** 解答 ✕ 「耕作放棄地が減少」➡**地産地消は推進されている**が、耕作放棄地は現在も増加している。

☐**25.** 解答 ◯ 秋田県の八郎潟=**干拓**による大規模な稲作経営←食糧増産事業

☐**26.** 解答 ◯ 生産に要した水資源の間接的消費=バーチャルウォーター、農産物の輸送にともなう環境負荷の発生=フードマイレージ

4 林 業

|= 正誤問題

□ **1.** インドネシアでは、用材採取などの目的で熱帯林が伐採されているため、森林面積が減少している。

□ **2.** 冷帯（亜寒帯）に属する北海道では、針葉樹と常緑広葉樹の混交林（混合林）に広く覆われ、その樹種の構成をいかし、森がもつ再生力を活用した林業を行っている。

5 水産業

|= 選択問題

□ **1.** 次の①〜⑥の文は、下の図の**ア〜カ**の海域で行われている漁業について述べたものである。①〜⑥と**ア〜カ**の正しい組合せをそれぞれ選べ。

① 寒流と湧昇流がもたらすプランクトンに恵まれており、飼料や肥料の原料としてアンチョビが大量に漁獲されてきたが、乱獲や気候変動などの影響を受けて漁獲量が不安定である。

② この海域では、寒流は存在しない。周辺諸国では動物性たんぱく源として多様な魚介類が重宝され、その総漁獲量は高水準である。

③ 産卵期に河川を遡上する魚類を海上で捕獲する漁が広く知られ、漁獲した魚類は沿岸地域で缶詰に加工され消費地に出荷される。

④ 大陸棚の占める割合が小さく、外洋性の回遊魚がおもに漁獲される。総漁獲量は**ア〜カ**の地域の中では最も少ない。

⑤ 特定国による大陸沿岸の海域の領有は認められておらず、この海域での漁業活動はほとんど行われていない。

⑥ 広い大陸棚と潮目（潮境）に恵まれた、世界最大の漁獲規模を誇る好漁場であるが、周辺に世界有数の魚介類消費国が多くみられ、それらの国の漁業活動の拡大や海洋汚染などにともなう漁獲量の減少が懸念されている。

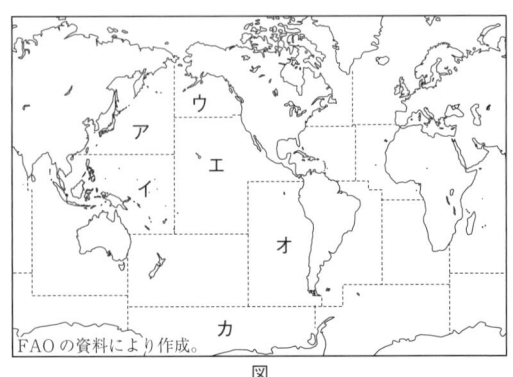

FAOの資料により作成。

図

📖 解答・ポイント

▐ 正誤問題

- [ ] **1.** 解答 **○** インドネシア＝熱帯林減少←用材採取などの目的

- [ ] **2.** 解答 **✕** 「常緑広葉樹」→冷帯地域には常緑広葉樹はみられない。この地域は、落葉広葉樹が分布する。

▐ 選択問題

- [ ] **1.** 解答 ①オ 「**寒流**」のペルー海流が流れ、「**アンチョビ**」の漁獲がみられる海域。

  解答 ②イ 暖流のみの海域で、漁獲量が多い海域。

  解答 ③ウ 「**産卵期に河川を遡上する魚類**」とはサケのことで、カナダ西海岸で漁獲が多い。

  解答 ④エ 大陸棚が少ないのは、アメリカ合衆国西海岸。

  解答 ⑤カ 「**特定国による～領有は認められておらず**」は南極大陸。

  解答 ⑥ア 「**潮目**」は黒潮と親潮の境目であり、「**世界有数の魚介類消費国**」は中国や日本などアジア諸国。

□ **2**. 沿岸国に海洋資源の開発権利があるとする（　　　）は、海岸線から200海里までとされている。

□ **3**. 日本において、（　①　）漁業は1970年代半ばに漁獲量のピークとなり減少しており、（　②　）漁業は1980年ごろに最も多い漁獲量であった。

□ **4**. 大陸棚は栄養塩やプランクトンが多いため、すぐれた漁場になっている海域が多い。

□ **5**. ペルー沖は、湧昇流 (ゆうしょうりゅう) によって、魚介類の餌となるプランクトンが発生しにくい海域となっている。

□ **6**. 世界各国で水産資源の需要が高まる中で、2000年と比べて2015年の世界の漁獲量に占める養殖業の割合は増加した。

□ **7**. 北ヨーロッパでは、魚介類を卵から育てて放流する漁業が盛んに行われている。

□ **8**. 南極海における母船式船団による商業捕鯨は、1980年代中ごろ以降、<u>IWC（国際捕鯨委員会）の管理下におかれ、禁漁区以外の海域で限定的に行われてきた。</u>

□ **9**. マグロの乱獲を背景として、その漁獲を規制する国際的な動きがみられる。

□ **10**. ベトナムでは、<u>集約的なエビ養殖の拡大が1950年代から</u>みられ、日本などにエビが輸出されている。

□ **11**. 日本の企業などが、ベトナムで多くの人を雇用し、生産されたエビに下処理・加工を行う理由は、<u>製造にかかわる技能・知識をもった安価な労働力が多く存在するため</u>である。

□ **12**. 日本では、排他的経済水域の設定の影響で沖合漁業の漁獲量が激減した。

□ **13**. 日本では漁法の改良や栽培漁業の拡大などによって、国内の漁獲量が増加したため、アジア各国からの水産物輸入量は減少した。

□ 2. **解答** 排他的経済水域

□ 3. **解答** ① 遠洋　② 沖合

□ 正誤問題

□ 4. **解答** ○　大陸棚＝プランクトン多い➡好漁場

□ 5. **解答** ✕　「プランクトンが発生しにくい海域」➡湧昇流によりプランクトンが発生し、好漁場となっている。

□ 6. **解答** ○　養殖業の割合＝**増加傾向**➡世界各国では、水産資源保護の観点もあり、「とる漁業」から「育てる漁業」へとシフト

□ 7. **解答** ○　魚介類を卵から育てて放流する漁業＝栽培漁業➡水産資源の保護のために盛んとなった。

□ 8. **解答** ✕　「禁漁区以外の海域で限定的に行われてきた」➡商業捕鯨は全面的に禁止された。

□ 9. **解答** ○　**マグロ**の漁獲＝国際的な規制➡マグロの生息域が、各国の経済水域外の公海であるため、世界での保護が必要。

□10. **解答** ✕　「1950年代から」➡ベトナムが**市場経済を導入**し始めた、**1990年代以降**にエビの養殖は拡大した。

□11. **解答** ○　ベトナム（東南アジア）＝安価で豊富な労働力の存在

□12. **解答** ✕　「沖合漁業の漁獲量」➡排他的経済水域外の漁業は、遠洋漁業であり、その漁獲が激減した。

□13. **解答** ✕　「水産物輸入量は減少」➡水産物輸入量は増加している。

7 | 鉱工業

1 エネルギー資源・発電

▐ 選択問題

☐ **1.** 2015年時点で自国内における石油の消費量が生産量を上回っている国として最も適当なものを、次の①〜④のうちから一つ選べ。

① イギリス　　② カナダ　　③ サウジアラビア　　④ ロシア

☐ **2.** 近年、世界各地で自然環境をいかした発電方法が導入されつつある。2015年における年間発電量のうち、総発電量に占める風力の割合が20%を超える国・地域に該当するものを、次の①〜④のうちから一つ選べ。

① イラン　　② カナダ　　③ 台湾　　④ ポルトガル

▐ 空所補充問題

☐ **3.** 北アメリカでは大規模な（　　　）掘り炭鉱の開発によって、森林破壊や水質汚濁などの環境問題が生じている地域がある。

☐ **4.** ロシアでは、シベリア西部で産出される原油を東西の工業地域へ運ぶため、ソ連時代に（　　　）が建設された。

☐ **5.** バイオマスエネルギーは、燃焼しても大気中の二酸化炭素の総量に与える影響が小さいため、（　　　）なエネルギーとされる。

☐ **6.** 南海トラフや日本海の海底に埋蔵すると考えられ、掘削技術開発が進んでいる（　　　）が、新たなエネルギー資源として注目されている。

▐ 正誤問題

☐ **7.** 日本では1970年代以降に国内の炭田が再開発され、石炭の自給率が高まっている。

☐ **8.** 原油の輸入量を国別でみると、最大の国は日本である。

☐ **9.** イランでは原油生産量が1978年を境に減少しているが、これはイラン革命により外国資本の撤退などの混乱が生じたためである。

☐ **10.** イギリスでは1976年以降の10年間で原油生産量が増加しているが、これは北海の海底油田の開発に成功したためである。

📖 解答・ポイント

🔖 選択問題

□ 1. **解答** ① 消費量が多いのは欧米先進国であることから判断する。また、②〜④は石油の輸出国であり、消費量が上回っているなら輸出はできない。

□ 2. **解答** ④ 風力発電は、偏西風が卓越する**ヨーロッパで盛ん**。また、ＥＵ諸国は環境政策にも尽力している。

🔖 空所補充問題

□ 3. **解答** 露天　森林破壊・水質汚濁などの環境問題が取り沙汰されている。

□ 4. **解答** パイプライン

□ 5. **解答** カーボンニュートラル

□ 6. **解答** メタンハイドレート

🔖 正誤問題

□ 7. **解答** ✕ 「国内の炭田が再開発され、石炭の自給率が高まっている」➡日本の炭田はほぼ閉山され、石炭は輸入に依存している。

□ 8. **解答** ✕ 「最大の国は日本」➡原油輸入量最大の国は、**アメリカ合衆国**である。

□ 9. **解答** ○ **イラン革命＝第二次石油危機の要因**➡イラン革命により石油の需給が逼迫したため

□ 10. **解答** ○ **イギリス＝北海油田**の採掘（1970年代に開始）

☐**11.** ロシアでは1989年から1995年に原油生産量が大きく減少しているが、これは政治体制と経済の混乱の影響を受けたためである。

☐**12.** 太陽光発電は、主力エネルギーである火力発電に比べて時間当たりの発電量が不安定になりやすいという特徴がある。

☐**13.** 土砂採取場の跡地利用として太陽光発電施設への転用は、工場誘致や宅地造成に比べて雇用創出や人口増加が見込まれる。

☐**14.** インドでは、豊富な水資源を利用した水力発電が総発電量の過半を占めており、大量の電力を必要とするアルミニウム工業が発達している。

☐**15.** ドイツでは、太陽光や風力などのクリーンエネルギーによる発電量が世界有数であるが、石炭などによる火力発電が総発電量の過半を占める。

☐**16.** フランスではおもにバイオマス発電に用いられる人工林の育成が進んだため、森林面積が増加した。

☐**17.** アメリカ合衆国では、かつては豊富な石炭資源をいかした火力発電が中心であったが、現在では原子力発電が総発電量の過半を占める。

☐**18.** ブラジルでは、天然ガスによる火力発電が総発電量の過半を占めており、電力の一部は周辺諸国へ輸出されている。

☐**19.** オーストラリアでは国内のウラン産地に原子力産業が立地し、発電用にウラン濃縮などの加工処理が行われている。

☐**20.** 近年、農地で大規模にエネルギー作物を生産する国が増え、ブラジルではバイオエタノールの主要な原料としてトウモロコシの作付面積が拡大している。

☐**21.** エネルギー作物の生産と、通常の食用農作物の生産との競合が、世界全体の食料安定供給に影響を及ぼす危険性も指摘されている。

☐**22.** バイオマスエネルギーの生産には、大規模な発電施設の開発を必要とするため、発展途上国ではほとんど利用されていない。

☐**23.** 古くから世界各地で木質バイオマスが利用され、1960年代ごろまで日本では里山から燃料用の薪炭を得ていた地域もみられた。

☐ **11.** 解答 ○ ロシアの**90年代前半＝ソ連解体（社会主義体制崩壊）**

☐ **12.** 解答 ○ 時間当たり発電量の不安定さ＝火力発電＜太陽光発電

☐ **13.** 解答 × 「雇用創出や人口増加が見込まれる」➡太陽光発電施設は雇用の創出は見込めず、人口増加にはつながらない。

☐ **14.** 解答 × 「水力発電が総発電量の過半を占め」➡インドは火力発電が総発電量の過半を占めている。

☐ **15.** 解答 ○ ドイツ＝火力発電が過半➡クリーンエネルギーによる発電は発電量が少ない

☐ **16.** 解答 × 「バイオマス発電に用いられる人工林の育成が進んだ」➡フランスは原子力発電が中心で、バイオマスの開発は進んでいない。また、バイオマス発電は間伐材や廃材を利用したもので、育成した人工林の伐採で行うものではない。

☐ **17.** 解答 × 「原子力発電が総発電量の過半を占め」➡アメリカ合衆国は、スリーマイル島事故後、原子力発電依存を弱めており、過半は占めていない。

☐ **18.** 解答 × 「天然ガスによる火力発電が総発電量の過半を占める」➡ブラジルは水力発電が過半を占めている。

☐ **19.** 解答 × 「原子力産業が立地」➡オーストラリアでは**原子力産業は行われていない**。

☐ **20.** 解答 × 「バイオエタノールの主要な原料としてトウモロコシ」➡ブラジルではバイオエタノールの原料としておもに**サトウキビ**が使用される。

☐ **21.** 解答 ○ エネルギー作物生産と食用作物生産との競合＝食料供給が不安定になりやすい

☐ **22.** 解答 × 「大規模な発電施設の開発を必要とするため、発展途上国ではほとんど利用されていない」➡バイオマスエネルギーには薪炭なども含まれ、発展途上国ではそれらを多く使用している。また、その生産に大規模な発電施設の開発の必要もない。

☐ **23.** 解答 ○ かつての日本の里山＝燃料用薪炭を得られる地域

Ⅱ
系統地理

7
鉱工業

2 金属資源

■ 選択問題

□ **1.** 世界遺産には鉱山にかかわる登録地がある。国名と世界遺産に登録されている鉱山の種類との組合せとして**適当でないもの**を、次の① 〜 ④のうちから一つ選べ。

① シンガポールの金鉱山　　② チリの銅鉱山
③ ドイツの石炭鉱山　　④ 日本の銀鉱山

■ 空所補充問題

□ **2.** インドと南アフリカ共和国は、ともに鉱産資源の豊富な国で、特に合金材料に使われる（　　　　）は、インドと南アフリカ共和国で合わせて世界の全産出量の約50％を占めている。

■ 正誤問題

□ **3.** 世界各地で鉄鉱山の開発をすすめている少数の大企業が、鉄鉱石価格を決定する主導権を握るようになってきた。

□ **4.** 銅鉱価格の高騰によって財政が豊かになったため、アフリカの銅鉱の産出国では貧富の差が解消されてきている。

□ **5.** チリでは、鉱産資源の生産と輸出が盛んであり、魚介類とともに、金が主要な輸出品である。

□ **6.** レアメタルには地球上に存在が少ない金属のほか、技術的理由や費用の面で純粋なものを抽出するのが難しい金属も含まれる。

□ **7.** レアメタルの埋蔵には地域的なかたよりがあり、その産出や輸出に国の経済が大きく影響される産出国がみられる。

□ **8.** 先端産業に用いられるニッケルやクロムなどのレアメタルは、埋蔵地域がかたよって分布し供給体制に不安があるため価格変動が大きい。

□ **9.** レアメタルの精錬には大量のエネルギーを使用し、地球環境への負荷が大きい。

□ **10.** レアメタルは発展途上国を中心に分別や再資源化が行われている。

□ **11.** レアメタルの大半は、技術の進歩によりリサイクルが容易になったため、近年は地下資源の採掘が減少傾向にある。

🔍 解答・ポイント

▐ 選択問題

☐ **1.** **解答** ①　シンガポールで金の産出はない。

▐ 空所補充問題

☐ **2.** **解答** クロム　先端技術産業などに用いられるレアメタルの一つ。

▐ 正誤問題

☐ **3.** **解答** 〇　鉄鉱山開発＝少数の大企業が価格決定など主導権を握る

☐ **4.** **解答** ✕　「貧富の差が解消」➡ザンビアなど、アフリカの銅鉱産出国では、貧困層の割合が高く、現在も格差の解消には至っていない。

☐ **5.** **解答** ✕　「金が主要な輸出品」➡チリの主要な輸出品は**銅**である。

☐ **6.** **解答** 〇　レアメタル＝地球上に存在が少ない金属、技術的理由や費用の面で純粋なものを抽出するのが難しい金属➡チタンなど

☐ **7.** **解答** 〇　レアメタル＝偏在性が高い➡産出・輸出が国の経済に影響

☐ **8.** **解答** 〇　レアメタル＝価格変動が大きい

☐ **9.** **解答** 〇　レアメタル＝精錬に大量のエネルギーを使用➡環境への負荷大

☐ **10.** **解答** ✕　「発展途上国を中心」➡レアメタルの再資源化は技術が必要でコストもかかるため、おもに**先進国で行われている**。

☐ **11.** **解答** ✕　「地下資源の採掘が減少傾向」➡リサイクルは以前よりも行われるようにはなったが、消費も増加しているため採掘は増加傾向にある。

3 工業の発達と立地

▰ 空所補充問題

☐ **1**. アメリカ合衆国のシリコンヴァレーは、大学や研究所から独立した（　　　）企業が多く、半導体やインターネット関連の新しい技術やサービスを生み出す世界的拠点である。

☐ **2**. 日本の電機・電子部品製造業は、中国との競争が激しくなり、産業の（　　　）化が進行している地域もある。

☐ **3**. インドは、（　　　）の原石の産出量は現在少ないが、世界的な加工地として知られている。

▰ 正誤問題

☐ **4**. セメント工業は、輸送費を考慮して消費市場への近接性を重視して立地する傾向が強い。

☐ **5**. 日本のセメント製造業は、原料産地との結びつきが強いため、立地にほとんど変化はみられない。

☐ **6**. 日本では陶磁器などを生産する窯業は、消費地を指向した工業として発展してきた。

☐ **7**. 日本の出版業は、市場との結びつきが強いため、国内の大都市へ立地する傾向が続いている。

☐ **8**. ビール工業は、原料の大麦やホップが豊富に得られる農山村地域に立地する傾向がある。

☐ **9**. 魚介類を缶詰に加工する部門は、消費者の多い大都市やその周辺に立地する傾向が強い。

☐ **10**. アパレル（衣服）産業のデザイン部門は、流行などに関する各種情報の収集が重要となるため、大都市に立地する傾向が強い。

☐ **11**. 縫製業は、労働集約的な工業であり、労働力が豊富で労働費が安価な国・地域で盛んである。

☐ **12**. 合成繊維は、1980年代までは日本を含む先進国を中心に生産されていたが、近年は中国がその生産を伸ばしている。

🔍 解答・ポイント

▐ 空所補充問題

☐ **1.** 解答 ベンチャー

☐ **2.** 解答 空洞

☐ **3.** 解答 ダイヤモンド

▐ 正誤問題

☐ **4.** 解答 ✕ 「消費市場への近接性を重視して立地」 ➡ セメントの原料である石灰岩が製品と比較して重いため、原料産地への近接性を重視する。

☐ **5.** 解答 ○ 日本のセメント製造業＝立地に変化みられない➡**山口県・福岡県**が多い

☐ **6.** 解答 ✕ 「消費地を指向した工業」 ➡ 原料の粘土がとれる地域で発達し、**原料地を指向する工業**として発展した。

☐ **7.** 解答 ○ 出版業＝大都市に立地

☐ **8.** 解答 ✕ 「農山村地域に立地」 ➡ ビール工業は、原料に比べ製品が重く、**市場・消費地に立地**する傾向がある。

☐ **9.** 解答 ✕ 「消費者の多い大都市やその周辺に立地」 ➡ 原料の魚介類の獲れる漁港付近に立地する傾向が強い。

☐ **10.** 解答 ○ アパレル（衣服）産業のデザイン部門＝**大都市に立地**

☐ **11.** 解答 ○ 衣類の縫製業＝**労働力を指向**する立地

☐ **12.** 解答 ○ 合成繊維＝80年代は先進国➡現在は中国で生産

□**13.** 鉄鋼業は、技術革新が進んだことやコスト削減の背景から、炭田指向の立地となった。

□**14.** 日本の製鉄業は、外国への輸出が増加したことにより、工場数が増えている。

□**15.** 日本では1990年代半ば以降には、原料輸送費の削減のため、鉄鋼関連の工場が南アメリカやオーストラリアに進出した。

□**16.** アルミニウム工業は、大量の電力が安価に得られる地域に立地する傾向がある。

□**17.** ボーキサイトを原料とするアルミニウム精錬業は、日本では国際競争力が低下し、国内からほとんど姿を消した。

□**18.** 石油化学工業や鉄鋼業は、第二次世界大戦後、生産施設の大規模化やオートメーション化が進んだ。

□**19.** 労働集約型工業である石油化学工業は、安価な労働費を重視して立地する傾向が強い。

□**20.** 石油化学や石油精製部門は、原料となる石油の輸送に便利な臨海部に立地する傾向が強い。

□**21.** 電気製品の組立部門は、安価な労働力を得やすい地域に立地する傾向が強い。

□**22.** 電気機械工業は、安価で大量に生産される製品ほど、豊富な労働力を求めて先進国以外の地域に立地する傾向がある。

□**23.** 世界の自動車業界では、国境を越えた企業の合併が行われた結果、先進諸国への生産活動の集中が進んでいる。

□**24.** 日本の自動車工業は、輸出環境の悪化や中国をはじめとする新たな市場の拡大とともに、海外での現地生産がすすんでいる。

□**25.** ヨーロッパでは、いくつかの国家間で航空機生産の国際分業が行われている。

□**26.** ソフトウェア産業は、通信手段が高度に発達したため、大都市を離れて自然環境に恵まれた地方小都市に立地する傾向が強い。

□ **13.** 解答 × 「炭田指向の立地」➡現在は炭田指向の必要性が低下し、臨海部など**港湾指向の立地**となった。

□ **14.** 解答 × 「工場数が増えている」➡生産量は横ばいで、工場も淘汰がすすみ、増加傾向ではない。

□ **15.** 解答 × 「南アメリカやオーストラリアに進出」➡鉄鋼関連の工場は大規模施設を必要とし、海外に進出しにくい工業である。また、現在も日本で鉄鋼生産は多くみられ、進出は少ないといえる。

□ **16.** 解答 ○ アルミニウム工業＝**電力立地**◀精錬の際、電気分解を行うため

□ **17.** 解答 ○ 日本のアルミニウム工業＝1980年代以降・国際競争力の低下＝電気代の高騰が原因◀**石油危機**

□ **18.** 解答 ○ 石油化学工業・鉄鋼業＝大規模なコンビナートで行う

□ **19.** 解答 × 「安価な労働費を重視して立地」➡石油化学工業は労働集約型工業ではない。労働集約型工業には衣服製造業や機械の組み立て工業などがあてはまる。

□ **20.** 解答 ○ 石油化学工業・石油精製＝臨海部に立地

□ **21.** 解答 ○ 電気製品の組立部門＝**安価な労働力**を得やすい地域に立地

□ **22.** 解答 ○ 電気機械工業＝先進国以外の地域＝**発展途上地域**に立地

□ **23.** 解答 × 「先進諸国への生産活動の集中が進んでいる」➡自動車工業においても、豊富で安価な労働力や新規市場を求めて、**発展途上地域への移転**がすすんでいる。

□ **24.** 解答 ○ 日本の自動車工業＝海外での現地生産◀輸出環境の悪化（貿易摩擦）・市場拡大

□ **25.** 解答 ○ ヨーロッパ＝航空機の国際分業

□ **26.** 解答 × 「地方小都市に立地する傾向」➡情報集積する**大都市に立地**する傾向が強い。

☐**27.** 現在、工業製品は、先進国に比べ、発展途上国で消費量の増加率が高くなっている。

☐**28.** 東・東南アジア諸国の工業化は、輸出指向型から、外国資本の導入による輸入代替型の工業化政策に路線を転換することですすんだ。

☐**29.** 輸出加工区では、原材料の輸出を条件として、免税などの優遇措置が講じられている。

☐**30.** 輸出加工区は、外貨の獲得、雇用の拡大などを目的に設けられ、労働集約的な工業が立地している。

☐**31.** 輸出加工区には、自国産の農水産物を原料とする食品加工業の工場が多く設けられている。

☐**32.** 輸出加工区は、内陸部の農村部に多く立地したため、その周辺地域に人口の急増をもたらした。

☐**33.** 1980年以降、日本企業などによる国際分業の進展にともない、アジアにおける域内貿易が拡大した。

☐**34.** 1980年以降、日本では貿易摩擦を背景として、アメリカ合衆国での自動車の現地生産が進展した。

☐**35.** 1980年以降、輸出指向型の工業化政策に転換する国・地域が増えたことで、日本における低付加価値製品の生産拠点を西アジアに立地させる動きが強まった。

☐**36.** 1980年以降、日本では大企業による海外進出が、国内における工場の閉鎖を引き起こした。

□**27.** 解答 ○ 経済が発達➡工業製品の**消費量は増加**

□**28.** 解答 × 「輸出指向型から、外国資本の導入による輸入代替型の工業化政策に路線を転換」➡輸入代替型から、外国資本を導入することで輸出指向型の工業化政策へと転じていく。

□**29.** 解答 × 「原材料の輸出を条件」➡**輸出加工区**では、製品の輸出が行われる。

□**30.** 解答 ○ 輸出加工区＝**労働集約的**工業が立地

□**31.** 解答 × 「自国産の農水産物を原料とする食品加工業の工場」➡おもに外国製の部品などを集め、機械製品の組立や繊維製品の縫製を行う**労働集約型工業**が立地する。

□**32.** 解答 × 「内陸部の農村部に多く立地」➡輸出入に便利な沿岸の都市部に多く立地している。

□**33.** 解答 ○ 日本企業の国際分業が進展➡**アジア**の域内貿易**拡大**

□**34.** 解答 ○ 日米貿易摩擦➡アメリカ合衆国へ自動車工場進出＝現地生産

□**35.** 解答 × 「西アジアに立地」➡おもに人件費の安価な、**東南・南アジア**への立地が強まった。

□**36.** 解答 ○ 日本の企業の海外進出➡国内工場の閉鎖（産業の空洞化）

4 世界の工業地域

■ 選択問題

□ 1. 近代の産業発展を物語る歴史的価値が注目されている遺構や現在でも操業している施設には、立地条件をいかして成立したものが少なくない。下の図のA〜Cに立地するこうした遺構や施設について述べた文として正しいものを、次の①〜③のうちからそれぞれ選べ。

　① この地の製紙工場は、付近の豊かな林産資源を利用した木材パルプを原料に操業を開始した。

　② 周辺の養蚕地域から供給される繭を利用した製糸場がつくられ、日本の輸出指向型工業の先駆けとなった。

　③ 付近のカルスト台地で産出する石灰岩を原料に操業を開始したこの地のセメント工場は、各地の近代建築物の資材を提供した。

図

■ 空所補充問題

□ 2. 中国南東部の（　　　）は、同国で最も早く経済特区の指定を受け、多数の外国企業が進出している。

□ 3. インド北東部の（　　　）は、周辺で産出する石炭と鉄鉱石を背景にイギリス植民地時代から鉄鋼業が発達し、国内有数の重工業都市として成長した。

□ 4. サンノゼを中心とする工業地域は、半導体や集積回路を生産する企業が多数立地しており、（　　　）とよばれている。

□ 5. アメリカ合衆国のピッツバーグやドイツの（　　　）地方では、付近で産出される石炭を用いて鉄鋼業が発達した。

□ 6. 日本では、アニメや音楽、ゲームなどを制作する（　　　）産業が都市部を中心に集積している。

解答・ポイント

選択問題

□ 1. **解答** A① 「**豊かな林産資源**」は冷帯地域にみられることから判断。製紙工場で有名な苫小牧市。

    解答 B② 「**富岡製糸場**」のことで群馬県にある。

    解答 C③ 「**カルスト台地**」とは秋吉台のことで、山口県はセメント工業が盛ん。

空所補充問題

□ 2. **解答** シェンチェン（深圳）

□ 3. **解答** ジャムシェドプル

□ 4. **解答** シリコンヴァレー

□ 5. **解答** ルール

□ 6. **解答** コンテンツ

▌■ 正誤問題

□ **7.** 中国では、鉄鉱石の産出量は非常に多いが、世界最大の鉄鋼生産国であるため、大量の鉄鉱石が輸入されている。

□ **8.** 東南アジアでは、輸出指向型から輸入代替型へ転換することで工業化が進展している。

□ **9.** 東南アジアの自動車工業は、原材料から最終製品までの生産において、国境を越えた工程間の分業によって発展した。

□ **10.** インドでは、鉄鋼業の衰退により鉄鉱石の国内消費は減少したが、鉄鉱石の輸出は増加している。

□ **11.** サハラ以南のアフリカでは、内陸部の鉱産資源を用いた重化学工業のコンビナートが沿岸部に発達している。

□ **12.** ヨーロッパでは、鉄山や炭田を背景とした重工業地域が形成されていた。近年、こうした地域は衰退するいっぽう、航空機産業や先端技術産業などが集積する地域の発展がみられる。

□ **13.** ヨーロッパの古くからの重工業地域に残る産業遺産の文化的価値が認められて、これが地域経済の再生にも活用されている。

□ **14.** ロシアでは、ソ連崩壊後の混乱で鉄鋼生産が一時落ち込んだものの、その後は豊富な鉄鉱石産出をもとに増加傾向に転じた。

□ **15.** ソ連崩壊後の1990年代に完成した東西に延びる情報通信網が、各工業地域におけるコンピュータソフトウェア産業の発展を促した。

□ **16.** アメリカ合衆国の工業地域では、原燃料に使われる石油が国内の産地からパイプラインで運ばれるほか、海外からも大量に輸入されている。

□ **17.** アメリカ合衆国のヒューストンでは、付近で産出される原油を用いて石油化学工業が発達した。

□ **18.** フランスのトゥールーズやアメリカ合衆国のシアトルでは、近隣に集積した部品製造の企業と結びついて自動車工業が発達した。

□ **19.** アメリカ合衆国のシリコンヴァレーでは、情報技術産業に関する企業が集積しており、研究やビジネスに関連する情報交換などを頻繁に接触して行える環境がある。

▌■ 正誤問題

□ **7.** 解答 ○ 中国＝**鉄鋼の生産・世界最大**⇒鉄鉱石の消費大⇒鉄鉱石を輸入

□ **8.** 解答 ✕ 「輸出指向型から輸入代替型へ転換」⇒**輸入代替型から輸出指向型へ**転換する工業化を進めている。

□ **9.** 解答 ○ 東南アジアの自動車工業＝国境を越えた工程間の分業＝**アジア新国際分業**

□ **10.** 解答 ✕ 「鉄鋼業の衰退により鉄鉱石の国内消費は減少した」⇒インドの鉄鋼業は現在も盛んで、鉄鉱石の国内消費は増加した。

□ **11.** 解答 ✕ 「重化学工業のコンビナートが沿岸部に発達」⇒サハラ以南のアフリカ沿岸には、重化学工業のコンビナートはみられない。

□ **12.** 解答 ○ ヨーロッパの工業地域＝鉄山や炭田を背景とした重工業地域⇒衰退⇒航空機産業や先端技術産業などが集積する地域

□ **13.** 解答 ○ ヨーロッパの重工業地域の工場など＝**産業遺産**としての文化的価値

□ **14.** 解答 ○ ロシアの鉄鋼業＝**ソ連崩壊後の混乱**で一時**減少**⇒豊富な鉄鉱石産出をもとに**増加傾向**

□ **15.** 解答 ✕ 「1990年代に完成した東西に延びる情報通信網」⇒崩壊直後の1990年代は政情混乱などで、情報通信網は完成していない。

□ **16.** 解答 ○ アメリカ合衆国の石油＝パイプラインで輸送、海外からも輸入

□ **17.** 解答 ○ ヒューストン＝付近に**メキシコ湾岸油田**⇒石油化学工業の発達

□ **18.** 解答 ✕ 「自動車工業が発達」⇒両都市とも航空機工業が発達した都市である。

□ **19.** 解答 ○ シリコンヴァレー＝研究・ビジネスの情報交換を頻繁に行える

☐**20.** アメリカ合衆国のシリコンヴァレーでは、ベンチャービジネスの起業が盛んであり、おもに現地における規格品の大量生産を行うことで生産コストの節約に寄与している。

☐**21.** アメリカ合衆国の西海岸の都市では、もともと盛んだった映画産業に加え、音楽、映像、ゲームなどの制作が行われている。

☐**22.** 中央・南アメリカでは、ベンチャービジネスの集積地域として輸出加工区が発展している。

☐**23.** ブラジルでは、鉄鋼業が盛んで多くの鉄鉱石が消費されてきたものの、近年でも鉄鉱石が輸出されている。

☐**24.** 日本の自動車メーカーは、貿易摩擦や円高に対応するため、アメリカ合衆国に進出して現地生産を行っている。

☐**25.** 新たな市場開拓と生産コスト削減のため、日本の自動車メーカーは中国やタイなどのアジア諸国に生産拠点を設けるようになった。

☐**26.** 日本における電気機械の生産工場は、1960年代の高度経済成長期に、その大半が人件費の安い海外の地域に移転した。

☐**27.** 日本の鉄鋼業は、おもにアフリカでの新しい製鉄所の建設が影響し、世界に占める生産額の割合が低下した。

☐**28.** 北九州市は、周辺で産出する石炭を利用した鉄鋼業が発達したが、鉄鋼業の衰退後、廃棄物の再資源化などのリサイクル関連産業が成長しつつある。

☐**29.** 日本の内陸部では、周辺の山岳地域における水力発電所の整備によって、豊富な電力が得られるようになり、鉄鋼業の工場が多く立地している。

☐**30.** 日本における近年の繊維工業は、アジア諸国からの安価な製品輸入などが影響し、工場数と従業者数が減少した。

☐**31.** 日本の衣服製造業は、安価な労働力を求めて、海外にも展開している。

☐**32.** 原油価格の高騰を受け、太平洋ベルトでは石油化学コンビナートの閉鎖がすすんだ。

□**20.** 解答 ✕ 「現地における規格品の大量生産を行う」➡シリコンヴァレーでは主にハイテク産業の研究・開発が行われており、大量生産を行う部門は、人件費の安い別の地域に置かれている。

□**21.** 解答 ○ 西海岸の都市（ロサンゼルス）＝**映画**産業➡音楽・映像・ゲーム制作（コンテンツ産業）

□**22.** 解答 ✕ 「ベンチャービジネスの集積地域」➡輸出加工区におもに集積するのは、機械や繊維製品などの生産工場である。

□**23.** 解答 ○ ブラジル＝鉄鉱石の**輸出**国

□**24.** 解答 ○ 日本の自動車メーカー＝**アメリカ合衆国**で現地生産◀**貿易摩擦・円高**に対応

□**25.** 解答 ○ 日本の自動車メーカー＝**中国・タイ**に生産拠点◀**市場開拓・生産コスト削減**

□**26.** 解答 ✕ 「1960年代の高度経済成長期」➡安価な人件費を求めた電気機械工場の移転は、1990年代後半から2000年代にかけておもにみられた。

□**27.** 解答 ✕ 「アフリカでの新しい製鉄所の建設」➡中国やインドなど、アジア諸国の鉄鋼業が台頭したことで割合が低下した。

□**28.** 解答 ○ 北九州＝八幡製鉄所の進展➡衰退➡リサイクル関連産業

□**29.** 解答 ✕ 「豊富な電力が得られるようになり、鉄鋼業の工場が多く立地」➡鉄鋼業の立地には豊富な電力はあまり関係なく、鉄鋼業は輸出入に便利な臨海部に立地している。

□**30.** 解答 ○ 日本の繊維工業＝工場数・従業者数が**減少**◀**アジアからの製品輸入**が影響

□**31.** 解答 ○ 日本の衣服製造業＝安価な労働力の海外へ展開

□**32.** 解答 ✕ 「石油化学コンビナートの閉鎖がすすんだ」➡日本の石油化学コンビナートの閉鎖はすすんでいない。

☐**33.** 日本の内陸部ではインターネットの普及によって、内陸部でも海外市場に関する情報が得やすくなり、石油化学工業の工場が多く立地している。

☐**34.** 日本では、多くの外国企業が生産拠点を設けたことにより、国内雇用が拡大して産業が活性化した。

☐**35.** 情報通信技術の発達により、東京に集中していた出版業が地方に分散するようになった。

☐**36.** 日本の大都市圏内のサイエンスパークでは、研究機能をもつ事業所が集積し、技術研究や製品開発が行われている。

☐**37.** 日本では1990年代に入ると、ＩＴ技術の進展にともない、これに関連するベンチャー企業が大都市圏に立地するようになった。

☐**38.** 日本では研究施設と生産施設の連携を高めるため、集積回路の工場は研究開発が行いやすい大都市中心部に立地するようになった。

☐**39.** 日本の内陸部において高速道路網などの整備が行われた地域では、輸送の便が向上し、エレクトロニクス産業や機械工業などの工場が多く立地している。

☐**40.** 日本では、東京など、沖積平野にある大都市域で、工業用水として大量に地下水が揚水された。その結果、地下水位が低下し、地盤沈下が生じた。

☐**41.** 日本では、高度経済成長期の工業生産にともなって有害物質が排出され、工場近隣地域を中心として人々の健康被害が生じた。

□**33.** 解答 ✕ 「内陸部でも海外市場に関する情報が得やすくなり、石油化学工業の工場が多く立地」 ➡石油化学工場は、原料の石油の輸入に便利な**臨海部に多くが立地**している。

□**34.** 解答 ✕ 「多くの外国企業が生産拠点を設けた」 ➡日本は人件費が高騰し、海外へ生産拠点が移転したため、国内産業が空洞化した。

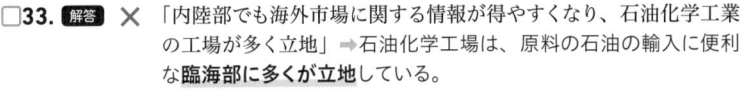

□**35.** 解答 ✕ 「東京に集中していた出版業が地方に分散」 ➡現在も東京への集中は続いており、分散・移転はみられない。

□**36.** 解答 ○ サイエンスパーク＝研究機能を持つ事業所が集積・技術研究や製品開発を行う

□**37.** 解答 ○ 日本のIT技術の進展➡大都市圏にベンチャー企業が立地

□**38.** 解答 ✕ 「集積回路の工場は研究開発が行いやすい大都市中心部に立地」 ➡研究施設は大都市中心部に立地しやすいが、工場は人件費の安い地方に移転することが多い。

□**39.** 解答 ○ 日本の交通が整備された内陸部＝エレクトロニクス産業・機械工業の工場が立地

□**40.** 解答 ○ 日本の大都市域＝**工業用水**として地下水を揚水➡**地盤沈下**

□**41.** 解答 ○ 高度経済成長期＝工業生産で有害物質が排出

1 商 業

■ 空所補充問題

- □ **1.** 日本では（ ① ）の進展により、車に乗ったまま買い物ができる（ ② ）方式が普及したほか、郊外や幹線道路沿いに、大型ショッピングセンターが増加した。

- □ **2.** 日本の都市内の国道など幹線道路沿いは、自動車交通が便利なため、（ ）型の店舗が建ち並んでいる。

■ 正誤問題

- □ **3.** ニューヨークやロンドンなどの金融業の発達した都市では、極めて高い所得を得て働く人がいるいっぽう、サービス業を中心に低賃金労働者も多く、格差拡大が社会問題となっている。

- □ **4.** アメリカ合衆国のアトランタでは、住宅地が郊外へ拡大し、都心と郊外を結ぶ幹線道路沿いに大型ショッピングセンターが立地するようになった。

- □ **5.** 経済成長の著しいブラジルの大都市では、大規模なショッピングセンターが多くの買い物客を集めている。

- □ **6.** 日本における広大な面積を有して立地する郊外の大規模商業施設では、買い物に訪れる人々のほとんどが、公共交通を利用している。

- □ **7.** 日本の大型小売店は、古くからある地元資本の店舗が大半を占めており、おもに都市郊外の幹線道路沿いにみられる。

- □ **8.** 日本では医療機関や行政施設、小売施設などが郊外に移転する地域が増えており、中心市街地での生活環境の悪化が問題となっている。

- □ **9.** 日本における住宅地内部に立地する商業施設では、購買頻度の高い日用品よりも、高級衣料や宝飾品が多く扱われている。

- □ **10.** 日本国内でデパートや専門店などが集中している地区は、おもに大都市の鉄道ターミナル周辺にみられる。

🔍 解答・ポイント

🚩 空所補充問題

□ **1.** **解答** ① モータリゼーション　② ドライブスルー

□ **2.** **解答** ロードサイド

🚩 正誤問題

□ **3.** **解答** ○　ニューヨーク・ロンドンなど大都市の所得格差＝金融業＞サービス業

□ **4.** **解答** ○　アトランタ＝都心～郊外の**幹線道路沿い**➡**ショッピングセンター**が立地

□ **5.** **解答** ○　ブラジルなど新興国＝ショッピングセンターの建設が相次いでいる

□ **6.** **解答** ✕　「公共交通を利用」➡大半の人は自家用車で買い物に訪れている。

□ **7.** **解答** ✕　「古くからある地元資本の店舗が大半」➡幹線道路沿いのロードサイド型の店舗は、地元資本ではなく、都市圏に本社を置く**大型の資本により運営されている**場合が多い。

□ **8.** **解答** ○　日本の中心市街地＝医療機関・行政施設・小売施設が郊外に移転➡生活環境の悪化が問題

□ **9.** **解答** ✕　「購買頻度の高い日用品よりも、高級衣料品や宝飾品が多く扱われている」➡高級衣料品や宝飾品は人の多く集まる中心部の商業施設で多く扱われる。

□ **10.** **解答** ○　デパート・専門店の集中地区＝鉄道ターミナル周辺

☐**11.** 日本における大規模な百貨店は、大都市圏の中心部に立地する傾向があり、こうした百貨店には中心部からだけではなく、郊外からも買い物客が集まる。

☐**12.** 日本において売り上げの減少が著しい商店街は、おもに地方中小都市にみられる。

☐**13.** 日本における衰退した港湾地区を再開発することによって誕生した商業施設では、おもに港湾労働者向けの商品を扱っている。

☐**14.** 神戸市や横浜市の臨海部では、大規模工場などが閉鎖されるいっぽうで、再開発によって住宅地やショッピングセンターが整備されている。

☐**15.** 歴史ある古い街並みをいかした商店街は、おもに城下町や宿場町であった都市にみられる。

☐**16.** 現代の日本では、インターネットを通じた商品の販売が普及し、自宅にいながらにしてさまざまな商品を購入できるようになった。

☐**11.** 解答 ○ 日本の百貨店＝**大都市圏中心部**に立地

☐**12.** 解答 ○ 地方中小都市＝売り上げの減少した商店街

☐**13.** 解答 ✕ 「港湾労働者向けの商品を扱っている」 ➡ **ウォーターフロント**開発
とよばれる臨海部の再開発された商業施設は、高所得者をターゲットとした商品を扱う店舗が多い。

☐**14.** 解答 ○ 神戸市・横浜市の臨海部＝工場の閉鎖 ➡ **再開発によるショッピングセンター**の整備

☐**15.** 解答 ○ 城下町・宿場町＝古い街並みを生かした商店街

☐**16.** 解答 ○ 現代の日本＝インターネットによる買い物が可能

- -

▌ 選択問題

□ **1.** 次の①〜③は、下の**ア〜ウ**のいずれかの国の観光における状況について説明したものである。①〜③と**ア〜ウ**の正しい組合せをそれぞれ選べ。

　①沿岸から流出する土壌や農薬による被害が、自然遺産の大サンゴ礁地帯で発生しており、生態系を保全するための規制が行われている。

　②数多くの文化遺産を有しているが、一部の文化遺産に水没の危険性があり、保護に向けた取組みが行われている。

　③プランテーション農業から脱却するなかで、熱帯林を保護しつつ観光を行うエコツーリズムが導入され、定着している。

　ア イタリア　　　　**イ** オーストラリア　　　　**ウ** コスタリカ

- -

▌ 空所補充問題

□ **2.** 都市住民が休暇を利用して農家民宿に滞在し、地域の自然や文化に親しむ（　　　　　）が行われている。

□ **3.** 九州では、自然環境の保全を目指しながら経済振興を図る旅行である（　　　　　）が展開されている。

□ **4.** 日本では、若者の国際交流を目的に導入された（　　　　）制度を利用して海外生活を体験する人も増加している。

□ **5.** フランスのリゾート地として知られる都市では、長期滞在型の宿泊施設が多くの（　　　　）とよばれる休暇を楽しむ人々を集めている。

- -

▌ 正誤問題

□ **6.** 東南アジアでは、標高が高く涼しい地域に、植民地時代に開発された保養都市がみられる。

□ **7.** 外国旅行の送り出し数と受け入れ数を比較すると、ドイツは送り出し超過であり、スペインは受け入れ超過である。

□ **8.** ニースは、スキーリゾートを中心とした観光保養都市である。

□ **9.** ウィーンでは、音楽などの芸術鑑賞のための施設が充実しており、これらが貴重な観光資源となっている。

🔍 解答・ポイント

選択問題

□ 1. **解答** ①イ 「**大サンゴ礁**」はグレートバリアリーフのこと。

解答 ②ア イタリアは文化遺産の数が世界一。水没の危険性があるのはヴェネツィアの街並み。

解答 ③ウ 「**プランテーション農業**」は熱帯の発展途上国で行われる。コスタリカはエコツーリズムを行っている。

空所補充問題

□ 2. **解答** グリーンツーリズム

□ 3. **解答** エコツーリズム

□ 4. **解答** ワーキングホリデー

□ 5. **解答** バカンス

正誤問題

□ 6. **解答** ○ 東南アジアの保養都市（避暑地）＝インドネシアのバンドンなど←植民地時代に開発

□ 7. **解答** ○ **北部地域➡地中海沿岸地域**に旅行をする＝ドイツ；観光客送出、スペイン；観光客受入

□ 8. **解答** ✕ 「スキーリゾートを中心」➡ニースは、カンヌと並ぶフランスの地中海沿岸にある海浜リゾート地。

□ 9. **解答** ○ ウィーン（オーストリアの首都）＝「音楽の都」

□**10.** 都市観光が盛んなアメリカ合衆国の都市では、城壁に囲まれた旧市街地の歴史的建造物が多くの観光客を集めている。

□**11.** 中央アメリカには、専門的知識をもったガイドが森林などを案内するエコツーリズムの盛んな地域がみられる。

□**12.** 北極海では、自然環境や生態系を保護するために、民間企業による極地観光ツアーは禁止されている。

□**13.** 一部の高山地域では、登山客や観光客の増加によって、経済的な効果があがるいっぽうで、森林破壊やゴミ問題などの環境問題が発生している。

□**14.** 週休二日制や有給休暇などの普及にともない、日本人の余暇時間はOECD加盟国の中で最も長くなった。

□**15.** 日本の旅行者数が増加傾向にある背景には、鉄道の高速化やトンネル・高速道路の開通などが考えられるが、交通条件の改善は旅行者数の維持を保証するものではない。

□**16.** 日本では、1980年代から海外旅行者が急速に増加し、近年ではヨーロッパへの旅行者数はアジアへの旅行者数を上回っている。

□**17.** 1990年代前半に、石油危機による低成長への転換の影響から、日本の各地域では観光客数の減少が生じた。

□**18.** 日本においても都市住民が農山漁村を訪れ、その地域の生活や文化を体験するグリーンツーリズムが注目されている。

□**19.** 熱海市などの温泉観光都市では、日本人の多くがバカンスを楽しむようになったため、長期滞在者が観光客の中心になっている。

□**10.** 解答 ✕ 「城壁に囲まれた旧市街地の歴史的建造物」→アメリカ合衆国の都市には、城壁に囲まれた旧市街地などはみられない。

□**11.** 解答 ○ 中央アメリカ＝エコツーリズムが盛んな地域←コスタリカなど

□**12.** 解答 ✕ 「民間企業による極地観光ツアーは禁止」→北極海における観光は禁止されていない。

□**13.** 解答 ○ 高山地域＝観光客増加→経済的効果と環境問題

□**14.** 解答 ✕ 「日本人の余暇時間は OECD 加盟国の中で最も長くなった」→日本人の余暇時間は長くなったとはいえ、ＯＥＣＤ加盟国の中では短いほうである。なお、ＯＥＣＤには、世界の先進国がほぼ加盟している。

□**15.** 解答 ○ 旅行者数＝交通条件以外にも、さまざまな外的要因により増減の可能性がある。

□**16.** 解答 ✕ 「ヨーロッパへの旅行者数はアジアへの旅行者数を上回っている」→バブル崩壊以降、日本では近距離で短期旅行の楽しめるアジアへの旅行者が増加した。

□**17.** 解答 ✕ 「1990年代前半」→石油危機による低成長期は1970年代後半ごろである。1990年代前半に観光客数が減少したのは、**バブル経済の崩壊**による急激な景気の悪化が要因となっている。

□**18.** 解答 ○ 日本＝グリーンツーリズムが注目

□**19.** 解答 ✕ 「長期滞在者が観光客の中心」→日本の温泉地は、**短期**の旅行者が大半を占め、バカンスなどの長期滞在型の旅行はいまだ浸透していない。

3 貿 易

■ 選択問題

□ **1.** 次の ① ～ ④ の文は、下のア～エのいずれかの国における、それぞれの国が
かかえている貿易問題を述べたものである。① ～ ④ とア～エの正しい組合
せをそれぞれ選べ。

① 巨大な国内消費を背景に、工業製品やエネルギー資源を大量に輸入してお
り、巨額の貿易赤字をかかえている。

② 高い技術力を背景として工業製品を積極的に輸出し、農産物を大量に輸入
するいっぽう、特定の穀物には高い関税をかけてきた。

③ 豊富で安価な労働力を背景として工業の発展がめざましく、さまざまな資
源を大量に輸入しているため、資源の国際価格に大きな影響を与えてい
る。

④ 豊富なエネルギー資源を有するが、国際機関を通して生産量の調整を行う
ことによって国際的な需給のバランスに影響を与えることもある。

ア アメリカ合衆国　　　イ サウジアラビア　　　ウ 中国　　　エ 日本

■ 正誤問題

□ **2.** 東・東南アジア地域は工業化にともなって、先進国との貿易が増加して、域
内の貿易額が減少した。

□ **3.** ヨーロッパの共通農業政策は、おもな農産物の域内共通価格を定め、安価な
輸入農産物に課徴金をかけたため、域外の国々との貿易摩擦が発生した。

□ **4.** 発展途上国の累積債務の解消を討議するために、先進国を中心として世界貿
易機関（WTO）が設立された。

□ **5.** 日本では1980年代に入ると、貿易摩擦問題が顕在化したため、自動車関連の
企業が北アメリカやヨーロッパにおいて現地生産を行うようになった。

□ **6.** 1980年代後半から1990年代半ばにかけて、日本では水産物の輸入量が増加した。

□ **7.** 日本の企業による海外直接投資の総額は、東南アジア向けよりアフリカ向け
のほうが多くなっている。

□ **8.** 政府開発援助（ODA）額では日本やアメリカ合衆国が世界の上位にある
が、国民総生産（GNP）当たり援助額では上位をヨーロッパ諸国が占め
る。

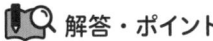 解答・ポイント

選択問題

☐ **1. [解答]** ①ア　「**巨額の貿易赤字**」をアメリカ合衆国はかかえている。

　　　　[解答] ②エ　「**高い技術力**」で工業製品を輸出しているのは日本。「**特定の穀物**」とは米のこと。

　　　　[解答] ③ウ　「**豊富で安価な労働力**」は中国に存在している。

　　　　[解答] ④イ　「**豊富なエネルギー資源**」とは石油のこと。「**国際機関**」とはOPECのことで、石油の生産調整を行っている。

Ⅱ

系
統
地
理

正誤問題

☐ **2. [解答]** ✕　「**域内の貿易額が減少**」 ➡ 工業化にともない、各国で分業する体制が整ったため、**域内の貿易額は増加**した。

☐ **3. [解答]** ○　共通農業政策＝アメリカ産などの農産物に課徴金 ➡ 貿易摩擦が顕著化

☐ **4. [解答]** ✕　「**発展途上国の累積債務の解消を討議する**」 ➡ WTO の目的は、世界貿易の円滑化や自由化などを進めるもので、発展途上国の累積債務の解消など、各国の経済問題解決を行うものではない。

☐ **5. [解答]** ○　1980年代＝日米貿易摩擦問題 ➡ 北アメリカ・ヨーロッパでも現地生産

☐ **6. [解答]** ○　1980～1990年代＝日本の水産物輸入増加 ⬅ 国内漁業の衰退、円高やバブル経済の影響

☐ **7. [解答]** ✕　「**東南アジア向けよりアフリカ向けの方が多くなっている**」 ➡ 日本の海外直接投資は、**東南アジア向け**のほうが多い。

☐ **8. [解答]** ○　政府開発援助額＝アメリカ合衆国・日本が上位、国民総生産当たり援助額＝ヨーロッパ諸国が上位

8

第
3
次
産
業
・
流
通

■ 空所補充問題

☐ **1.** 日本では交通渋滞を緩和し、大気汚染を抑制・防止するために、都心部への移動に公共交通機関の利用を促し、自動車通行を抑制する（　　　）の利用をすすめている。

☐ **2.** 先進国のようにインターネットの普及率が高く情報を着発信しやすい地域と、そうでない発展途上国との間には（　　　）とよばれる情報の格差が生じている。

■ 正誤問題

☐ **3.** 中国では、高速鉄道網の整備がすすみ、多くの人々が国内移動に利用するようになった。

☐ **4.** 黒海と地中海の境界にあるボスポラス海峡は、アジアとヨーロッパを隔てており、ギリシャとトルコの国境となっている。

☐ **5.** スエズ運河を北から南へ通過して東アフリカへ直接向かう貨物量は、南アジアへ向かう貨物量よりも多い。

☐ **6.** スイスでは、主要な都市や観光地を結ぶ鉄道網が発達し、観光客の利用も多い。

☐ **7.** ストラスブールでは、路面電車が廃止され、電気自動車を用いた新しい都市交通システムが導入されている。

☐ **8.** ドイツのフライブルクでは、路面電車などの公共交通網を整備し、中心市街地への自家用車の流入を抑制してきた。

☐ **9.** ロンドンでは、交通渋滞緩和のためにロードプライシング制度が導入されている。

☐ **10.** スカンジナビア半島から太平洋に至る北極海航路が整備され、年間を通じて船舶が航行している。

☐ **11.** シベリア鉄道は、ソ連時代に各工業地域間の旅客輸送を担っていたが、現在ではモータリゼーションの進展によって貨物輸送のみとなっている。

解答・ポイント

■ 空所補充問題

□ **1.** 解答 パークアンドライド

□ **2.** 解答 デジタルディバイド

■ 正誤問題

□ **3.** 解答 ○ 中国＝高速鉄道網の整備⇒多くの人々が利用

□ **4.** 解答 × 「ギリシャとトルコの国境となっている」⇒海峡の両側にトルコ最大の都市であるイスタンブールがあり、海峡の両側ともにトルコ領である。

□ **5.** 解答 × 「東アフリカへ直接向かう貨物量は、南アジアへ向かう貨物量よりも多い」⇒ヨーロッパ諸国はインドなどのアジア諸国との間で、工業などの結びつきが強まっており、南アジアへ向かう貨物量のほうが多くなっている。

□ **6.** 解答 ○ スイス＝鉄道の観光客利用が多い

□ **7.** 解答 × 「路面電車が廃止」⇒ヨーロッパでは、環境保護の観点から路面電車の価値が見直され、都市交通の手段として積極的に活用されている。なお、ストラスブールはフランスの都市。

□ **8.** 解答 ○ ドイツ＝環境先進国＝路面電車の整備・市街地への自動車流入抑制

□ **9.** 解答 ○ ロードプライシング制度＝都心に乗り入れる自動車に課金する←交通渋滞の緩和のため

□ **10.** 解答 × 「年間を通じて船舶が航行」⇒夏季の利用は可能であるが、冬季は凍結するため航行できない。

□ **11.** 解答 × 「貨物輸送のみとなっている」⇒観光客が利用するなど、旅客輸送も行っている。

☐**12.** アメリカ合衆国では、鉄道網は大陸部全土に広がり、旅客輸送における鉄道のシェアは高い。

☐**13.** 日本では、都市部を中心に鉄道網が発達しているが、貨物輸送における鉄道のシェアは低い。

☐**14.** 日本の主要都市とヨーロッパの主要都市を結ぶ直行便の航空機は、北極海上空の通過に飛行時間の大半を費やしている。

☐**15.** 日本ではモータリゼーションの進展により、車を利用した生活や活動に便利な都心部で、人口増加がみられた。

☐**16.** 日本ではモータリゼーションの進展により、地方都市や農村地域において、バスや鉄道などの公共交通が縮小されたり廃止される地域がみられた。

☐**17.** 日本の三大都市圏では世帯の平均所得が高く、自家用車所有率が相対的に高い。

☐**18.** 日本では都市住民が農村の環境や文化に配慮した活動などを行うことを目的に、パークアンドライドが全国で導入されている。

☐**19.** シリコンヴァレーにみられる企業は、世界中から流入する有能な研究者や技術者を雇用するとともに、先端技術開発から製品製造に至るネットワークを形成し、成長してきた。

☐**20.** インドに立地したコールセンターでは、コストが大幅に低下した国際電話を用いて、アメリカ合衆国向けの顧客サービスが多く行われている。

☐**21.** インドでは、ＩＴ（情報技術）産業の成長にともないインターネットの利用者が増加しているが、情報化の恩恵を受けられない人々も多い。

□**12.** 解答 ✕ 「旅客輸送における鉄道のシェアは高い」➡アメリカ合衆国の鉄道はおもに**貨物輸送におけるシェアが高い**。旅客輸送では、他国に比べ航空輸送の比率が高い。

□**13.** 解答 ○ 日本の鉄道輸送＝**都市部**で発達・貨物輸送のシェアは**低い**

□**14.** 解答 ✕ 「北極海上空の通過に飛行時間の大半を費やしている」➡現在、日本とヨーロッパを結ぶ航空機は、最短で飛行できるロシア上空の飛行が中心で、北極海上空の飛行はみられない。

□**15.** 解答 ✕ 「車を利用した生活や活動に便利な都心部」➡都心部は地価が高く、車を利用した生活に便利とはいえない。

□**16.** 解答 ○ 日本のモータリゼーションの進展➡地方都市などの公共交通縮小や廃止

□**17.** 解答 ✕ 「自家用車所有率が相対的に高い」➡都市圏は地価が高く駐車場の所有が困難で、公共交通機関も発達していることから、自家用車の所有率は相対的に低い。

□**18.** 解答 ✕ 「都市住民が農村の環境や文化に配慮した活動などを行うことを目的」➡パークアンドライドは**都市部の渋滞・大気汚染の緩和**などが目的で、農村の環境保全、文化的活動に配慮した目的ではない。

□**19.** 解答 ○ シリコンヴァレー＝開発から製造までのネットワーク形成

□**20.** 解答 ○ インドのコールセンターの発達⬅英語に堪能で人件費が安い

□**21.** 解答 ○ 情報化の恩恵を受けられない人々も多い＝**デジタルディバイド**の発生

1 世界の人口

■ 空所補充問題

☐ **1.** （ ① ）増加とは、出生数から死亡数を引いた値のことで、（ ② ）増加とは、転入数から転出数を引いた値のことである。

☐ **2.** 1人の女性が一生の間に産むとされる子どもの数を（　　）という。

■ 選択問題

☐ **3.** 首都がその国における人口第1位の都市である国として**適当でないもの**を、次の①〜④のうちから一つ選べ。

① スペイン　　② タイ　　③ ニュージーランド　　④ メキシコ

☐ **4.** 人口500万人以上の都市が最も多い地域を、次の①〜④のうちから一つ選べ。

① アジア　　② アフリカ　　③ オセアニア　　④ ヨーロッパ

■ 正誤問題

☐ **5.** 世界人口は、19世紀に増加の速度が徐々に速まり、20世紀に入り、特に第二次世界大戦後に急激に増加した。

☐ **6.** 1990年代以降における世界人口の増加は、主として経済発展の著しい新興工業国の人口増加によるものである。

☐ **7.** 発展途上国では乳児死亡率の低下が一因となり、人口増加が著しい。

☐ **8.** 発展途上国では、20世紀後半以降の急激な人口増加により、仕事を求めて農村から都市へ、さらに先進国などの外国へ移動する人々が増えた。

☐ **9.** インドでは、1950年代以降、死亡率の低下が継続してみられた。この間、医療サービスの普及と並行して、日本を上回る高齢化が全国的に進行した。

🔍 解答・ポイント

📗 空所補充問題

☐ **1.** **解答** ① 自然 ② 社会 人口増加率＝自然増加率＋社会増加率

☐ **2.** **解答** 合計特殊出生率
(ごうけいとくしゅしゅっしょうりつ)

📗 選択問題

☐ **3.** **解答** ③ ニュージーランドで人口最大の都市はオークランドで、首都ではない。

☐ **4.** **解答** ① アジアは世界の総人口の約6割を占めているうえ、特に近年都市人口が増加している。

📗 正誤問題

☐ **5.** **解答** ○ 世界人口＝第二次世界大戦後・急激に増加

☐ **6.** **解答** ✕ 「経済発展の著しい新興工業国の人口増加」➡1990年代以降、新興工業国は工業化の進展にともなって出生率が低下し、人口増加はおさまった。

☐ **7.** **解答** ○ 発展途上国の人口増加◀**乳児死亡率の低下**が一因

☐ **8.** **解答** ○ 発展途上国＝人口増加➡農村から都市への移動・先進国への移動

☐ **9.** **解答** ✕ 「日本を上回る高齢化が全国的に進行」➡日本は世界で最も老年人口の割合が高く、日本を上回る高齢化とはいえない。

☐**10.** インドでは人口増加を抑制するため、1950年代以降家族計画を推進した。また、<u>工業化の進展により国民の所得水準が向上したことで、農村を中心に出生率が低下している。</u>

☐**11.** インドでは、1970年代以降、出生率が継続して低下しているにもかかわらず、総人口が増加を続けた。<u>この間、外国からの大規模な人口流入があった。</u>

☐**12.** 西ヨーロッパでは、20世紀後半に少子高齢化が進行し、労働力人口の確保が社会的な課題となってきた。

☐**13.** スウェーデンでは、1950年代以降、死亡率が低い水準で推移した。<u>この間、医療制度や高齢者福祉制度が充実した。</u>

☐**14.** スウェーデンでは、1960年代と1980年代に出生率が上昇に転じた。<u>これらの時期には、女性の社会進出を抑制し、出産を奨励する政策が進められた。</u>

☐**15.** 日本における団塊の世代とよばれる人々は、いわゆる第一次ベビーブーム世代とよばれる、<u>出生数が急増した時期に生まれた世代を中心としている。</u>

☐**16.** 日本では老年人口率は大都市部で高く農山村部で低いため、高齢化対策は都市政策の一つとして取り上げられている。

☐**17.** 日本では家族内で高齢者を介護する人が増えたことにより、減少を続けていた平均世帯人員数は1980年代半ば以降、増加に転じた。

☐**18.** 日本では、経済的な理由だけではなく、健康の維持や社会貢献を目的として働く高齢者が増加している。

□**10.** 解答 ✕ 「農村を中心に出生率が低下」➡インドの農村部は貧困層が多く、出生率の低下はみられない。

□**11.** 解答 ✕ 「外国からの大規模な人口流入」➡インドへの大規模人口流入はこの時期にみられていない。インドは元の総人口が大きいため、出生率が若干低下したとしても、総人口が増加してしまう。

□**12.** 解答 ◯ 西ヨーロッパ＝少子高齢化の進行➡労働力人口の確保が課題

□**13.** 解答 ◯ スウェーデン＝**医療制度・高齢者福祉制度**が充実

□**14.** 解答 ✕ 「女性の社会進出を抑制」➡スウェーデンは**女性の社会進出を促進する**政策を進めている。

□**15.** 解答 ◯ 団塊の世代＝第一次ベビーブーム世代⬅出生数が急増

□**16.** 解答 ✕ 「大都市部で高く農山村部で低い」➡日本の老年人口率は、農山村部で高く、高齢化・過疎化が問題となっている。

□**17.** 解答 ✕ 「平均世帯人員数は1980年代半ば以降、増加に転じた」➡都市部の単身世帯の増加などにより、平均世帯人員数は減少傾向である。

□**18.** 解答 ◯ 日本の高齢者＝定年後も働く人が増加

■ 正誤問題

☐ **1.** 中国では、都市部における労働力需要を満たすため、農村から都市への移住が奨励されている。

☐ **2.** 南アジアからは、多くの人々が西アジアの産油国へ出稼ぎ労働者として移動している。

☐ **3.** 近年、インドのソフトウェア技術者の先進国への移動がみられる。

☐ **4.** イタリアでは、EU（欧州連合）発足後にEU圏外からの移民の受け入れを原則的に禁止するようになった。

☐ **5.** パリでは、北アフリカやインドシナ半島など、旧フランス植民地からの移住者が集中して居住する地区がみられる。

☐ **6.** オーストラリアでは、世界各地から移民を受け入れてきたが、アジア系住民としては中国系住民の数が最も多い。

☐ **7.** ブラジルでは、かつて工業技術者として受け入れた日本人の子孫が、出稼ぎ労働者として日本に移動する例も多い。

☐ **8.** 日本におけるブラジル国籍をもつ居住者数は、1970年代の出入国管理法改正時に大きく増加した。

☐ **9.** 現在、日本国内の在留外国人で最も人数が多い国籍は、中国である。

☐ **10.** 日本の外国人労働者の多い自治体では、日本語教育の機会を設けたり、多言語表示を増やしたりするなど、さまざまな対策に取り組んでいる。

🔍 解答・ポイント

┃■ 正誤問題

☐ **1.** 解答 ✕ 「農村から都市への移住が奨励」➡基本的には、戸籍の管理などにより移住は制限されている。

☐ **2.** 解答 ○ **南アジア**の出稼ぎ労働者➡**西アジア**の産油国へ

☐ **3.** 解答 ○ インドのソフトウェア技術者➡先進国へ

☐ **4.** 解答 ✕ 「EU圏外からの移民の受け入れを原則的に禁止」➡EU発足後、EU諸国は圏外からの移民受け入れを原則的に認める方針を採っている。

☐ **5.** 解答 ○ パリ＝旧植民地からの移民の居住地区が存在

☐ **6.** 解答 ○ オーストラリアにおける最も多いアジア系住民＝**中国系**住民

☐ **7.** 解答 ✕ 「工業技術者として受け入れた」➡ブラジルに移民として渡った人々は農業などに従事する人々であった。

☐ **8.** 解答 ✕ 「1970年代の出入国管理法改正時」➡出入国管理法改正は1990年代であり、そのときにブラジル人居住者が増加した。

☐ **9.** 解答 ○ 日本国内で最も多い在留外国人＝**中国人**←**2000年代**に急激に増加

☐ **10.** 解答 ○ 日本の外国人労働者増加の対策＝日本語教育の機会・多言語表示の増加

▐■ 空所補充問題

☐ **1.** 発展途上国のいくつかの都市には、路上生活を強いられている身寄りのない子どもたちである（　　　）がみられる。

☐ **2.** オランダは、短時間勤務と雇用の分散のための（　　　）の取組みが広く行われていることなどにより、ヨーロッパの中でも労働時間が短い国の一つとなっている。

▐■ 正誤問題

☐ **3.** 発展途上国における初等学校では女性の就学率が低く、教育面での男女差がみられる。

☐ **4.** 女性の識字率の向上は、その国の出生率の上昇にともなう人口の継続的増加をもたらし、さらに多くの女性の社会進出を促すことが期待される。

☐ **5.** 南アジアでは平均寿命が69歳以下の国々がみられ、その背景には<u>貧困人口が多いことや衛生環境の整備がすすんでいない</u>ことがある。

☐ **6.** インドの人口は10億を超えているが、過去の人口抑制策の欠如により、今後のさらなる人口増加が懸念（けねん）されている。

☐ **7.** 西アジア諸国とホンコンでは、<u>夫婦共働きが一般的であるため</u>、家事代行の需要が大きい。

☐ **8.** サハラ以南アフリカでは、出生率は近年低下傾向にあるものの依然として高い国が多く、保健衛生などの問題により死亡率も高い。

☐ **9.** 中・南アフリカでは平均寿命が短縮した国々が多く、その背景には<u>感染症の蔓延（まんえん）</u>がある。

☐ **10.** ドイツでは、人口の高齢化にともない、社会保障費が増大するいっぽうで生産年齢人口が減少し、将来的な経済的活力の低下が懸念されている。

☐ **11.** 旧ソ連諸国や東ヨーロッパでは、社会主義体制下での一人っ子政策などの影響により少子高齢化がすすみ、人口が自然減少している国が多い。

☐ **12.** ＣＩＳ（独立国家共同体）諸国では1990年から2006年にかけて平均寿命が短縮した国々が多く、その背景には<u>大規模な自然災害が頻発してきた</u>ことがある。

🔍 解答・ポイント

▐ 空所補充問題

☐ **1.** 解答 ストリートチルドレン

☐ **2.** 解答 ワークシェアリング

▐ 正誤問題

☐ **3.** 解答 ○ 発展途上国の就学率＝女性＜男性

☐ **4.** 解答 ✕ 「出生率の上昇にともなう人口の継続的増加をもたらし」➡識字率の向上により、**出生率の低下と人口増加への歯止め**が期待される。

☐ **5.** 解答 ○ 貧困人口の多さ・衛生環境の未整備➡寿命が他国よりも短い

☐ **6.** 解答 ✕ 「過去の人口抑制策の欠如」➡インドでは**過去に人口抑制策が行われた**が徹底せず、現在も人口増加が続いている。

☐ **7.** 解答 ✕ 「夫婦共働きが一般的である」➡西アジア諸国は**イスラム教国が多い**影響で、女性の就業率が低い。

☐ **8.** 解答 ○ サハラ以南アフリカ＝出生率低下傾向・死亡率高い

☐ **9.** 解答 ○ 中・南アフリカの平均寿命の短縮＝HIVやマラリアなどの感染症の蔓延（まんえん）

☐ **10.** 解答 ○ ドイツの高齢化＝社会保障費の増大、生産年齢人口の減少

☐ **11.** 解答 ✕ 「旧ソ連諸国や東ヨーロッパ」➡一人っ子政策が行われたのは**中国**である。

☐ **12.** 解答 ✕ 「大規模な自然災害が頻発してきた」➡**旧ソ連の崩壊による混乱・政治不安**から死亡率が高まったことが背景にある。

☐**13.** 西ヨーロッパでは平均寿命が75歳以上の国々が多く、その背景には<u>社会保障や福祉政策の充実</u>がある。

☐**14.** 日本や西ヨーロッパの一部の国では、少子高齢化にともなって死亡率が出生率を上回っている。

☐**15.** 年間労働時間は、アジアよりもヨーロッパ諸国で長い傾向にある。

☐**16.** 韓国は、1980年代の経済発展にともなって労働時間が増加したことにより、OECD加盟国の中で労働時間が最も長い国となった。

☐**17.** ポーランドは、西ヨーロッパ諸国と比べて労働生産性が低いことなどにより、ヨーロッパの中でも労働時間が長い国の一つとなっている。

☐**18.** 日本では、週休2日制の導入など労働時間の短縮をめざした取組みがなされたことにより、アメリカ合衆国と同程度にまで労働時間が減少した。

☐**19.** 日本の三大都市圏では高度経済成長期に流入した当時の若年層が高齢期に入り、さらなる老年人口の増加が見込まれる。

□ **13.** 解答 ○ 西ヨーロッパの平均寿命の高さ＝社会保障・福祉政策の充実

□ **14.** 解答 ○ 日本・ドイツ・イタリア＝死亡率が出生率を上回る

□ **15.** 解答 ✕ 「アジアよりもヨーロッパ諸国で長い傾向」➡ヨーロッパ諸国はワークシェアリングなどを積極的に行うなど、**労働時間が短い**傾向にある。

□ **16.** 解答 ✕ 「経済発展にともなって労働時間が増加」➡経済発展すると機械の使用など労働の合理化が進むため、**労働時間は減少**する。

□ **17.** 解答 ○ 労働時間＝西ヨーロッパ＜東ヨーロッパ（労働生産性が低い）

□ **18.** 解答 ○ 日本の労働時間＝減少←アメリカ合衆国と同程度

□ **19.** 解答 ○ 日本の三大都市圏（東京・大阪・名古屋）＝老年人口の増加

10 | 村落・都市

1 村落の形態

空所補充問題

□ **1.** 京都や奈良では、古代の（　　　）制によって施行された碁盤目状の地割や区画が現在も残されている。

□ **2.** ヨーロッパにみられる（　　　）村は、中央の広場を取り囲んで家屋が分布し、防御のために形成された。

□ **3.** ドイツやポーランドにみられる（　　　）村は、中世以降の道路を基準として開墾地に形成された。

□ **4.** アメリカ合衆国の中西部でみられる（　　　）制にもとづく村落も散村の一つである。

□ **5.** 日本の沖積平野では、自然堤防などの微高地に集落が多く、濃尾平野では洪水被害を避けるため、集落と耕地の周囲に堤防をめぐらせた（　①　）集落もみられる。また、フランスのプロバンス地方では、外敵の侵入や病気・暑さを避けるために（　②　）集落が発達した。

正誤問題

□ **6.** 西ヨーロッパの平野部では、かつて農業における共同作業や外敵に対する防御が必要であったことから、集村の形態をとる村落が多い。

□ **7.** 防御的機能に優れた集村の例には、ヨーロッパの丘上集落がある。

□ **8.** 次の図1は、道路に沿って家屋が並んでおり、ヨーロッパの森林地域における自然発生的集落にみられる。

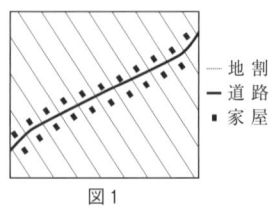

――地割
――道路
■家屋

図1

□ **9.** 8.の図1は、家屋の背後に短冊状の耕地が並んでおり、近世における日本の新田集落にみられる。

📖🔍 解答・ポイント

▐ 空所補充問題

☐ **1.** 解答 条里

☐ **2.** 解答 円

☐ **3.** 解答 林地

☐ **4.** 解答 タウンシップ

☐ **5.** 解答 ① 輪中　② 丘上

▐ 正誤問題

☐ **6.** 解答 ○　西ヨーロッパ＝集村が多い

☐ **7.** 解答 ○　ヨーロッパの**防御的機能**をもった集村＝**丘上集落**など

☐ **8.** 解答 ✕　「自然発生的集落」➡図1は路村形態であり、ドイツなどの林地村にみられるが、**計画的に作られた**集落である。

☐ **9.** 解答 ○　路村形態＝日本の新田集落

☐**10.** 中世以降、森林開発によって成立したドイツの林地村は、教会を中心に、家屋や耕地・林地が同心円状に配列されている。

☐**11.** 次の図2は、格子状に区画された耕地が広がっており、アメリカ合衆国のタウンシップ制による開拓地域にみられる。

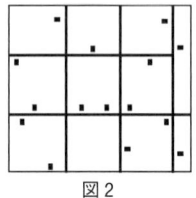

図2

☐**12.** 11.の図2は、家屋が分散する散村形態をとっており、近代における北海道の開拓地域にみられる。

☐**13.** 散村の一般的な特徴として、各農家の耕地が自宅の周囲に配置されることや農家の経営規模が小さいことなどがあげられる。

☐**14.** かつて条里制が行われた地域では、直交する格子状の道路や四角形のため池がみられる。

☐**15.** 唐の長安を模して、放射・環状の街路網を特徴とする計画都市が、古代の日本にも建設された。

☐**16.** 条里集落が形成された時代は、新田集落が形成された時代よりも新しい。

☐**17.** 日本の山間部では、第二次世界大戦後に農地の整理統合がすすんだことから、散村の形態をとる村落が多い。

☐**18.** 日本では、出雲平野や砺波平野に典型的な散村がみられる。

☐**19.** 砺波平野では、第二次世界大戦後に耕地の区画や道路の多くが直線状に整備された。

☐**10.** 解答 ✕ 「教会を中心に、家屋や耕地・林地が同心円状に配列」➡ドイツの林地村は路村形態となっている。教会を中心に同心円状に配列した集落形態は**円村**という。

☐**11.** 解答 ○ 散村形態＝アメリカ合衆国の**タウンシップ制**の行われた村落

☐**12.** 解答 ○ 散村形態＝北海道の開拓地域➡**屯田兵村**にみられる

☐**13.** 解答 ✕ 「農家の経営規模が小さい」➡ 散村形態のみられる地域は、**農家の経営規模が大きい**。

☐**14.** 解答 ○ 条里制の村落＝**格子状の道路、四角形のため池**など

☐**15.** 解答 ✕ 「放射・環状の街路網」➡ 唐の長安を模した都市は、条里制にもとづく都市であり、**格子（碁盤目）状の街路網**が特徴的である。

☐**16.** 解答 ✕ 「新田集落が形成された時代よりも新しい」➡ 条里集落が形成されたのは奈良・平安時代で、新田集落が形成されたのは江戸時代。

☐**17.** 解答 ✕ 「散村の形態をとる村落が多い」➡ **集村の形態**をとる村落が多くみられる。

☐**18.** 解答 ○ 散村＝島根県・出雲平野、富山県・砺波平野が典型

☐**19.** 解答 ○ 富山県・砺波平野＝**散村**形態➡直線状の区画

2 村落の課題

■ 正誤問題

□ **1.** 西ヨーロッパの多くの村落では、EU（欧州連合）の共通農業政策によって新規就農者が増加したため、耕作放棄地が減少している。

□ **2.** ヨーロッパにおける農業生産性が低い山間部の農業地域では、農業生産以外にも観光などの多面的機能が評価され、地域の活性化が図られている。

□ **3.** 日本の多くの村落では、食料自給率の向上をめざした農業振興によって農業従事者の相対的な所得が上昇したため、人口の増加がみられる。

□ **4.** 産業の地方分散によって工場が進出した多くの日本の農村では、新しい収入源を求めて農家の兼業化が進んでいる。

□ **5.** 日本では交通機関の発達にともない、山間部などでも雇用の機会が増え、住宅地の不足が顕著になっている。

□ **6.** 日本の過疎化した村落では、高齢化が進むにつれて伝統的な文化や社会組織が衰退してきた。

□ **7.** 日本の農村部では、人口減少にともなう医療機関の閉鎖や移転がみられ、医療サービスの維持が課題になっている。

□ **8.** 日本の農山村地域は、農作物の生産・供給機能に加えて、自然環境の保全や余暇活動の場の提供など多面的機能が注目されるようになった。

□ **9.** 人口が流出して過疎化が進んだ多くの日本の山村では、村おこし事業などの地域振興策によって人口が増加に転じている。

□ **10.** 日本では都市住民と農村住民が協働し、生態系の保全や木材などの新たな用途開発などをすすめる、里山の保全・活用運動が始まっている。

□ **11.** 現在の日本の農村地域では、住民主体のNPO（非営利組織）による活動が注目されるようになった。

解答・ポイント

正誤問題

□1. **解答** ✕ 「新規就農者が増加したため、耕作放棄地が減少」➡西ヨーロッパでは**新規就農者の減少、耕作放棄地の増加**が問題となっている。

□2. **解答** 〇 観光などの機能＝農山村に滞在する観光➡グリーンツーリズム

□3. **解答** ✕ 「人口の増加がみられる」➡日本の農村地域は人口減少に歯止めがかからず、過疎化が進行している。

□4. **解答** 〇 農村への工場進出＝農家の兼業化を促す

□5. **解答** ✕ 「雇用の機会が増え、住宅地の不足が顕著」➡交通機関の発達は逆に都市部への人口流出を招いており、日本の山間部は過疎化が顕著である。

□6. **解答** 〇 日本の過疎化した村落＝高齢化➡文化・社会組織の衰退

□7. **解答** 〇 日本の農村部の課題＝医療サービスの維持

□8. **解答** 〇 日本の農山村地域の持つ多面的機能＝自然環境の保全・余暇活動の場の提供

□9. **解答** ✕ 「人口が増加に転じている」➡村おこし事業などが行われているが、人口の増加にまでは至っていない。

□10. **解答** 〇 里山の保全・活用運動＝生態系の保全・木材の新たな用途の開発

□11. **解答** 〇 日本の農村地域＝NPOによる活動が注目

II 系統地理

10 村落・都市

3 都市の機能

■ 選択問題

☐ **1.** 次の図の**ア〜ウ**の街路の形態的特徴を示した模式図がみられる都市名を、下の①〜③のうちからそれぞれ選べ。

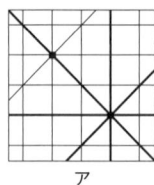 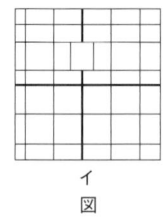 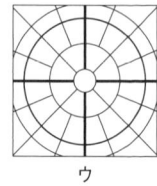

| ア | イ | ウ |

図

① ペキン ② モスクワ ③ ワシントン

☐ **2.** 大都市の都心にみられる特徴を述べた文として最も適当なものを、次の①〜④のうちから一つ選べ。

① 企業の本社や支社・支店などが集中している。
② 夜間人口が昼間人口を常に上回っている。
③ 商店は最寄り品を売る店が中心となっている。
④ 重化学工業関連の工場が住宅と混在している。

☐ **3.** 都市圏のおおよその範囲を設定する場合、その範囲として最も適当なものを、次の①〜④のうちから一つ選べ。

① 中心都市に居住する人々が行楽に出かける範囲
② 中心都市のホテルに宿泊する人々が居住する範囲
③ 中心都市の公立中学校に通学する生徒が居住する範囲
④ 中心都市の事業所に勤務する人々が居住する範囲

☐ **4.** 首位都市が成立しやすい国の特徴について述べた文として**適当でないもの**を、次の①〜④のうちから一つ選べ。

① 行政機能や商工業が集中する中央集権的な国。
② 出生率が高い状態にあり若年人口率も高い国。
③ 中央・南アメリカやサハラ以南のアフリカなどの旧植民地国。
④ 都市・工業の発達の歴史が古い国。

解答・ポイント

選択問題

□ **1.** 解答 **ア③**　放射直交路型の街路は、ワシントンでみられる。

　　　解答 **イ①**　碁盤目状、格子型の街路は、ペキンや京都などでみられる。

　　　解答 **ウ②**　放射環状路型の街路は、モスクワのほか、パリやキャンベラなどでもみられる。

□ **2.** 解答 **①**　②大都市の都心は住宅機能に乏しく、夜間人口は周辺に比べ少なく、逆に昼間人口のほうが大きく上回る。③最寄り品は住宅地などで販売されることが多い。④重化学工業関連の工場は、地価が低く輸送に便利な港湾周辺に立地する。

□ **3.** 解答 **④**　都市圏は通勤・通学をする範囲、日常の買い物などを行う範囲と一致する。①・②は遠隔地も含まれるので誤り。③の「公立中学校」は一般的に居住地区内にみられ、都市圏よりも狭い範囲となる。

□ **4.** 解答 **④**　都市・工業の発達の歴史が古い国は、おもに先進国で中心都市の周辺に中小の都市が複数形成されており、人口は分散傾向となり、首位都市は成立しにくい。

□ **5.** 人口規模第1位の都市の人口*が、第2位の都市の人口*の2倍未満である国に該当するものを、次の①～④のうちから一つ選べ。
  *統計年次は2011年、2015年、2016年のいずれか。

  ① エチオピア　　　② オーストラリア　　　③ 韓　国　　　④ チェコ

□ **6.** 経済のグローバル化にともなって、多国籍企業のグローバルな管理機能が立地し、国際的な金融、サービス、情報などの諸機能が集中している都市がある。そのような都市の事例として**適当でないもの**を、次の①～④のうちから一つ選べ。

  ① キャンベラ　　　② 東　京　　　③ パ　リ　　　④ ロンドン

□ **7.** 都市名と関連する項目との組合せとして**適当でないもの**を、次の①～④のうちから一つ選べ。

  ① シアトルと穀物市場　　　　② ジュネーブと国際機関
  ③ パリとファッションショー　　④ ロンドンと金融センター

□ **8.** 次の①～③の国際的な姉妹都市の組合せにあてはまる共通性を、下の**ア～ウ**の中からそれぞれ選べ。

①	ウィニペグ	―	ミネアポリス
②	ケルン	―	バルセロナ
③	ケンブリッジ	―	ハイデルベルク

  ア 学術研究　　　　**イ** 穀物の集散地　　　　**ウ** 宗教施設

□ **9.** 次の①～③の首都がみられる国名を、下の**ア～ウ**のうちからそれぞれ選べ。

  ① 社会・宗教集団間の対立が比較的少ない未開発地域に、首都がおかれた。
  ② 祖国解放運動が展開した国土のほぼ中央部に、首都がおかれた。
  ③ 二つの主要都市の間に位置する未開発地域に、首都がおかれた。

  ア オーストラリア　　　**イ** トルコ　　　**ウ** ナイジェリア

☐ **5.** 解答 ②　オーストラリアは突出した人口をもつ首位都市が形成されていない。オーストラリアの人口第1位の都市である**シドニー**と、第2位の都市である**メルボルン**は人口規模が拮抗(きっこう)しており、かつては首都の座をめぐり対立したこともある。

☐ **6.** 解答 ①　キャンベラはオーストラリアの首都で、**政治機能を中心に作られた計画都市**であるため、産業などの諸機能は集中していない。

☐ **7.** 解答 ①　シアトルは、アメリカ合衆国にある**航空機産業が立地した工業都市**である。穀物市場で知られる都市はアメリカ合衆国ではシカゴである。

☐ **8.** 解答 ①イ　ウィニペグはカナダ、ミネアポリスはアメリカ合衆国のそれぞれ穀物生産地の中心部に位置した都市。

　解答 ②ウ　ケルンはドイツの都市で大聖堂があることで知られ、バルセロナはスペインの都市でサグラダ・ファミリアという教会で知られる。

　解答 ③ア　ケンブリッジはイギリス、ハイデルベルクはドイツで、大学を中心とした学術研究都市。

☐ **9.** 解答 ①ウ　ナイジェリアは、社会・宗教集団間の対立として、かつて「ビアフラ戦争」とよばれる内戦が起き、その対立を緩和するため国土の中央に首都を移した。

　解答 ②イ　「**祖国解放運動**」とはトルコ革命のことで、革命の中心となったアンカラが首都となった。

　解答 ③ア　オーストラリアは、シドニーとメルボルンの二大都市の中間地点に首都・キャンベラが置かれた。

□**10.** 次の①〜⑩の河川と街との関わりについて述べた文にあてはまる都市名を、下の**ア〜コ**の中から一つずつ選べ。

① 河口から約2,500kmに位置する水運の要衝(ようしょう)として繁栄し、近年ではダム建設や資源開発により、内陸部の物流や工業の拠点としてさらなる発展がみられる。

② 河口の三角州(きんかくす)（デルタ）地帯に位置する旧首都で、米や木材などの交易による繁栄を経て、近年は工業開発や都市整備により著しく発展している。

③ 河川をはさむ双子都市の形態をなし、密接な関係をもって発達してきた。主として東岸部(どうがん)は商工業、西岸部は政治・文化の機能をもっている。

④ かつて奴隷や砂糖などが運ばれた三角貿易によって栄えた河口の貿易都市で、その後、綿織物の輸出港として発展し、近年では歴史的な港湾施設の活用による観光開発がすすめられている。

⑤ 市街地東部の河岸地区は、かつて世界的な港湾として活気に満ちていた。その後、インナーシティ問題が深刻化したため、再開発が進められた。

⑥ 自然堤防上に市街地が形成された。後背湿地(こうはいしっち)に無秩序に拡大した住宅地は、衛生環境が悪く、社会基盤の整備が緊急課題となっている。

⑦ 宗教的に神聖とされる河川の流域に位置する都市で、人々が川で沐浴(もくよく)するための場所が設置されており、多くの巡礼者が訪れる。

⑧ 大河川の支流に面し、水陸・航空交通の結節点となっている。多様な工業が発達するとともに、世界的な金融・株式市場の中心として成長したこともあり、国家群組織の中央銀行が設置されるに至った。

⑨ 二つの川にはさまれた地域に中心業務地区がある。この都市にある証券取引所の動向は、世界の株式市場に影響を与える。2001年の同時多発テロにより大きな被害を受けたが、依然として世界経済の中心である。

⑩ 1960年代以降の工業化にともない人口が急増した。大規模な都市計画に基づき住宅地の整備が進み、市街地を流れる河川の南岸を中心に高層アパート群が出現した。

ア ヴァラナシ（ベナレス）	**イ** コルカタ（カルカッタ）	**ウ** ソウル
エ チョンチン（重慶）	**オ** ニューヨーク	**カ** ブダペスト
キ フランクフルト	**ク** ヤンゴン	**ケ** リヴァプール
コ ロンドン		

□**10.** 解答 ① エ　チョンチンは長江沿岸の都市。付近は天然ガスや石炭などが産出する。「**河口から約2500km**」に位置することから、大河川と広い大陸の内陸部を想起したい。

解答 ② ク　「**三角州地帯に位置する旧首都**」はヤンゴン。米の生産でアジアであることを想起したい。

解答 ③ カ　ハンガリーの首都であるブダペストは、ドナウ川の両岸に市街地が広がる双子都市。

解答 ④ ケ　三角貿易で栄え、綿織物の発達した都市はイギリスの工業都市である。

解答 ⑤ コ　「**世界的な港湾**」とあるので巨大都市と想起できる。また、インナーシティ問題後の再開発が行われた都市としてもロンドンはしられている。

解答 ⑥ イ　衛生環境の悪さ、社会基盤の整備が課題とあることから、途上地域の都市を想起して判断。

解答 ⑦ ア　ヴァラナシは、ヒンドゥー教の聖地である宗教都市。

解答 ⑧ キ　「**国家群組織**」とはEUで、EUの中央銀行はフランクフルトにある。

解答 ⑨ オ　「**世界の株式市場に影響を与える**」経済の中心地で、「**2001年の同時多発テロ**」が起こったのはニューヨーク。

解答 ⑩ ウ　1960年代以降、急激に発達した韓国の首都ソウル。

11. 次の①〜⑦の交通の要衝となっている都市について述べた文にあてはまる都市名を、下の**ア〜キ**の中から一つずつ選べ。

① 高原に位置し、コーヒーなどの商品作物の集散地として発展するとともに、航空路線が集まる交通の要衝でもある。

② 国際河川の河口と近接しており、周辺の大規模な工業地域と結びついて世界有数の港湾都市となった。

③ 首都に近接して形成された外港都市であり、近年大規模なハブ空港の建設によりさらに発展した。

④ 大河川の河口部に位置し、穀物や畜産物の集散地として発展するとともに、近年では重工業も盛んになっている。

⑤ 同国最大の貿易港で、綿工業など軽工業が発展しており、かつては植民地支配の拠点であった。

⑥ 二つの異なる文化圏の接点に位置するという条件をいかし、交易の中心として発達してきた。

⑦ 湾の奥に位置し、低地から台地にかけて市街地が広がっている。歴史的な都市を起源とする首都であり、政治・経済・文化の中心である。現在、都心部の再開発が活発に行われている。

ア イスタンブール　　**イ** インチョン（仁川）　　**ウ** 東京
エ ナイロビ　　　　　**オ** ブエノスアイレス　　　**カ** ムンバイ
キ ロッテルダム

■ 空所補充問題

12. 東京圏から大阪圏にかけての地域には、多くの大都市・中都市が帯状に分布するようになった。これを「東海道（　　　　）」とよぶこともある。

13. パリの中心部には土地利用や景観の観点から中・低層の歴史的建造物が保全されており、周辺部には高層ビルからなる（　　　　）が形成されている。

■ 正誤問題

14. 古代中国の都は、平坦な土地に計画的に建設され、王宮を中心とした放射・環状の街路網をもっていた。

15. 日本の近世の城下町では、身分による住み分けがみられ、防御のために都市全体が城壁で囲われていた。

16. 藩主の居城を中心とした城下町には、堀や丁字路、寺社の立地が集中している場所がみられる。

☐ **11.** 解答 ①エ　コーヒーの生産地であるので熱帯地域に位置するケニアと判断する。

解答 ②キ　「**国際河川**」とはライン川で、ロッテルダム周辺は石油化学工業などが発達した地域。

解答 ③イ　首都・ソウルに近接し、ハブ空港を有する都市は韓国のインチョン。

解答 ④オ　大河川とは「**ラプラタ川**」のこと。アルゼンチンは農業が盛んで、穀物・畜産物の生産が多い。

解答 ⑤カ　「**同国最大**」とあり、インドで最大の人口の都市であるムンバイと判断。「**綿工業**」が盛んな都市でもある。

解答 ⑥ア　「**二つの異なる文化圏**」とはアジアとヨーロッパの文化圏のことで、その接点となったのはトルコのイスタンブール。

解答 ⑦ウ　湾の奥に位置した首都で、特に政治や経済など様々な中心になっているのは東京である。

▌空所補充問題

☐ **12.** 解答　メガロポリス

☐ **13.** 解答　副都心（ラ・デファンス地区）

▌正誤問題

☐ **14.** 解答　✕　「放射・環状の街路網」⇒格子（碁盤目）型の街路網であった。

☐ **15.** 解答　✕　「都市全体が城壁で囲われていた」⇒日本の城下町は、世界の囲郭都市のように城壁で囲まれた街区ではなかった。

☐ **16.** 解答　○　城下町＝**堀・丁字路・寺社の立地が集中**←防御的

- [ ] **17.** 江戸時代の日本では、社会が安定したことで、主要な街道の中継点や分岐点に自治権をもつ自由都市が形成された。

- [ ] **18.** 産業革命期のヨーロッパでは、政治・商業機能を中心とした都市に加え、工業都市が発達した。

- [ ] **19.** 日本の都市圏は、中心となる都市およびそれと密接に結びついた周辺地域によって構成され、その面的な広がりは、通勤・通学・買い物など人々の行動によってとらえることができる。

- [ ] **20.** 企業の本社・本店や営業拠点が集中しているところは、ＣＢＤ（中心業務地区）とよばれており、その面的な広がりは、市街地の範囲と一致している。

- [ ] **21.** パリでは、旧市街の中心部に歴史的建造物が多く、これらを保全しながら高層ビル群はその外側に建設されている。

- [ ] **22.** パリでは、郊外にはニュータウンが建設されており、多くの住民が鉄道などによってパリの中心部に通勤している。

- [ ] **23.** 日本において第二次世界大戦後の市町村合併によって市域が広がった行政市では、市街地が市域全体に拡大し、農地はみられなくなった。

- [ ] **24.** 日本における都市中心部の鉄道ターミナル駅が集中する都心では、官公庁や企業の本社などの立地がみられ、昼間人口と夜間人口の差が小さい。

- [ ] **25.** 日本における大都市都心の周辺地区では、中小工場や問屋などの立地がみられ、住民の高齢化がすすんでいる。

- [ ] **26.** 日本では1970年代後半になると、大企業による本社機能の地方都市への移転が活発化したことにともない、三大都市圏への人口集中は弱まった。

- [ ] **27.** 1990年代後半から2000年代には、東京圏のみが大幅な転入超過を示すようになってきた。これは、経済のグローバル化にともない、東京が世界都市になってきたこととも関連している。

- [ ] **28.** ニュータウンとよばれる住宅団地は、日本では高度経済成長期以降の都市の住宅不足を背景として開発されたところが多い。

- [ ] **29.** 大都市周辺の計画的に建設された日本のベッドタウンでは、住宅地に隣接して大規模な工業団地が造成され、職住近接が実現されている。

☐**17.** 解答 ✕ 「自由都市が形成された」➡江戸時代は幕府と藩による支配体制がしかれ、自治権をもつ自由都市は形成されなかった。

☐**18.** 解答 ◯ 産業革命期のヨーロッパ＝**工業都市**の発達

☐**19.** 解答 ◯ 都市圏の広がり＝通勤・通学・買い物などの行動圏と一致

☐**20.** 解答 ✕ 「面的な広がりは、市街地の範囲と一致」➡ＣＢＤは都市の中心部で、市街地の範囲とは一致していない。

☐**21.** 解答 ◯ パリの旧市街中心部＝**歴史的建造物が多い**➡高層ビル群は外側

☐**22.** 解答 ◯ パリの郊外＝**ニュータウン**➡中心部に鉄道で通勤

☐**23.** 解答 ✕ 「農地はみられなくなった」➡現在でも農地のみられる地域は存在する。

☐**24.** 解答 ✕ 「昼間人口と夜間人口の差が小さい」➡就業機会が多いが住宅が少ないことが多く、**昼間と夜間の人口の差は大きい**。

☐**25.** 解答 ◯ 日本の大都市都心の**周辺地区**＝中小工場や問屋の立地➡住民の**高齢化**

☐**26.** 解答 ✕ 「大企業による本社機能の地方都市への移転が活発化」➡高度経済成長期以降、大企業による本社機能は**東京への一極集中**を強めている。70年代後半は地方回帰が進んだことで三大都市圏への人口集中が弱まった。

☐**27.** 解答 ◯ 1990年代以降の東京圏の転入超過＝経済のグローバル化➡東京の世界都市化

☐**28.** 解答 ◯ 日本のニュータウン（住宅団地）の開発◀高度経済成長期以降の都市の住宅不足が背景

☐**29.** 解答 ✕ 「職住近接が実現されている」➡日本のベッドタウンは**職住分離型**になっている。

☐**30.** 日本のニュータウンの中には、階段や坂道の多さによる生活困難を解消するために、グリーンベルトが設けられている地域もある。

☐**31.** 高度経済成長期に開発された日本の住宅団地では、居住者の世代構成がかたより、高齢者の多い地区が生じている。

☐**32.** 日本の都市の臨海部では、大規模な工場や倉庫群などの立地がみられ、地区全体の地価が高い。

☐**33.** 浜松市などの工業都市では、外国人居住者が増えているため、民族的な特徴のある飲食店や食料品店が集まる地区もみられる。

□**30.** 解答 ✕ 「グリーンベルトが設けられている地域」➡グリーンベルトの設置は階段や坂道などの生活困難の解消にはならない。また、日本のニュータウンの大半は**グリーンベルトが設置されなかった。**

□**31.** 解答 ◯ 高度経済成長期の日本の住宅団地＝同世代のいっせい入居➡**高齢化**が進展

□**32.** 解答 ✕ 「地区全体の地価が高い」➡都心から離れた地区で、地価が低いことで大規模な工場群が立地する。

□**33.** 解答 ◯ 日本の工業都市＝外国人労働者の増加➡民族的な店の集中地区

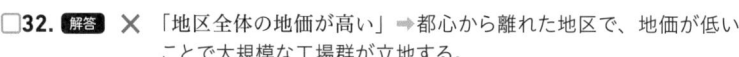

Ⅱ

系統地理

10

村落・都市

■ 選択問題

□ **1.** 次の①～④の都市整備や地域開発の特徴がみられる都市名を、下のア～エのうちからそれぞれ選べ。

① 大都市の過密化にともなう問題を解決するために、職住近接型の都市として郊外に建設された。

② 都市再開発にともない、港湾地区にオフィスビルや商業施設などが整備された。

③ 古くからの市街地に隣接して、官庁街や住宅地、放射状道路が計画的に整備された。

④ 都市再開発にともなう街区保存により、中世からの歴史的街並みと新しい都市景観がみられる。

ア シドニー　　イ デリー　　ウ ハーロー　　エ ボローニャ

□ **2.** 次の①～④の説明文に該当する用語を、下のア～エのうちから一つずつ選べ。

① 都市人口の増加にともない、住宅や都市施設が無秩序に郊外へ広がり、農地や住宅・工場などが混在している。

② インナーシティにある衰退した地域が再開発され、富裕な人々が居住するようになることで、その地域が活性化される。

③ 国内の一つの都市に人口や諸機能が集中し、その他の都市との人口差が極端に大きくなっている。

④ 連続する多くの都市が高速交通や通信網で結ばれており、全体が密接な相互関係をもっている。

ア ジェントリフィケーション　　イ スプロール現象
ウ プライメートシティ　　エ メガロポリス

□ **3.** スプロール現象を説明した文として最も適当なものを、次の①～④のうちから一つ選べ。

① 都市計画に基づき、規則正しく配置された街路網が形成される。

② 野菜や果樹などを集約的に栽培する農業が発達する。

③ 住宅や工場などが農地の中に無秩序に混在する。

④ 工場や倉庫の跡地に、オフィスビルや高級住宅が建設される。

📖 解答・ポイント

▌ 選択問題

☐ **1.** 解答 ①ウ　ハーローはイギリスのニュータウンで、ロンドンの過密解消のために建設された。

　　　解答 ②ア　4都市の中で港湾をもつ都市は、シドニーのみである。

　　　解答 ③イ　デリーは旧市街地に隣接するように新市街地を建設し、一体化した都市圏を形成している。

　　　解答 ④エ　イタリアの歴史的都市であり、中世からの街並みなどが保全されている。

☐ **2.** 解答 ①イ　住宅などが無秩序に郊外に広がっていく現象のこと。

　　　解答 ②ア　都市再開発が都心部に住宅・商業施設を建てて行われることにより、高所得層が購買・文化活動に便利なことで居住する傾向がある。

　　　解答 ③ウ　諸機能が集中し、人口が突出して多い都市。

　　　解答 ④エ　連続する複数の都市が、交通網などで相互に結合した帯状の都市群。

☐ **3.** 解答 ③　無計画な都市開発が行われ、無秩序・虫食い状に都市が広がっていくこと。

☐ 4. 空洞化のすすむ都心部周辺では、低所得者や海外からの移民が老朽住宅に集住することがある。こうした地域における治安や衛生環境などの悪化は、（　　　　）問題とよばれる。

☐ 5. ロンドン市街地の生活環境悪化により、ハワードによって郊外に職住近接の都市を建設する（　　　　）構想が提唱された。

☐ 6. ロンドンでは都市の過密問題の解消や無秩序な市街地拡大の防止を目的として、（　　　　）計画が発表された。

☐ 7. ロンドンでは、産業の空洞化が進んだ港湾地区を再生するために、（　　　　）地区などの再開発が計画された。

☐ 8. 都市の成長とともに、都市域は郊外に拡大する。<u>郊外で大規模なニュータウンの開発がすすむ現象は、スプロール現象とよばれる。</u>

☐ 9. 衰退した都市内部を再開発し、オフィスや高級住宅地が建設される都市もみられる。<u>高所得者が再び都心部に流入する現象は、ジェントリフィケーションとよばれる。</u>

☐ 10. 先進国の大都市では、短期的外国人居住者や移民の増加に対応して、従来からの住民との混住を図る施策が実施され、多民族共生社会が実現された。

☐ 11. ニューヨークでは、住民融和政策のための公共住宅が建設されたため、人種や民族による居住地の住み分けは解消された。

☐ 12. ニューヨークでは、低所得者層の市外への流出にともなって、インナーシティ問題が進行している。

☐ 13. ニューヨークでは、近年のコミュニティ活動などにより観光地としての魅力をもつ、かつての不良住宅地であった街区も現れている。

☐ 14. ロサンゼルスでは、不法入国者や低所得者層の増加により、都心部に隣接した地区において高い失業率や犯罪の増加が社会問題となっている。

▐▬ 空所補充問題

☐ 4 . 解答 インナーシティ

☐ 5 . 解答 田園都市

☐ 6 . 解答 大ロンドン

☐ 7 . 解答 ドックランズ

▐▬ 正誤問題

☐ 8 . 解答 ✕ 「郊外で大規模なニュータウンの開発がすすむ現象」➡スプロール現象は無秩序・無計画な都市開発により、市街地が拡大していく現象。

☐ 9 . 解答 ◯ 都心の再開発＝オフィス・高級住宅地の建設←高所得者が流入＝ジェントリフィケーション

☐10. 解答 ✕ 「従来からの住民との混住を図る施策が実施」「多民族共生社会が実現」➡先進国においても、都市内部では、外国からの移民の街区ができるなど全て混住が実現できているわけではない。

☐11. 解答 ✕ 「人種や民族による居住地の住み分けは解消された」➡アメリカ合衆国の都市部では、セグリゲーションとよばれる住み分けが現在でもみられ、解消したとはいえない。

☐12. 解答 ✕ 「低所得者層の市外への流出」➡高所得者層の市外流出が起こっている。

☐13. 解答 ◯ ニューヨークのかつての不良住宅地区➡観光地に変化

☐14. 解答 ◯ ロサンゼルスの都心部に隣接した地区＝不法入国者・低所得層の増加

☐**15.** 先進国では、都市の快適な環境の維持や創出をめざして、ウォーターフロント開発や老朽化した商工業地区の再開発への取組が各地でみられる。

☐**16.** ロンドンでは、流入人口が増加し、過密や環境悪化が深刻な問題となり、1940年代には、市街地の無秩序な拡大をおさえるために、市街地の外側にグリーンベルトの設定が計画され、その外側において職住近接を特徴とするニュータウンの建設がすすめられた。

☐**17.** ロンドンでは1960年代には、住民や企業の郊外への流出が増加し、都市の内部において、低所得者の増加や治安の悪化、建物の老朽化といったインナーシティ問題が深刻となった。

☐**18.** ロンドンでは1980年代には、テムズ川沿いの老朽化した港湾地区（ドックランズ）を再開発し、大規模な工業団地がつくられ、造船関連の労働者の雇用を生み出した。

☐**19.** パリでは、中・低層の古い建物が多かった都心部で再開発が行われ、高層化がすすんでいる。

☐**20.** 発展途上国では自動車の普及率が低いため、大都市での交通渋滞は発生していない。

☐**21.** 発展途上国では、急激な都市化に対応した道路や公共交通機関の整備が不十分で、交通渋滞や排気ガスによる大気汚染が発生している。

☐**22.** 発展途上国では、先進国の経験をいかして、行政当局による積極的な対策が実施され、都市の公害問題が解消された。

☐**23.** 発展途上国では生活費や地価の高騰により、人口と事業所の多くが大都市から離れた地方都市に移動し、都心部が空洞化している。

☐**24.** 発展途上国の都市では、都市内部の所得格差も顕著であり、住宅をもてない者が、居住条件の悪い土地を占拠し不良住宅地を形成する場合もある。

☐**25.** 発展途上国では水道や電気がひかれていない土地に簡単な住宅を建てて不法占拠し、不衛生な環境の中で生活する人々がみられる。

☐**26.** 発展途上国では就業機会の少ない農村から流入した人々が、日雇い仕事や路上での物売りなど、不安定な仕事で生計を立てている。

□**15.** 解答 ○ 先進国の都市再開発の取り組み＝ウォーターフロント開発・老朽化した商工業地区の再開発

□**16.** 解答 ○ ロンドン市街の無秩序拡大の抑制＝**グリーンベルト**の設定➡職住近接型ニュータウンの建設

□**17.** 解答 ○ ニュータウン建設後のロンドン都市内部＝**インナーシティ問題**

□**18.** 解答 ✕ 「大規模な工業団地がつくられ、造船関連の労働者の雇用」➡ドックランズ地区は再開発後、商業施設や住宅地がつくられ、工業施設はみられなかった。また、イギリスでは造船業は衰退しており、造船関連雇用の創出もなかった。

□**19.** 解答 ✕ 「高層化がすすんでいる」➡都心部は歴史的建造物が多く再開発や高層化はなされていない。

□**20.** 解答 ✕ 「大都市での交通渋滞は発生していない」➡自動車の普及率は先進国に比較すると低いが、道路などの整備が進んでいないため、交通渋滞が発生しやすい。

□**21.** 解答 ○ 発展途上国の都市＝**道路・公共交通機関（インフラ）の未整備**➡交通渋滞・大気汚染の発生

□**22.** 解答 ✕ 「都市の公害問題が解消された」➡発展途上国では、公害・環境問題などの対策が不十分で、解決されていない。

□**23.** 解答 ✕ 「都心部が空洞化」➡発展途上国は大都市への集中がすすんでおり、都市中心部の過密化が著しい。**都心の空洞化は先進国**でよくみられる。

□**24.** 解答 ○ 発展途上国の大都市＝所得格差が顕著➡不良住宅地の形成

□**25.** 解答 ○ 発展途上国＝インフラ未整備の土地を不法占拠

□**26.** 解答 ○ 日雇い仕事や路上での物売りなど、不安定な仕事＝**インフォーマルセクター**

☐ **27.** 発展途上国の大都市では住民の所得水準が低いため、高級住宅地は形成されない。

☐ **28.** 発展途上国では、スラムなど不良住宅地区や住宅難の問題は、雇用機会の多い首都ではほとんど存在せず、主として地方都市においてみられる。

☐ **29.** ペキンでは、市街地の再開発事業が進んでいるが、歴史的町並みの破壊などの問題も招いている。

☐ **30.** インドネシアのジャカルタでは、市内への人口流入を促進する政策をすすめてきたことにより、人口の都心回帰現象がみられるようになった。

☐ **31.** マニラでは、都市に流入する人々が居住する不良住宅地区がみられる一方、その改善のために低所得者向け住宅整備が行われるようになった。

☐ **32.** ムンバイ（ボンベイ）では、人口流入が続き、不良住宅地（スラム）に居住している人も多い。

☐ **33.** ヨハネスバーグの不良住宅地区では、人種隔離政策（アパルトヘイト）の撤廃により、中心業務地区に変わっている。

☐ **34.** メキシコシティの不良住宅地区では、継続的な改良事業により、国際的な先端産業地区に変わっている。

☐ **35.** リオデジャネイロでは、近代的な開発が進んだ沿岸部に対し、土地条件の悪い傾斜地には不良住宅地区がみられる。

☐ **36.** 日本では市町村の合併が進むなかで、行政機能が整理され、住民の利便性が低下した地区が生じている。

☐ **37.** 東京や大阪の郊外にある古い住宅団地では、人口の高齢化が進んでいるため、バリアフリー化が課題となっている。

☐ **38.** 日本における住宅地区では、都市計画にもとづくスプロール現象がみられ、鉄道に沿って連続的に商業施設が立地している。

☐ **39.** 東京では、再開発により高層集合住宅の建設が活発になり、人口が増えた地区では、保育所や学校などの不足もみられる。

☐ **27.** 解答 ✕ 「高級住宅地は形成されない」➡発展途上国では所得格差が大きいため、高所得者も都市部には存在し、高級住宅地も都心にみられる。

☐ **28.** 解答 ✕ 「雇用機会の多い首都ではほとんど存在せず」➡雇用機会の多い首都などは人口集中が起きやすく、住宅難の問題も発生しやすい。

☐ **29.** 解答 ○ ペキン＝市街地再開発事業➡歴史的町並みの破壊

☐ **30.** 解答 ✕ 「市内への人口流入を促進する政策をすすめてきた」➡インドネシアは首都・ジャカルタのある**ジャワ島への人口集中が深刻化**したため、他の島への人口分散を促すトランスミグラシ計画が実施されている。

☐ **31.** 解答 ○ マニラ＝**不良住宅地区（スラム）**がみられる➡低所得者向け住宅整備も行う

☐ **32.** 解答 ○ ムンバイ＝世界有数の規模のスラムの存在

☐ **33.** 解答 ✕ 「中心業務地区に変わっている」➡不良住宅地区から、中心業務地区への変化はみられない。

☐ **34.** 解答 ✕ 「国際的な先端産業地区に変わっている」➡不良住宅地区から、先端産業地区への変化はみられない。

☐ **35.** 解答 ○ リオデジャネイロの市街地縁辺部＝土地条件の悪い傾斜地➡**不良住宅地区**

☐ **36.** 解答 ○ 日本の市町村合併＝住民の利便性低下もみられる

☐ **37.** 解答 ○ 日本の都市郊外の住宅団地＝高齢化の進展➡バリアフリー化の課題

☐ **38.** 解答 ✕ 「都市計画にもとづくスプロール現象がみられ」➡スプロール現象とは無計画・無秩序な都市拡大のことで、計画にもとづいて起きる現象ではない。

☐ **39.** 解答 ○ 東京の再開発が進んだ都心部＝保育所・学校の不足

1 食文化

■ 選択問題

□ **1.** 次の①～⑨の文は、下の図に示されたA～Iの地域にみられる食文化の特徴について述べたものである。①～⑨とA～Iの正しい組合せをそれぞれ選べ。

① アザラシ猟や捕鯨などを行い、それらの生肉を食べてきたが、その機会が少なくなってきた。

② 馬の乳を革袋に入れて発酵させた馬乳酒が広く飲用されている。

③ 小麦粉の生地を発酵させて直火で焼き上げたナンとよばれる薄焼きパンが食べられている。

④ 小麦を原料とする白パンと畜産物とを組合わせて食べることが多い。

⑤ 魚や小エビを塩漬けにして発酵させたナムプラーなどとよばれる魚醬が使われている。

⑥ タロイモ・ヤムイモの栽培やブタ・ニワトリの飼育を行い、自給的な生活をしてきた。

⑦ トウモロコシなどの雑穀を粥や団子状にして食べることが多い。

⑧ トウモロコシの粉を薄くのばして焼いたトルティーヤを主食としてきた。

⑨ ライ麦を原料とする黒パンやソバ・エンバクなどの粥を食べることが多い。

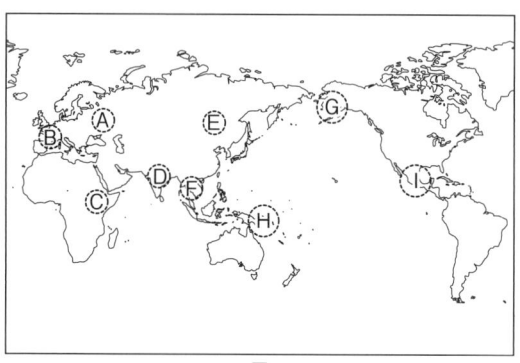

図

📖 解答・ポイント

📑 選択問題

☐ **1.** **解答** ①G　アザラシ・鯨などはアラスカ地方で食されてきた。

解答 ②E　モンゴルでは家畜として馬が広く飼育されてきた。

解答 ③D　ナンはインドで広くカレーとともに食されている。

解答 ④B　パンと畜産物は混合農業地域の典型的な食事。

解答 ⑤F　ナムプラーとよばれる魚醤は、東南アジアで広く使用されている。

解答 ⑥H　タロイモ・ヤムイモはオセアニア島嶼部の主食として食べられている。

解答 ⑦C　トウモロコシの雑穀を団子状にした料理は、ケニアの伝統的料理。

解答 ⑧I　トルティーヤはメキシコの主食として食べられている。

解答 ⑨A　ライ麦やエンバクはヨーロッパの冷涼な地域で食されている。

☐ **2.** 次の①〜④の文は、下の**ア〜エ**のいずれかの国における、アメリカ合衆国を発祥とする世界最大のハンバーガー・チェーン店の進出状況を述べたものである。①〜④と**ア〜エ**の正しい組合せをそれぞれ選べ。

① アメリカ合衆国との経済的結びつきが強く、このハンバーガー・チェーン店の店舗も多いが、地域・季節限定のロブスターを用いたメニューもある。

② アメリカ合衆国とは1970年代末から政治的な対立関係にあるため、このハンバーガー・チェーン店は進出していない。

③ この国発祥のピザの店舗との激しい競合下にあるものの、このハンバーガー・チェーン店も数多く進出している。

④ このハンバーガー・チェーン店は数多く進出しているものの、宗教的理由から牛肉・豚肉は用いられていない。

ア イタリア　　**イ** イラン　　　**ウ** インド　　**エ** カナダ

- -

▌■ 正誤問題

☐ **3.** 飲食店チェーンの中には、世界的に店舗網を拡大するものもあり、各国の食文化に大きな影響を与えている。

☐ **4.** 先進国の消費文化が普及したインドの大都市では、外資系のファストフード店が多くの利用客を集めている。

☐ **5.** インドでは欧米化の進展とともに伝統的な価値観が崩れ、農村でも人々の食生活が肉食中心に変わってきた。

☐ **6.** 西アジアでは、<u>宗教的な背景から家禽の肉の消費がほとんどみられず</u>、伝統的に羊・ヤギの肉の消費量が多い国がみられる。

☐ **7.** アフリカでは、<u>経済水準が低く植物性食物中心の食事になっていることにより</u>、肉類の消費量が少ない国が多くみられる。

☐ **8.** ヨーロッパの多くの国では、<u>古くから混合農業の1部門として豚の飼育が盛んであるため</u>、豚肉の消費量が最も多くなっている。

☐ **9.** トルコでは、<u>豚肉を野菜と一緒に串に刺して焼いた</u>ケバブという料理が食されている。

☐ **2.** 解答 ①エ　アメリカ合衆国との結びつきが強い隣国で、ロブスターなども食するのはカナダ。

解答 ②イ　アメリカ合衆国と1970年代から対立した国はイラン。イラン革命により、反米政策となったことが原因。

解答 ③ア　ピザが発祥の国はイタリア。

解答 ④ウ　肉を食すことが少ないのはヒンドゥー教徒で、インドに多くみられる。

▐ 正誤問題

☐ **3.** 解答 ○　世界的な飲食店チェーン＝食文化の画一化などの影響

☐ **4.** 解答 ○　インド＝ファストフード店が多く立地

☐ **5.** 解答 ✕　「農村でも人々の食生活が肉食中心に変わってきた」➡ヒンドゥー教徒は肉食を好まず、特に都市文化が伝わりにくい農村では、肉食中心に変化はしていない。

☐ **6.** 解答 ✕　「宗教的な背景から家禽の肉の消費がほとんどみられず」➡家禽とは鶏などの飼育された鳥類のことで消費はみられる。この地域はイスラム教地域であるため、**豚肉の消費がみられない**。

☐ **7.** 解答 ○　アフリカの食事＝植物性食物中心⬅経済水準の低さが要因

☐ **8.** 解答 ○　混合農業＝豚のほか、牛なども飼育

☐ **9.** 解答 ✕　「豚肉」➡トルコはイスラム圏であるため、豚肉は食さない。ケバブは羊肉などを焼いた料理。

2 住 居

━━━

📖 選択問題

☐ **1.** 次の①～④の文は、下の図に示されたA～Dの地域にみられる住居の特徴について述べたものである。①～④とA～Dの正しい組合せをそれぞれ選べ。

　　　① 厳しい寒さを防ぐため、半地下式住居（イズバ）がみられる。
　　　② 樹木が少ないため、土と日干しレンガを建材に用いた住居がみられる。
　　　③ 通気性をよくするため、木と草を用いた高床式の住居がみられる。
　　　④ 強い日ざしを避けるため、窓の小さい白壁の石造り住居がみられる。

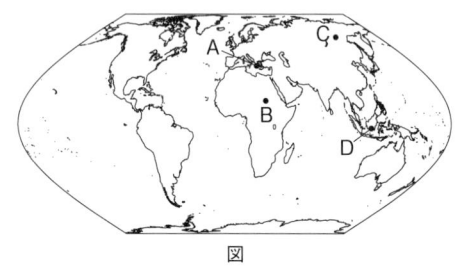

図

━━━

📖 正誤問題

☐ **2.** 朝鮮半島の冬の寒さが厳しい地域では、炊事の煙を床下に通して、床から室内を暖める仕組みがみられる。

☐ **3.** 年中高温の熱帯地域では、土を素材とした日干しレンガ積みの家屋がみられる。

☐ **4.** 乾燥地域では、病害虫や疫病を防ぐために家屋が密集して建てられている。

☐ **5.** 乾燥地域の家屋の周辺には、季節風を避けるために樹木が植えられている。

☐ **6.** 北アフリカの乾燥した地域では、石や土を建材に使用し、室内に熱がこもらないように外壁の開口部を大きくした住居がみられる。

☐ **7.** カナダ北部の寒さが厳しい地域では、ブロック状に切り出した氷や雪をドーム状に積み上げた住居がみられる。

☐ **8.** 永久凍土地帯では、熱が地下に伝わって凍土がとけないように建造物の基礎を断熱材で遮断したり、高床式の構造にしたりしている。

解答・ポイント

選択問題

□ **1.** **解答** ① C　冬季には氷点下にもおよぶ、寒さの厳しいシベリアの住居。

　　　　 解答 ② B　日干しレンガは乾燥地域の建材。

　　　　 解答 ③ D　熱帯は湿度が高いため、通気性の良い高床式住居がみられる。

　　　　 解答 ④ A　白壁・石造りの住居は地中海沿岸に特にみられる。

正誤問題

□ **2.** **解答** 〇　炊事の煙を床下に通して床から室内を暖める仕組み＝**オンドル**とよばれる暖房設備

□ **3.** **解答** ✕　「土を素材とした日干しレンガ積みの家屋」→日干しレンガの住居は主に**乾燥帯の地域**でみられる。

□ **4.** **解答** ✕　「病害虫や疫病を防ぐため」→密集している場合、病害虫や疫病は広まりやすい。

□ **5.** **解答** ✕　「季節風を避けるため」→季節風が吹く地域は降水量の多い、湿潤地域である。

□ **6.** **解答** ✕　「外壁の開口部を大きくした住居」→日差しや、外気の激しい温度変化の影響を避けるため、**開口部を小さくした住居**がみられる。

□ **7.** **解答** 〇　カナダ北部の地域＝氷・雪を用いた住居（先住民が伝統的に居住）

□ **8.** **解答** 〇　永久凍土地域の家屋＝高床式←熱が凍土に伝わらないようにするため

3 衣 服

■ 選択問題

□ 1. 次の①～③の伝統的な衣服のおもな特徴について述べた文にあてはまる地域を、下の**ア～ウ**の中からそれぞれ選べ。

①この地域には、四角形の布の中央に頭の通る穴をあけた外衣があり、撥水性（はっすい）・断熱性（せい）に優れた毛織物でつくられている。
②この地域には、横にスリットのある上衣とズボンとの組合せを基本とした衣服があり、放熱性や吸水性に優れた麻や綿でつくられている。
③この地域には、綿でつくられた袖と裾（すそ）の長い外衣と、頭部を覆う布があり、全身をこれらで覆うことで強い日差しから身を守る役割を果たしている。

ア 東南アジアの熱帯地域　**イ** 西アジアの乾燥地域　**ウ** 南アメリカの高山地域

□ 2. 次の①～④の伝統的な衣服のおもな特徴について述べた文にあてはまる国を、下の**ア～ウ**の中からそれぞれ選べ。

①防寒・防風のために、中央に首を通す穴のあいた毛織の布を上着として重ね着している。
②女性は、宗教的な理由もあり、髪や身体のラインを隠すような被り物を着用している。
③女性の上着は、近隣国の文化的影響から、立て襟（えり）で身体のラインがはっきり出たものであり、胴囲までの深いスリットがある。

ア イラン　　**イ** ベトナム　　**ウ** ボリビア

■ 正誤問題

□ 3. 中国では、国民のほとんどが人民服を着ていたが、市場経済への移行にともない、欧米風の衣服が急速に普及している。

□ 4. インドネシアでは、強い紫外線から皮膚を守るために、女性の多くは全身を衣服で覆（おお）っている。

□ 5. カナダ北部では、寒気から身体を守るために毛皮や獣皮革が衣服の素材におもに使用されてきたが、近年では変化もみられる。

□ 6. 日本では、高度経済成長期以降、衣服の素材として木綿（もめん）に加えて、ポリエステルやナイロンなどの合成繊維が普及した。

解答・ポイント

■ 選択問題

□ **1.** **解答** ①ウ　アンデス地域のポンチョとよばれる服装のこと。毛織物は寒冷地でおもに着られる素材。

　　　　解答 ②ア　ベトナムのアオザイという服装のこと。麻は風通しが良いため、湿潤地域で着られる。

　　　　解答 ③イ　イスラム教徒の女性が着るチャドルのこと。西アジアはイスラム教徒が多く、乾燥地域が多いため日差しも強い。

□ **2.** **解答** ①ウ　アンデス地域のポンチョのこと。防寒の意味があるのは高山で冷涼なため。

　　　　解答 ②ア　「宗教的な理由」とは、イスラム教における教義のこと。イスラム教では、女性は肌を見せてはならず、覆い隠すための服装をしている。

　　　　解答 ③イ　「近隣国」とは中国のことで、中国のチャイナドレスのようなスリットの入った衣服とズボンを組み合わせた、ベトナムの伝統的な衣服であるアオザイのことである。

■ 正誤問題

□ **3.** **解答** ○　中国の**人民服**➡市場経済への移行➡欧米風の衣服の普及

□ **4.** **解答** ✕　「強い紫外線から皮膚を守るため」➡インドネシアはイスラム教国なので、女性は教義上、肌を見せてはならないので全身を衣服で覆っている。また、熱帯の国でもあるので、全身を覆っていない人も少なくない。

□ **5.** **解答** ○　カナダ北部の衣服＝毛皮・獣皮革を素材⬅寒さから守るため

□ **6.** **解答** ○　日本の高度経済成長期以降＝化学繊維が普及

4 民族・言語

|■ 選択問題

☐ **1.** 次の①～③の居住する人々のおもな特徴について述べた文にあてはまる地域を、下の図の**A**～**C**の中からそれぞれ選べ。

① ケルト系の言語を使用している人々がおり、同じ系統の言語が、アイルランドやイギリスの一部でも使用されている。

② ウラル系の言語を使用する人々がおり、その一部は伝統的なトナカイの遊牧を営んでいる。

③ 周辺で使用されている言語系統とは異なるバスク語を使用する人々がおり、その一部は独立国家の建設を求めている。

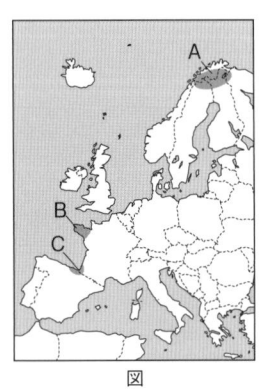

図

|■ 空所補充問題

☐ **2.** ベルギーの北部で用いられている言語は（　①　）語派に属し、ベルギーの南部で用いられている言語は（　②　）語派に属する。

|■ 正誤問題

☐ **3.** シンガポールは、人口の大半を中国系住民が占めており、中国語が公用語の一つとなっている。

☐ **4.** シンガポールでは、中国系住民のほか、インド系、マレー系住民が居住しているため、公用語は英語、タミル語、中国語、マレー語であり、教育現場では、英語がおもに用いられている。

☐ **5.** インドネシアでは、複数の言語を公用語としているため、多言語の普及を図る教育を推進しながら、国民の融和をめざしている。

🔍 解答・ポイント

▐ 選択問題

☐ **1.** **解答** ①B　ケルト系言語を使用する人は、アイルランドに多く居住しているが、フランス北西部のブルターニュ半島にも居住している。

解答 ②A　ウラル系言語を話すサーミとよばれる民族は、スカンディナビア半島北部に居住している。

解答 ③C　バスク語を使用する人々は、スペインとフランス国境付近に居住している。

▐ 空所補充問題

☐ **2.** **解答** ①ゲルマン　②ラテン
ベルギーの北部はオランダ系言語、南部はフランス系言語が使用されている。

▐ 正誤問題

☐ **3.** **解答** 〇　シンガポール＝人口の大半が**中国系**➡中国語が公用語

☐ **4.** **解答** 〇　シンガポールの公用語＝**タミル語・中国語・マレー語・英語**

☐ **5.** **解答** ✕　「複数の言語を公用語」➡**インドネシア語のみを公用語**としており、複数の公用語は指定されていない。

☐ **6.** フィリピンでは、公用語としてスペイン語と英語が使われており、植民地時代の影響を色濃く残している。

☐ **7.** インドでは、英語は使用されているが公用語にはなっていない。

☐ **8.** インドのうち北・中部で話されている言語の大部分は、インド・ヨーロッパ語族に属する。

☐ **9.** シンハラ人が使用するシンハラ語とタミル人が使用するタミル語の双方が、スリランカの公用語となっている。

☐**10.** 中央アジアに位置する国の大半は、インド系民族が多数を占めている。

☐**11.** 地中海東岸のイスラム教徒が大半を占めている国では、ペルシア語が公用語として用いられている。

☐**12.** 地中海東岸のユダヤ教徒が大半を占めている国では、トルコ語が公用語として用いられている。

☐**13.** アフリカ西岸において、複数の民族によって用いられている共通言語には、スワヒリ語がある。

☐**14.** スイスでは公用語を複数制定している。

☐**15.** カナダでは、公用語に英語とフランス語を採用して英仏両系住民の融和を図った経験をいかし、現在では公用語以外の言語教育も支援している。

☐**16.** ブラジルでは、多様な人種の間にも均質な文化がみられ、国民のほぼすべてが日常生活でスペイン語を使っている。

□ 6 . 解答 × 「公用語としてスペイン語」➡フィリピンの公用語は、**フィリピノ語と英語**で、スペイン語は公用語に含まれていない。

□ 7 . 解答 ○ インドにおける**英語**＝**準**公用語、インドの公用語は**ヒンディー語**など

□ 8 . 解答 ○ インド北・中部＝インド・ヨーロッパ語族、インド南部＝ドラヴィダ語族

□ 9 . 解答 ○ スリランカの公用語＝**シンハラ語・タミル語**

□10. 解答 × 「インド系民族が多数」➡トルコ系の民族が主体となった国家が多数である。言語もトルコ語に類似したものを用いている。

□11. 解答 × 「ペルシア語が公用語」➡**アラビア語が公用語**として用いられている。ペルシア語はイランなどの公用語で、地中海東岸ではない。

□12. 解答 × 「トルコ語が公用語」➡ユダヤ教徒が大半を占めている国は**イスラエル**で、**ヘブライ語が公用語**である。

□13. 解答 × 「アフリカ西岸」➡スワヒリ語はおもに**アフリカ東岸**で用いられている。

□14. 解答 ○ スイスの公用語＝ドイツ語・フランス語・イタリア語・ロマンシュ語

□15. 解答 ○ カナダの公用語＝**英語・フランス語**

□16. 解答 × 「国民のほぼすべてが日常生活でスペイン語を使っている」➡ブラジルではポルトガル語が使用されている。

▐▆ 選択問題

☐ **1**. エルサレムは三つの宗教の聖地であり、それぞれの信者が時に対立しつつ暮らしてきた。これら三つの宗教に**該当しないもの**を、次の①〜④のうちから一つ選べ。

① イスラム教　　② キリスト教　　③ ヒンドゥー教　　④ ユダヤ教

☐ **2**. 信仰する人々が最も多い宗教が共通する、旧宗主国と植民地であった国との正しい組合せを、次の①〜④のうちから一つ選べ。

① イタリアとリビア　　　　② オランダとインドネシア
③ スペインとアルゼンチン　　④ フランスとベトナム

☐ **3**. 次の①〜④の主要な宗教の習慣やそれと結びついた社会構造について述べた文にあてはまる国を、下の**ア〜エ**の中からそれぞれ選べ。

① 生まれや職業による厳しい身分制度が設けられているが、近年では少しずつ緩和されている。
② 海や川・湖にすむ生き物のうち、タコ・イカのようなヒレやウロコがないものは食べられない。
③ 男性は生涯に一度は僧侶となることになっているが、世俗復帰は容易である。
④ 1日5回の礼拝や断食月などの戒律が定められ、生涯に一度は聖地を巡礼することが望ましいとされる。

ア イスラエル　**イ** インド　**ウ** サウジアラビア　**エ** タイ

☐ **4**. 次の①〜③のその国で信仰されている宗教について述べた文にあてはまる国を、下の**ア〜ウ**の中からそれぞれ選べ。

① この国の人口の約40%が信仰する宗教は、ヨーロッパで広く信仰されているある宗教の一宗派である。国の縁辺部では、これとは異なる西アジア起源の宗教が勢力を有し、精霊崇拝（アニミズム）も残っている。
② この国では、西アジア起源の宗教が15世紀に伝わり、多くの信者を獲得した。植民地期以降に活発化した外国からの移民により、さまざまな言語や宗教の集団からなる典型的な複合社会が生まれた。
③ この国の人口の大部分は、ヨーロッパからの移民の子孫、またはそれらの人々と先住民との混血である。ヨーロッパからの移民がもたらした宗教が、人口の90%以上の信者を有する。

ア エチオピア　**イ** ベネズエラ　　**ウ** マレーシア

解答・ポイント

- -

▐▀ 選択問題

☐ **1.** 解答 ③　ヒンドゥー教はインドの民族宗教であり、聖地もインド国内にある。

☐ **2.** 解答 ③　スペインやポルトガルが植民地支配した国は、キリスト教（カトリック）が広められた。

☐ **3.** 解答 ①イ　厳しい身分制度とはカースト制のこと。ヒンドゥー教の文化に根付く制度である。

　　　　解答 ②ア　ユダヤ教の説明であるため、ユダヤ教徒の多いイスラエルが該当する。

　　　　解答 ③エ　上座部仏教の説明で、東南アジアのタイが該当する。

　　　　解答 ④ウ　イスラームの説明で、西アジアのサウジアラビアが該当する。

☐ **4.** 解答 ①ア　「**ヨーロッパで広く信仰されているある宗教**」とはキリスト教のこと。「**西アジア起源の宗教**」とはイスラームのこと。

　　　　解答 ②ウ　マレーシアではイスラームが伝わり、マレー系住民のほか、中国系、タミル系の住民が混在している。

　　　　解答 ③イ　「**ヨーロッパからの移民がもたらした宗教**」はキリスト教。ヨーロッパ移民と先住民との混血のことをメスチソという。

☐ **5.** イスラム教には食物の禁忌(きんき)があり、イスラム教徒が多い国や地域では、（　　　　）肉の利用に制限がみられる。

☐ **6.** 仏教の宗派のうち、中国を経由して東アジアに伝わったものを（　①　）仏教といい、南アジアから東南アジアへ伝わったものを（　②　）仏教という。

☐ **7.** キリスト教は、ヨーロッパの人々が他の大陸へ入植したり、植民地支配を進めたりしたことで、世界各地へ広まった。

☐ **8.** キリスト教にはいくつかの宗派があるが、プロテスタントを信仰する人が最も多い。

☐ **9.** 東方正教はゲルマン語派の言語を話す国々を中心に伝わっていった。

☐ **10.** 東ヨーロッパやロシアおよびその周辺のかつて社会主義体制にあった地域の多くでは、宗教が復興し、日常生活上の宗教活動も活発化している。

☐ **11.** イスラームは交易や領土の拡大によってアラビア半島から北アフリカに伝わった。

☐ **12.** 東南アジアの一部など上座部(じょうざぶ)仏教が広く浸透した地域では、経典を通じて漢字が普及し、今日でも日常的な文書に漢字を用いる人が多い。

☐ **13.** 仏教は殺生(せっしょう)を忌(い)み嫌うため、仏教徒が多い国や地域では、ハンバーガーなどのファストフードの出店がみられない。

☐ **14.** ヒンドゥー教は性別にもとづく戒律が厳しく、ヒンドゥー教徒が多い国や地域では、男女が別の部屋で食事をとることが多い。

☐ **15.** 南アジアなどヒンドゥー教徒が多く住む地域では、かつての身分制がまだ完全に払拭(ふっしょく)されず、自由な結婚や職業選択の障害になることが多い。

☐ **16.** インドでは、伝統・慣習や宗教などが影響して、女性の識字率が男性のそれよりも低い。

☐ **17.** ユダヤ教は飲酒を禁止しているため、ユダヤ教徒が多い国や地域では、酒類は販売されていない。

▐ 空所補充問題

☐ **5.** **解答** 豚

☐ **6.** **解答** ① 大乗 ② 上座部

▐ 正誤問題

☐ **7.** **解答** ◯ ヨーロッパ→アメリカ大陸・オーストラリア大陸へと伝播

☐ **8.** **解答** ✕ 「プロテスタントを信仰する人が最も多い」➡キリスト教の宗派の中では、カトリックを信仰する人が最も多く、それに次いでプロテスタントを信仰する人が多い。

☐ **9.** **解答** ✕ 「ゲルマン語派の言語を話す国々を中心」➡東方正教は、おもに**スラブ語派の言語**を話す国々中心に伝わった。

☐ **10.** **解答** ◯ ロシア・東ヨーロッパ諸国＝社会主義体制時➡宗教活動の制限

☐ **11.** **解答** ◯ イスラーム信仰地域＝西アジア〜北アフリカ

☐ **12.** **解答** ✕ 「経典を通じて漢字が普及」➡**漢字が普及したのは大乗仏教地域**で、上座部仏教地域に漢字は普及していない。

☐ **13.** **解答** ✕ 「ハンバーガーなどのファストフードの出店がみられない」➡仏教国でもファストフード店の出店はみられる。

☐ **14.** **解答** ✕ 「男女が別の部屋で食事をとることが多い」➡男女に関する区別の戒律が厳しいのはイスラーム。

☐ **15.** **解答** ◯ かつての身分制＝カースト制←結婚・職業選択の妨げ

☐ **16.** **解答** ◯ インドの女性の識字率の低さ＝伝統・慣習・宗教が影響

☐ **17.** **解答** ✕ 「ユダヤ教は飲酒を禁止している」➡ユダヤ教に飲酒禁止の禁忌はない。

6 国家、領土・民族問題

▐ 選択問題

☐ **1.** 次の①〜⑩の文は、下の図に示されたA〜Jの地域について述べたものである。①〜⑩とA〜Jの正しい組合せをそれぞれ選べ。

① イギリス植民地時代の移住者とそれ以前から住んでいた住民との間で経済的格差などが生じ、断続的な対立が続いている。

② オランダによる植民地化に抵抗し、独立後は独自にイスラム国家建設を目指す運動が続いている。

③ カトリック系住民とプロテスタント系住民が対立してきた。

④ キリスト教系住民とイスラム教系住民が対立してきた。

⑤ 水産資源や海底の鉱産資源の占有権をめぐる問題が発生している。

⑥ 第二次世界大戦直後、新たに民族国家が誕生したことにともない、そこから追放された人々と彼らを支援する諸国が、その民族国家と対立してきた。

⑦ 独自の言語を使う民族が独立国家の建設を目指す運動を展開してきた。

⑧ ヒンドゥー教徒であるタミル人と、仏教徒であるシンハリ（シンハラ）人との間で、紛争が起きた。

⑨ 複数の国にまたがる山岳地域に居住する少数民族からの自治・独立の要求が強いが、これらが十分には認められず、多くの難民が発生した。

⑩ 複数の民族が共存する連邦国家であったが、1990年代に、各民族が分離独立を宣言して内戦状態となり、多くの難民が発生した。

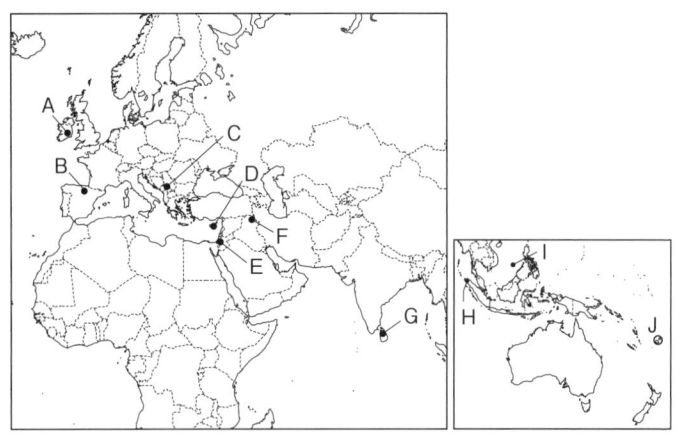

図

🔍 解答・ポイント

▐▀ 選択問題

□ **1.** 解答 ①J　フィジーの対立。イギリス植民地時代の移住者はインド系移民のこと。

解答 ②H　インドネシアのアチェ州独立問題のこと。オランダが植民地支配した国、イスラム教国家でインドネシアを想起したい。

解答 ③A　北アイルランド紛争のこと。北アイルランドではプロテスタントが多数派で、少数派のカトリックと対立してきた。

解答 ④D　キプロス紛争のこと。ギリシャ系住民がキリスト教徒で、トルコ系住民がイスラム教徒。

解答 ⑤I　南沙諸島問題のこと。石油や天然ガスの埋蔵があるため、周辺諸国で占有権を巡り対立している。

解答 ⑥E　中東戦争のこと。新たなユダヤ民族国家であるイスラエル建国にともない、追放されたパレスチナ住民と彼らを支援する周辺アラブ諸国が対立。

解答 ⑦B　バスク人独立問題。バスク人は独自の言語をもっている。

解答 ⑧G　スリランカ紛争のこと。シンハラ人はスリランカの先住民族。

解答 ⑨F　クルド紛争のこと。少数民族とはクルド人のことである。

解答 ⑩C　ユーゴスラビア紛争のこと。連邦国家とは旧ユーゴスラビア連邦のことである。

Ⅱ
系統地理

11
生活文化と民族・宗教

▐■ 空所補充問題

☐ **2.** トルコ東部とその隣国の山岳地域では、（　　　）人により、一部で自治権拡大や独立を求める運動が展開されてきた。

☐ **3.** （　　　）では、フツ人とツチ人の対立から内戦が起こり、多数の死傷者が出た。

☐ **4.** ボスニア・ヘルツェゴビナは、旧（　　　）社会主義連邦共和国の一部であった。

☐ **5.** セルビアでは、（　　　）自治州のアルバニア人により、一部で自治権拡大や独立を求める運動が展開されてきた。

▐■ 正誤問題

☐ **6.** 難民とは、政治や宗教をめぐる迫害、自然災害などによって移動を余儀なくされた人々であり、難民の多くは発展途上国で発生している。

☐ **7.** 難民に対しては、国連の機関が保護や救済の活動を行っているほか、世界各国のNGO（非政府組織）も食料や医療などの支援を行っている。

☐ **8.** 中国には多くの少数民族が居住するが、チベット自治区では一部に自治権の拡大を求める動きがある。

☐ **9.** 華人の割合が高いシンガポールは、マレー系住民の割合が高いインドネシアから分離して独立した。

☐ **10.** マレーシアでは、経済的実権を握る中国系住民を、政治的にも優遇するブミプトラ政策がとられている。

☐ **11.** フィリピンのミンダナオ島では、一部のキリスト教原理主義者と政府軍との武力衝突がみられる。

☐ **12.** 南シナ海では、石油の埋蔵が確認されたことなどを背景に、中国、フィリピン、インドネシアなど複数の国が群島の領有権をめぐって争っている。

☐ **13.** カシミール地方では、国境をめぐり、ムスリムが多数を占める国とヒンドゥー教徒が多数を占める国との間で対立がみられる。

空所補充問題

☐ **2.** 解答 クルド

☐ **3.** 解答 ルワンダ

☐ **4.** 解答 ユーゴスラビア

☐ **5.** 解答 コソボ

正誤問題

☐ **6.** 解答 ○ 難民の発生地域＝おもに発展途上国

☐ **7.** 解答 ○ 難民への支援＝**NGO**も行う

☐ **8.** 解答 ○ チベット自治区＝自治権の拡大要求

☐ **9.** 解答 ✕ 「インドネシアから分離して独立」⇒マレーシアから分離独立した。

☐ **10.** 解答 ✕ 「中国系住民を、政治的にも優遇」⇒ブミプトラ政策は、マレー系住民を政治・経済的に優遇する政策。

☐ **11.** 解答 ✕ 「キリスト教原理主義者と政府軍との武力衝突」⇒イスラム教原理主義者と政府軍の対立。フィリピンは**キリスト教の信者が多数**を占める。

☐ **12.** 解答 ✕ 「インドネシア」⇒インドネシアは領有権紛争に加わっていない。**中国、台湾、フィリピン、ベトナム、マレーシア、ブルネイ**の6か国・地域が領有権を主張している。

☐ **13.** 解答 ○ カシミール地方＝ムスリムが多数を占める国（パキスタン）vs ヒンドゥー教徒が多数を占める国（インド）の対立

☐**14.** ヒンドゥー教徒が多数を占めるバングラデシュは、イスラム教徒が多いパキスタンから独立した。

☐**15.** スリランカでは、ヒンドゥー教徒の割合が高いタミル人が、一部で自治権拡大や独立を求めて、イスラム教徒の割合が高いシンハラ（シンハリ）人と対立してきた。

☐**16.** アフガニスタンでは、ソ連やアメリカ合衆国の軍事的介入をともなう紛争によって、多くの難民が発生した。

☐**17.** ペルシア湾岸では、戦争により油田が破壊され、火災や周辺海域への重油の流出により、深刻な海洋汚染や大気汚染を引き起こした。

☐**18.** ヨルダン川西岸地区では、土地の領有をめぐるトルコ系住民とユダヤ系住民の対立がみられる。

☐**19.** イスラエルの建国の過程で、世界中に離散していたユダヤ人が移住してくるいっぽう、パレスチナ難民が発生した。

☐**20.** キプロスでは、ギリシャ系住民とアラブ系住民との間で、国を二分する対立がみられる。

☐**21.** アフリカのサヘルやギニア湾岸では、識字率が男女ともに低い国が多く、それには貧困や不安定な政治情勢などが影響している。

☐**22.** ナイジェリアでは、石炭の採掘権をめぐって分離独立運動が起こり、多数の餓死者や死傷者を出した。

☐**23.** スーダンでは、アラブ系住民と非アラブ系住民が混在し、異なる部族間の対立にもとづく紛争によって、多くの難民が発生した。

☐**24.** ソマリアでは、政府の支配力が衰退し、多様な軍事勢力による戦闘が拡大して、内戦状態が続いている。

☐**25.** ソマリアでは、武装勢力に対するNATO（北大西洋条約機構）諸国による空爆によって、多くの難民が発生した。

☐**26.** 南アフリカ共和国では、長年にわたり白人が先住民を支配する政策が行われてきた。国際社会からの批判もあり、1991年までに人種差別に関連する法律が廃止されたが、今なお白人の経済的優位は続いている。

☐**27.** EU域内では、大部分の加盟国間で人の移動に関する国境管理が廃止され、「国境なきヨーロッパ」の実現に一歩近づいた。

☐**14.** 解答 ✕ 「ヒンドゥー教徒が多数を占めるバングラデシュ」➡バングラデシュは、**イスラム教徒が多数**を占める。

☐**15.** 解答 ✕ 「イスラム教徒の割合が高いシンハラ（シンハリ）人」➡**シンハラ人はスリランカの先住民**であり、仏教徒の割合が高い。

☐**16.** 解答 〇 アフガニスタン＝ソ連・アメリカ合衆国の軍事介入➡難民発生

☐**17.** 解答 〇 湾岸戦争＝イラクがクウェートへ侵攻したことで勃発

☐**18.** 解答 ✕ 「トルコ系住民とユダヤ系住民の対立」➡アラブ系住民とユダヤ系住民の対立がみられる。

☐**19.** 解答 〇 イスラエル建国＝ユダヤ人の移住➡パレスチナ難民の発生

☐**20.** 解答 ✕ 「ギリシャ系住民とアラブ系住民との間」➡**ギリシャ系住民とトルコ系住民**との間における対立がみられる。

☐**21.** 解答 〇 中央アフリカ・ギニア湾岸地域＝貧困・政情不安➡低い識字率

☐**22.** 解答 ✕ 「石炭の採掘権をめぐって」➡石油の採掘権をめぐる内戦がおこり、これをビアフラ戦争という。

☐**23.** 解答 〇 スーダン＝北部；アラブ系住民、南部；非アラブ系住民

☐**24.** 解答 〇 ソマリア＝新政府樹立につき内戦状態

☐**25.** 解答 ✕ 「ＮＡＴＯ（北大西洋条約機構）諸国による空爆」➡ソマリアはＰＫＯ軍の派遣などが行われたが、ＮＡＴＯによる空爆はなかった。

☐**26.** 解答 〇 南アフリカ共和国＝アパルトヘイトの廃止➡今なお白人優位

☐**27.** 解答 〇 国境管理廃止の協定＝シェンゲン協定

☐**28.** ドイツでは、統合後、旧東ドイツ地域を対象に政府による大規模な投資が行われたが、旧西ドイツ地域との経済格差は依然として解消されていない。

☐**29.** 北アイルランドでは、人口の6割を占める多数派のプロテスタントと少数派の東方正教徒の間の対立が続いている。

☐**30.** ハンガリーとセルビアの国境には、EU（欧州連合）の域外からEUの域内へ向かう難民の流入防止のためのフェンスが設けられている。

☐**31.** ボスニア・ヘルツェゴビナでは、ユーゴスラビアの崩壊にともなう民族間対立によって、多くの難民が発生した。

☐**32.** ロシアとヨーロッパを結ぶ天然ガスの鉄道輸送網が整備されたが、関税設定をめぐり産出国と経由国との間で紛争が起きている。

☐**33.** 旧ソ連地域では、連邦解体後に民族を単位とした多くの共和国が独立したため、旧ソ連時代の民族問題は解決した。

☐**34.** カフカス山脈中では、ムスリム（イスラム教徒）が多数を占める民族による、ロシア連邦からの分離独立を求める運動がある。

☐**35.** カナダのケベック州では、古くからフランス系住民が住んでおり、連邦政府からの分離独立運動がみられる。

☐**36.** カナダやオーストラリアなどの先住民は、ヨーロッパ人の入植以降、土地をはじめとする権利の多くを奪われた。

☐**37.** カナダやオーストラリアなどでは、先住民の権利を回復させる運動、さらには、伝統的な芸術や文化の復興運動が、先住民自身の中から起こってきた。

☐**38.** カナダ、オーストラリア、ニュージーランドでは、先住民の言語が公用語の一つとして認められるようになった。

☐**39.** オーストラリアでは、長い間実施されてきた白豪主義政策が廃止され、多文化社会の実現が目指されてきた後、移民が急増し、ラテンアメリカ出身者が移住者の大半を占めるようになり、先住民の復権もすすめられている。

□**28.** 解答 ○ 東ドイツ地域と西ドイツ地域＝経済格差が存在

□**29.** 解答 × 「少数派の東方正教徒の間の対立」➡北アイルランドでは少数派のカトリックとの対立がみられる。

□**30.** 解答 ○ ハンガリー＝ＥＵ加盟、セルビア＝ＥＵ未加盟

□**31.** 解答 ○ 旧ユーゴスラビア諸国＝ボスニア・ヘルツェゴビナ、スロベニア、クロアチア、セルビア、モンテネグロ、北マケドニア

□**32.** 解答 × 「天然ガスの鉄道輸送網が整備された」➡天然ガスの輸送には鉄道ではなく、パイプラインを用いている。

□**33.** 解答 × 「旧ソ連時代の民族問題は解決した」➡現在もチェチェン共和国における紛争など、いくつかの民族問題がみられる。

□**34.** 解答 ○ カフカス山脈中でムスリムが多数＝チェチェン共和国

□**35.** 解答 ○ **ケベック州＝フランス系住民が多数**➡カナダからの分離独立運動

□**36.** 解答 ○ カナダ・オーストラリアの先住民＝ヨーロッパ人の入植以降、土地をはく奪

□**37.** 解答 ○ カナダ・オーストラリアの先住民＝権利の回復・文化の復興運動

□**38.** 解答 × 「カナダ、オーストラリア、ニュージーランドでは、先住民の言語が公用語の一つ」➡カナダは英語とフランス語、オーストラリアは英語を公用語としており、先住民の言語は公用語として認められていない。ただし、ニュージーランドの先住民・**マオリの言語は公用語として認められている**。

□**39.** 解答 × 「ラテンアメリカ出身者が移住者の大半を占める」➡アジア出身者が移住者の大半を占めている。

第Ⅲ章　地　誌

12 ┃ アジア

1 東アジア

━━━

■ 選択問題

☐ **1.** 下の図に示されたA〜Dの中国の自治区・省におもに居住する少数民族について述べた文として正しいものを、次の①〜④のうちからそれぞれ選べ。

① 焼畑農業を営む人々も多く、隣接する国でも同様の生活様式をもつ山岳民族が居住する。

② チベット仏教（ラマ教）を信仰する人々が多く、この民族が中心をなす隣国は、近年、計画経済から市場経済に移行した。

③ 固有の表音文字を用いる民族で、独特の床暖房設備をもつ住宅が多くみられる。

④ 伝統的な家屋形態として日干しレンガの家がみられ、隣接するいくつかの国と同様に、イスラム教の信仰が盛んである。

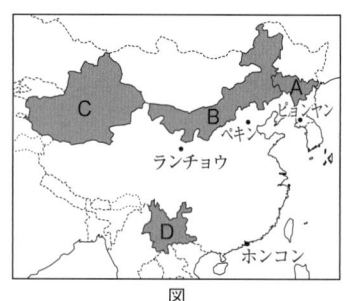

図

━━━

■ 空所補充問題

☐ **2.** 中国では1960年代後半から、（　　　）の影響が全国各地に広がり、その間の社会の混乱にともなって、工業生産は伸び悩んだ。

☐ **3.** 中国では1980年代に入り、シェンチェンなどの（　　　）が沿岸部に指定され、外国企業の誘致による輸出指向型工業への転換が図られた。

☐ **4.** 中国では1980年代後半には、余剰労働力を非農業部門で活用する（　　　）企業が急増し、農村部に普及していった。

🔍 解答・ポイント

▐ 選択問題

□ **1.** **解答** A ③ 「**固有の表音文字**」＝ハングル、「**独特の床暖房**」＝オンドル、いずれも朝鮮地方でみられる

解答 B ② モンゴル族はチベット仏教を信仰、「**隣国**」＝モンゴル

解答 C ④ 「**日干しレンガ**」＝乾燥地域、「**イスラム教**」＝ウイグル族が信仰

解答 D ① 「**焼畑農業**」＝熱帯地域、「**山岳民族**」＝山がちな地域

▐ 空所補充問題

□ **2.** **解答** 文化大革命

□ **3.** **解答** 経済特区

□ **4.** **解答** 郷鎮

☐ **5.** (　　　) は、中国最大の油田をもつ、石油関連産業が発達した鉱工業都市である。

☐ **6.** 韓国では、農村の近代化を図り地域格差をなくすため、1970年代に (　　　) 運動が始められた。

- -

■ **正誤問題**

☐ **7.** チベット高原の標高4000〜5000m の地域には、永久凍土が分布している。

☐ **8.** 東西に連なるヒマラヤ山脈では、夏の季節風がさえぎられるので、山脈の南側よりも北側で降水量が少ない。

☐ **9.** 黄河の下流は、畑作地域と稲作地域を区分する境界となっている。

☐ **10.** タクラマカン砂漠では、オアシス周辺の環境をいかして、灌漑(かんがい)による綿花栽培が行われている。

☐ **11.** 機械化や農薬・高収量品種の導入がすすんだため、中国では農家間の所得格差が縮小した。

☐ **12.** 中国では、市場経済の行き詰まりによる穀物生産の不足から、小麦中心の集団農場が復活した。

☐ **13.** 中国では沿海部と長江下流域の都市の経済成長が著しく、内陸部の農村地域から多くの人々が出稼ぎにきている。

☐ **14.** 中国で2000年代に入り西部大開発を推進した結果、内陸部では自国資本による先端技術産業の集積がすすんでいる。

☐ **15.** 中国の都市部では、住宅の取得熱が高まり、不動産投資が盛んとなった。

☐ **16.** 近年中国では上水道の水質が改善され、ミネラルウォーターを購入する家庭が減少した。

☐ **17.** 近年の中国では富裕層を中心に、海外旅行に出かける人々が増加した。

☐ **18.** 中国では、「一人っ子政策」をすすめ出生率が低下したため、近年は、年齢構成などのアンバランスの是正に向けて、政策の見直しがすすめられている。

☐ 5. 解答 ターチン（大慶）

☐ 6. 解答 セマウル

▌ 正誤問題

☐ 7. 解答 ○ チベット高原＝永久凍土が分布している

☐ 8. 解答 ○ ヒマラヤ山脈＝南側；夏の季節風で多雨、北側；風下にあたり少雨

☐ 9. 解答 ✕ 「黄河の下流は、畑作地域と稲作地域を区分する境界」➡畑作と稲作地域の境界は、チンリン山脈とホワイ川の河口を結ぶ辺りで、黄河下流よりも南部である。

☐10. 解答 ○ 乾燥地域＝灌漑（かんがい）による綿花栽培が可能

☐11. 解答 ✕ 「所得格差が縮小」➡導入できた農家とできなかった農家との間で格差は拡大した。

☐12. 解答 ✕ 「集団農場が復活」➡中国ではかつては人民公社など集団農場が多くみられたが、現在はほぼみられない。

☐13. 解答 ○ 内陸部の農村地域➡沿海部へ出稼ぎ

☐14. 解答 ✕ 「内陸部では自国資本による先端技術産業の集積」➡先端技術産業はおもに沿岸部でみられ、外国資本などによって行われている。近年は、内陸部への移転もみられる。

☐15. 解答 ○ 中国＝不動産投資も盛ん

☐16. 解答 ✕ 「ミネラルウォーターを購入する家庭が減少」➡所得水準の向上により、ミネラルウォーターを購入する家庭は増加した。

☐17. 解答 ○ 近年の中国では、海外旅行に出かける人々が増加

☐18. 解答 ○ 一人っ子政策の実施➡年齢構成のアンバランスが発生（男子が多く、女子が少ない）

☐**19.** 中国では、一人っ子政策により少子化が進み、外国人労働力に大きく依存するようになっている。

☐**20.** 中国では漢族の人口が増加し、少数民族と漢族との摩擦や衝突が発生している。

☐**21.** 中国における少数民族が居住する地域の学校教育では、少数民族独自の言語の使用が認められていない。

☐**22.** 現在の中国の少数民族が居住する地域では、地域独自の自然環境や文化が観光資源となり、観光客が増加している。

☐**23.** チベット高原では穀物や岩塩などの交易や輸送の手段として、高地ではラクダが、低地ではヤクが多く飼われている。

☐**24.** ペキンでは、2008年のオリンピック開催にあわせて大規模な再開発がすすみ、伝統的な家屋がみられる地区は減少した。

☐**25.** シャンハイ（上海）は、沿岸部の広大な用地に高層ビル群が建設され、商業・金融の世界的な中心地として発達している。

☐**26.** シャンハイの経済成長は著しいが、冷蔵庫やカラーテレビの普及率はいまだに低い。

☐**27.** シャンハイでは、都市出身者と農村出身者の戸籍の違いによる医療などの社会保障の格差は小さい。

☐**28.** チンハイ（青海）省のシーニン（西寧）とチベット自治区のラサを結ぶ鉄道が開通し、省内の経済活動が活発化しつつある。

☐**29.** 中国内陸に位置するチンハイ省では西部大開発が進み、中国最大の油田から沿海部に石油が供給されている。

☐**30.** 台湾では、急速に進んでいる高齢化などを背景に、外国人介護者を積極的に受け入れてきた。

☐**31.** 韓国の経済成長は、農村から都市への人口移動を引き起こし、都市と農村の間の地域格差を拡大させた。

☐**32.** 韓国の経済成長は、おもに中小企業によって推しすすめられ、巨大な企業集団は形成されなかった。

☐**33.** ソウルでは、官公庁や企業のオフィスが過度に集中したために、通勤にともなう交通渋滞が深刻化している。

☐ **19.** 解答 ✕ 「外国人労働力に大きく依存」➡中国は人口が多いため、外国人労働力に依存する必要がない。

☐ **20.** 解答 〇 **少数民族と漢族との摩擦や衝突**がある

☐ **21.** 解答 ✕ 「少数民族独自の言語の使用が認められていない」➡民族独自の言語使用は認められている。

☐ **22.** 解答 〇 例；チベット自治区などは、仏教寺院や高原の景観などが観光資源となり、国内外から多くの人々が訪れている。

☐ **23.** 解答 ✕ 「高地ではラクダが、低地ではヤクが多く飼われている」➡ヤクは冷涼な気候でも飼育可能で、高地でヤクが飼育されている。

☐ **24.** 解答 〇 ペキン＝オリンピック開催➡再開発により伝統的家屋が減少

☐ **25.** 解答 〇 シャンハイ＝**商業・金融の世界的な中心地**

☐ **26.** 解答 ✕ 「普及率はいまだに低い」➡現在の中国は経済成長が著しく、都市部の生活者の大半の家庭には家電製品がみられる。

☐ **27.** 解答 ✕ 「社会保障の格差は小さい」➡都市出身者と農村出身者では、社会保障の享受に差があり、格差は大きいといえる。

☐ **28.** 解答 〇 **チンツァン（青蔵）鉄道**が開通。観光客なども増加している。

☐ **29.** 解答 ✕ 「チンハイ省」「中国最大の油田」➡中国最大の油田は東北地方にある**ターチン油田**である。

☐ **30.** 解答 〇 台湾＝高齢化が急速

☐ **31.** 解答 〇 韓国の経済成長➡**農村から都市へ**の人口移動➡農村と都市の**地域格差拡大**

☐ **32.** 解答 ✕ 「おもに中小企業」「巨大な企業集団は形成されなかった」➡**財閥**とよばれる巨大な企業集団によって推しすすめられた。

☐ **33.** 解答 〇 ソウル＝**官公庁・企業のオフィスが集中**➡交通渋滞が深刻化

■ 選択問題

☐ **1.** 次の各国の鉱工業について述べた文にあてはまる国を、下のア～エからそれ
ぞれ一つずつ選べ。

① 中継貿易港の利点をいかし、早くから輸出指向型の工業化を進め、造船、
石油化学、電気機械・電子などの工業が成長した。

② かつては世界最大のすず鉱の産出国であったが、現在では外国企業の進出
によって、電気機械・電子工業が主要産業となっている。

③ 1人当たりGDP（国内総生産）は高い水準にあるが、原油や天然ガスの
産出が中心で、輸出に占める工業製品の割合は10％ほどである。

④ 食料品工業や繊維工業に加え、外国企業の進出によって、自動車工業をは
じめとした機械工業の成長が著しい。

ア シンガポール　　イ タイ　　　　ウ ブルネイ　　エ マレーシア

■ 空所補充問題

☐ **2.** 次の表の空所にあてはまる国名を、それぞれ答えよ。

	旧宗主国
タイ	独立国
ベトナム	（①）
カンボジア	
ミャンマー	（②）
マレーシア	
インドネシア	（③）
フィリピン	（④）⇒（⑤）
東ティモール	（⑥）⇒インドネシアによる併合

☐ **3.** タイの首都である（　　　）では、都市の郊外に工業団地がつくられて外国
からの投資による工業化が進展し、1990年代以降は自動車組立工業が発達した。

☐ **4.** マレーシアでは、マレー系住民に対して、雇用や教育の面を優遇する
（　①　）政策をとることで、国内において大きな経済力をもつ（　②　）
系住民とマレー系住民との格差縮小を図っている。

☐ **5.** マレーシアでは、1980年代以降、日本やアジアNIEs諸国を手本とし、工業
化を進める（　　　）政策を掲げた。

解答・ポイント

選択問題

□ **1.** **解答** ①ア 「**中継貿易港**」として知られているのはシンガポールである。「**早くから輸出指向型の工業化**」ともあり、地域内でいち早く発達した国とわかる。

解答 ②エ 「**かつては世界最大のすず鉱の産出国**」とあり、マレーシアのことである。現在は「**電気機械・電子工業**」分野が盛んとなっている。

解答 ③ウ 「**原油や天然ガスの産出が中心**」となり、「**1人当たりGDPは高い水準**」となったのは、ブルネイである。

解答 ④イ 「**自動車工業**」において、東南アジアの生産の中心となっているのはタイである。

空所補充問題

□ **2.** **解答** ① フランス　　② イギリス　　③ オランダ
④ スペイン　　⑤ アメリカ合衆国　　⑥ ポルトガル

□ **3.** **解答** バンコク

□ **4.** **解答** ① ブミプトラ　　② 中国
ブミプトラとは、マレー語で「土地の子、地元の人」という意味。

□ **5.** **解答** ルックイースト

■ 正誤問題

□ **6.** メコン川河口地域では、灌漑施設の整備や河川堤防の建設によって水利を調整し、米の二期作や内水面養殖が行われている。

□ **7.** チャオプラヤ川河口地域では、洪水が頻繁に発生するため、伝統的で土地生産性の低い自給的稲作がおもに行われている。

□ **8.** エーヤワディー川河口地域では、河川を利用した木材の搬出がみられ、1990年代の輸出加工区の設置により、木材加工業が発達している。

□ **9.** ベトナム北部のホン川河口地域には、国内最大の人口を有する首都が立地しており、生活排水による水質汚濁が深刻な問題となっている。

□ **10.** シンガポールの建国は、イギリス植民地時代に移住してきたインド系住民の影響力の高まりが背景となっている。

□ **11.** シンガポールでは、学校教育や行政・ビジネスの場で、主として英語が共通語として用いられている。

□ **12.** シンガポールでは、主要民族間の政治的均衡を保つために、英語・中国語・ヒンディー語の3言語が公用語に指定されている。

□ **13.** シンガポールでは、都市の過密にともなって、多国籍企業の中枢管理機能が隣国に流出して経済的衰退に直面している。

□ **14.** シンガポールでは、政府による一戸建て住宅の整備がすすんだ結果、そこに居住する人々が人口の大半を占めるようになった。

□ **15.** タイでは、1990年代後半に通貨危機が発生し、その影響は周辺諸国などへ短期間で波及して、世界の金融市場を混乱させた。

□ **16.** タイではバンコクに各種の機能が集中し、大気汚染や交通渋滞などの都市問題が発生している。

□ **17.** バンコクは、チャオプラヤ川の三角州（デルタ）に位置する首都であり、果物やみやげ物を売る水上マーケットは観光地にもなっている。

□ **18.** マレーシアでは、欧米諸国の食文化の影響を受けて、パンをつくるために乾季には小麦を栽培するところが多い。

▐■ 正誤問題

☐ **6.** 解答 ○ メコン川河口＝**米の二期作、内水面養殖**

☐ **7.** 解答 ✕ 「土地生産性の低い自給的稲作」 ➡土地生産性の高い稲作が行われている。

☐ **8.** 解答 ✕ 「1990年代の輸出加工区の設置」 ➡エーヤワディー川河口はミャンマーであるが、政情不安定なため1990年代に輸出加工区はみられなかった。

☐ **9.** 解答 ✕ 「国内最大の人口を有する首都」 ➡ベトナムで最大の人口を有する都市はホーチミンで、首都のハノイではない。

☐ **10.** 解答 ✕ 「インド系住民の影響力の高まり」 ➡中国系住民の影響力の高まりが背景となっている。

☐ **11.** 解答 ○ シンガポール＝教育・行政・ビジネスの場では**英語**

☐ **12.** 解答 ✕ 「～ヒンディー語の3言語が公用語」 ➡シンガポールの公用語は4言語あり、中国語、マレー語、タミル語と英語である。

☐ **13.** 解答 ✕ 「中枢管理機能が隣国に流出して経済的衰退に直面」 ➡シンガポールは現在も多国籍企業が多く集積しており、経済的な衰退はみられない。

☐ **14.** 解答 ✕ 「一戸建て住宅の整備」「そこに居住する人々が人口の大半」 ➡都市国家であるシンガポールは国土が狭く、一戸建ての住宅の整備が難しい。

☐ **15.** 解答 ○ タイ＝1990年代後半の通貨危機（**アジア通貨危機**）

☐ **16.** 解答 ○ タイ＝バンコクに集中➡**交通渋滞・大気汚染**発生

☐ **17.** 解答 ○ バンコク＝チャオプラヤ川の三角州、水上マーケットが観光地

☐ **18.** 解答 ✕ 「乾季には小麦を栽培」 ➡熱帯地域のマレーシアでは小麦の栽培は不可能。

☐**19.** マレーシアでは、経済格差是正のため、多数派であるマレー系住民への優遇策がとられたので、少数派の中国系住民からの反発もみられる。

☐**20.** マレーシアでは、マレー系住民への優遇政策により、マレー系住民の社会・経済的地位が中国系やインド系の住民を凌ぐようになった。

☐**21.** マレーシアのクアラルンプール近郊では、情報通信産業を誘致するために、サイバージャヤという計画都市が建設されている。

☐**22.** インドネシアのバリ島では、ムスリム（イスラム教徒）が人口の多数を占めている。

☐**23.** インドネシアでは、都市の発達した島に人口が集中し、人口分布の不均衡が社会問題となっている。そのため、第二次世界大戦後からは、周辺の島の熱帯林地域への移住計画がすすめられている。

☐**24.** フィリピンの民族構成は中国系が多数を占める。

☐**25.** 英語が公用語の一つであるフィリピンは、賃金水準が低いこともあり、出稼ぎ労働者が世界各地で活動している。

☐**26.** フィリピンでは、スペインの植民地時代に伝えられたカトリックを現在も信仰する人々が最も多い。

☐**27.** フィリピンのマニラ近郊では、輸出加工区が設けられ、付近で産出される原油を用いて石油化学工場が多数立地している。

☐**28.** マニラでは、鉄道線路沿いや小河川沿い、沼地の跡などに、貧困層の集住地区がみられる。

☐**29.** ベトナムでは、かつて宗主国であったフランスの影響から、コーヒーやパンを飲食する習慣が広まった。

☐**30.** ミャンマーでは、欧米諸国の植民地化を免れたために、ビルマ語や仏教信仰など独自の文化が維持されている。

☐**31.** カンボジアでは、長期にわたる内戦や政情不安から、多くの出稼ぎ労働者が経済発展を遂げる近隣の国々に流出している。

□**19.** 解答 ○ マレー系住民への優遇策＝ブミプトラ政策←中国系住民からの反発

□**20.** 解答 × 「マレー系住民の社会・経済的地位が中国系やインド系の住民を凌ぐ」➡優遇政策は行われたが、経済的に中国系住民の方が優位のままであった。

□**21.** 解答 ○ **サイバージャヤ**＝情報産業の集積地

□**22.** 解答 × 「ムスリムが人口の多数」➡インドネシアの国内の人口の多数はムスリムであるが、バリ島はヒンドゥー教徒が多数を占める。

□**23.** 解答 ○ インドネシア＝首都のあるジャワ島に人口が集中➡周辺の島への移住計画

□**24.** 解答 × 「中国系が多数」➡フィリピンでは中国系の人々は少数で、現地人が多数を占める。

□**25.** 解答 ○ フィリピンの公用語＝英語（ほか、フィリピノ語も公用語）、**賃金水準が低い**➡出稼ぎ労働者が世界に多数移住

□**26.** 解答 ○ **スペイン**の植民地時代➡**カトリック**が伝わる

□**27.** 解答 × 「付近で産出される原油」➡**フィリピンでは原油の産出がみられない**。

□**28.** 解答 ○ マニラの貧困層地区＝鉄道線路沿い、小河川沿い（居住条件が悪く地価が安い所）

□**29.** 解答 ○ ベトナム＝**フランス**が宗主国➡**コーヒー**の生産が多い（東南アジアで最も多い）

□**30.** 解答 × 「欧米諸国の植民地化を免れた」➡ミャンマーはイギリスの植民地支配を受けた。欧米諸国の植民地支配を受けなかったのは、東南アジア地域ではタイ。

□**31.** 解答 ○ カンボジア＝**内戦・政情不安**➡出稼ぎ労働者の流出

3 南アジア

▐■ 選択問題

□ **1.** 次の①〜⑤の文は、下の図に示された**ア〜オ**の都市の工業の特徴について
述べたものである。①〜⑤と**ア〜オ**の正しい組み合わせをそれぞれ選べ。

① 拡大を続ける首都圏の労働力を背景に、自動車工業が集積している。

② 近隣から産出される石炭や鉄鉱石と水力を背景に、イギリス植民地時代か
ら製鉄業が発達している。

③ 工作機械や航空機などの機械工業が盛んであり、現在では外国企業の進出
とともにIT産業が発展している。

④ 茶などの輸出拠点として発展したが、近年は縫製業（ほうせいぎょう）が盛んである。

⑤ 綿花の集散地で繊維産業が発達し、自動車などの機械工業や石油化学工業
も展開している。

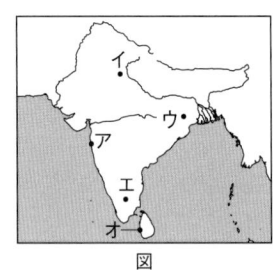

図

▐■ 空所補充問題

□ **2.** インドのヒンドゥー教社会は、身分の上下関係と職業の分業が結びついた
（　　　　）制に規定されてきた。

□ **3.** インド南部の（　　　　）は、ソフトウェア産業の集積地として発展してお
り、インドのシリコンヴァレーとよばれている。

□ **4.** （　①　）は、ガンジス川に面した宗教都市であり、巡礼に訪れた人々が川
で（　②　）している光景がみられる。

▐■ 正誤問題

□ **5.** ヒマラヤ山脈では、激しい侵食作用で標高が徐々に低下している。

□ **6.** デカン高原には、溶岩からなる台地が広く分布する。

🔲 解答・ポイント

選択問題

□ **1.** **解答** ①イ 「**拡大を続ける首都圏**」とあり、首都・デリーと判断できる。

解答 ②ウ 「**近隣から産出される石炭や鉄鉱石**」によって「**製鉄業**」が発達
しているのは、ジャムシェドプルである。

解答 ③エ 「**IT産業**」の集積地として知られているのは、"インドのシリコ
ンヴァレー"とよばれるバンガロールである。

解答 ④オ 「**茶などの輸出**」はスリランカが有名であり、スリランカの中心
都市であるコロンボである。

解答 ⑤ア 「**綿花の集散地**」「**繊維産業**」とあり、綿工業が盛んなムンバイ
である。

- -

空所補充問題

□ **2.** **解答** カースト

□ **3.** **解答** バンガロール

□ **4.** **解答** ① ヴァラナシ(ベナレス)　② 沐浴

- -

正誤問題

□ **5.** **解答** ✕　「標高が徐々に低下」⇒造山活動が活発であり、標高は現在も上
昇している。

□ **6.** **解答** 〇　デカン高原=溶岩台地

□ **7.** デカン高原では、テラロッサとよばれる赤色の土壌が厚く分布している。

□ **8.** デカン高原では、乾燥する期間が長く、綿花のプランテーション栽培がなされている。

□ **9.** ガンジス川では、下流域に大規模な三角州（デルタ）が発達している。

□ **10.** インド半島西岸では、冬に雨が多く、ブドウの大規模栽培がなされている。

□ **11.** インドのパンジャブ地方では、地下水を大量に利用して灌漑が行われた。その結果、土壌が塩性化し、農地に被害が出た。

□ **12.** インドは、第二次世界大戦前に独立した。

□ **13.** インドは、イギリス連邦に加盟している。

□ **14.** インドは、イギリスが最大の貿易相手国である。

□ **15.** イギリスの植民地時代のインドでは、財閥系の民族資本によって、綿工業や製鉄業などが発展した。

□ **16.** イギリスからの独立直後のインドでは、輸出指向型の工業化がすすめられ、電気機械工業が発展した。

□ **17.** 1960年代後半ごろのインドは、社会主義的な計画経済のもとでの経済発展が伸び悩みをみせ、鉄鋼生産なども停滞した。

□ **18.** インドでは、1970年以降小麦生産量が増加しているが、これは「緑の革命」によって高収量品種の導入や灌漑設備の整備が進んだためである。

□ **19.** 1990年代以降のインドは、経済の自由化政策のもとで、コンピュータ関連産業が発展してきた。

□ **20.** カースト制度は、インドに多いヒンドゥー教徒の生活に大きな影響を与えているが、カーストによる差別は憲法で禁止されている。

□ **21.** ムンバイ（ボンベイ）では、若年者や高所得者が市外へ流出したことにより、人口減少や高齢化が深刻化している。

□**7.** 解答 ✕ 「テラロッサとよばれる赤色の土壌」⇒**レグール**とよばれる**黒色土**が分布している。テラロッサは地中海沿岸などに分布している。

□**8.** 解答 〇 デカン高原＝綿花のプランテーション栽培

□**9.** 解答 〇 ガンジス川河口＝三角州

□**10.** 解答 ✕ 「冬に雨が多く」「ブドウの大規模栽培」⇒インド半島西岸は、季節風の影響により、**夏季に降水が多い**。そのため、ブドウは栽培されておらず、米などの栽培が多い。

□**11.** 解答 〇 パンジャブ地方＝**乾燥地域**⇒過剰灌漑による**塩害**

□**12.** 解答 ✕ 「第二次世界大戦前に独立」⇒インドの独立は1947年で、1945年に終結した第二次世界大戦後である。

□**13.** 解答 〇 イギリス連邦＝かつてイギリスの植民地支配を受けた国が加盟

□**14.** 解答 ✕ 「イギリスが最大の貿易相手国」⇒中国が最大の貿易相手国。

□**15.** 解答 〇 植民地時代のインド＝財閥系民族資本による綿工業・製鉄業

□**16.** 解答 ✕ 「輸出指向型の工業化がすすめられ」⇒インドは、独立直後は輸入代替型の工業化を進め、その後、輸出指向型の工業化を行った。

□**17.** 解答 〇 1960年代後半のインド＝社会主義的な計画経済⇒生産が停滞

□**18.** 解答 〇 緑の革命＝米の品種改良だけでなく、小麦やトウモロコシの改良も行われた

□**19.** 解答 〇 1990年代以降のインド＝経済の自由化政策⇒コンピュータ関連産業

□**20.** 解答 〇 カーストによる差別＝**憲法で禁止**

□**21.** 解答 ✕ 「若年層や高所得者が市外へ流出」⇒ムンバイは農村からの人口流入により、人口過密が深刻化している。

☐**22.** デリーでは、社会資本の整備が人口増加に追いつかず、激しい交通渋滞や列車への過剰乗車などの混乱が生じている。

☐**23.** バングラデシュでみられる洪水の原因の一つとして、インド洋付近に停滞する梅雨前線がある。

☐**24.** ネパールではヒマラヤ山脈を対象としたツーリズムが盛んで、山岳地域のシェルパ族など少数民族にとって主要な現金収入源となってきた。

☐**25.** ネパールを訪れる外国人を国籍別にみると、第1位がインド、第2位が中国であり、どちらも経済発展を背景に国外への旅行者が増えている国である。

☐**26.** ネパールでは、インドとスリランカからの旅行者が多く、両国の人口を宗教別にみるとともにヒンドゥー教徒の割合が最も高い。

☐**27.** スリランカでは、活発な火山活動がみられる。

☐**28.** スリランカでは人口の多数を占めるシンハラ（シンハリ）人と、少数派のタミル人との間で対立が生じている。

☐**29.** スリランカに居住するタミル人は、シンハラ人に比べると、インド南部との民族的つながりが、より深い。

☐**30.** スリランカに居住するシンハラ人の中では仏教徒の割合が最も高く、タミル人の中ではイスラム教徒の割合が最も高い。

☐**31.** モルディブの国土は新期造山帯に属し、火山活動や地震活動が活発である。

☐**32.** モルディブは2004年のスマトラ沖地震の際には津波による被害を受けた。

☐**33.** モルディブは、地球温暖化による海面上昇のため、国土の消失が憂慮されている。

☐**22.** 解答 ○ デリー＝交通渋滞・列車への過剰乗車

☐**23.** 解答 ✕ 「インド洋付近に停滞する梅雨前線」➡インド洋付近では梅雨前線
は発達しない。

☐**24.** 解答 ○ ネパール＝ヒマラヤ山脈のツーリズムが盛ん

☐**25.** 解答 ○ インド・中国＝近年経済発達し所得が向上➡国外への旅行者増加

☐**26.** 解答 ✕ 「ともにヒンドゥー教徒の割合が最も高い」➡スリランカは仏教徒
の割合が最も高い。

☐**27** 解答 ✕ 「活発な火山活動」➡インド半島南部の島嶼部には造山帯はなく、
火山活動はみられない。

☐**28.** 解答 ○ スリランカ＝**シンハラ人（多数派）**と**タミル人（少数派）**の対立

☐**29.** 解答 ○ タミル人＝南インドから移住

☐**30.** 解答 ✕ 「タミル人の中ではイスラム教徒の割合が最も高い」➡タミル人は
ヒンドゥー教徒の割合が最も高い。

☐**31.** 解答 ✕ 「新期造山帯に属し、火山活動や地震活動が活発」➡モルディブ
がある位置はプレート上で造山帯はない。

☐**32.** 解答 ○ スマトラ沖地震＝インド洋を越えてモルディブまで到達

☐**33.** 解答 ○ モルディブ＝サンゴ礁＝低地➡温暖化による海面上昇で水没

■ 選択問題

□ **1.** 次の①～③の文は、右下の図に示された **A～C** の海峡について述べたものである。①～③と **A～C** の正しい組合せをそれぞれ選べ。

① 古代より海上交通路の要衝であり、近年この海峡付近で頻発する海賊被害は、国際海運の大きな障害となっている。

② 世界の石油輸送の大動脈であり、この海峡の安定航行の確保は、日本をはじめ石油輸入国の安全保障にとって重要な問題となっている。

③ この海峡をまたいで大帝国が成立した歴史があり、当時の首都を起源とする都市は、現在その両側に市街地を拡大しながら発展している。

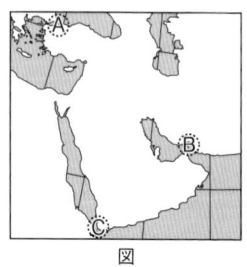
図

□ **2.** 次の①～④の説明文にあてはまる国を、下の**ア～エ**からそれぞれ一つずつ選べ。

① この国は、アラブ民族主義の指導者のもとで近代化を成し遂げた。アラブ世界の中心として、植民地支配からの脱却に向けて中核的役割を果たした。

② この国は、シーア派の指導者を中心にイスラームにもとづく国家建設をすすめてきた。独自の政策路線により、欧米諸国との間で対立している。

③ この国は、スンナ派の王族による政教一致の王政を維持してきた。豊富な石油資源を背景に、国際的に強い影響力を有している。

④ この国は、ヨーロッパを模範とした近代化を推進し、政教分離を行った。ＮＡＴＯ（北大西洋条約機構）の一員として、欧米諸国との連携を強めている。

ア イラン　　　**イ** エジプト　　　**ウ** サウジアラビア　　　**エ** トルコ

■ 空所補充問題

□ **3.** （　①　）川やシルダリア川が流入する（　②　）海では、湖面の縮小がみられる。

□ **4.** （　　　）では、アメリカ合衆国で発生した同時多発テロ事件をきっかけに、イスラム原理主義組織が支配する地域での戦闘が開始された。

□ **5.** トルコ南部に位置する（　　　）は、北部のトルコ系住民と南部のギリシャ系住民との対立が激化し、ギリシャへの併合の動きに対するトルコ軍の介入によって北部が独立を宣言した。

📷🔍 解答・ポイント

⊩ 選択問題

☐ **1.** **解答** ①C 「**古代より海上交通路**」になっているのは、北部のスエズ運河を使用し、紅海を結ぶルートのことである。「**海賊被害**」は沿岸国のソマリア付近で頻発している。

解答 ②B 「**世界の石油輸送の大動脈**」とあり、石油産出の多いアラビア湾の出口にあたっている海峡と判断。

解答 ③A 「**この海峡をまたいで大帝国**」とはオスマン帝国のことで、「**当時の首都を起源とする都市**」は海峡を挟んで立地する**イスタンブール**である。

☐ **2.** **解答** ①イ 「**アラブ世界の中心**」「**中核的役割**」とあり、かつてから文明が築かれ中心的存在であったエジプトと判断。

解答 ②ア 「**シーア派の指導者**」とあり、イスラム教の少数派であるシーア派が多いことで知られるイランである。「**欧米諸国との間で対立**」はイラン革命後に始まった。

解答 ③ウ 「**豊富な石油資源を背景に、国際的に強い影響力**」を有しているのは、ＯＰＥＣの中心国であるサウジアラビア。

解答 ④エ 「**ヨーロッパを模範とした近代化**」「**ＮＡＴＯの一員**」と欧米よりの政策を行うのはトルコである。「**政教分離**」により世俗化が進んでいる点もトルコの特徴である。

⊩ 空所補充問題

☐ **3.** **解答** ①アムダリア　②アラル

☐ **4.** **解答** アフガニスタン

☐ **5.** **解答** キプロス

□ **6.** ペルシア湾に面した（　　　）は、領土と資源をめぐって隣国の侵攻を受けたことから、アメリカ合衆国を中心とした多国籍軍が介入する大規模な戦争に発展した。

□ **7.** イスラエルで、最も多くの人が信仰している宗教は（　　　）教である。

□ **8.** ボスポラス海峡を挟んだ両側に、トルコ最大の人口を持つ都市である（　　　）の市街地が立地している。

▮ 正誤問題

□ **9.** イラン高原は、古期造山帯に属する。

□ **10.** 西アジア諸国では、<u>豊富な石油収入</u>を背景に、技能を持った低賃金の外国人労働者を多く雇用している。

□ **11.** 西アジアでは、原油生産により経済が安定しているので、<u>高い賃金を求めて出稼ぎに来る外国人労働者を雇用している国</u>がある。

□ **12.** 西アジアでは、石油の輸出によって巨額の収入を得たことで、<u>工業化や産業基盤の整備をすすめるとともに、農業の近代化を図った国</u>がある。

□ **13.** 中央アジアのアムダリア川とシルダリア川流域では、灌漑によってサトウキビの栽培が盛んになったが、いっぽうで、アラル海に流入する水量が極端に減少している。

□ **14.** 中央アジアでは、豊富な鉱産資源を産出するため、多くの工場やパイプラインが建設されている。

□ **15.** 中央アジアでは、経済の安定化に石油や天然ガスの開発が重要であるが、<u>不安定な政治体制や老朽化した工場設備が支障となっている国</u>がある。

□ **16.** 中央アジアでは、製造業部門での生産高が減少するいっぽうで、<u>ソフトウエア産業の育成を図り、急速な経済成長を遂げている国</u>がある。

□ **17.** イランの乾燥地域では、カナートとよばれる地下水路を利用して麦類やナツメヤシの栽培が行われてきたが、近年では、動力揚水機が普及し、土壌の塩性化（塩類化）が生じている。

□ **18.** イランでは、ペルシア湾とその周辺に多くの油田が存在し、西アジア諸国の中でも古くから油田が開発された歴史を持つ。

□ **19.** イランでは、アラビア語を母語とする人が民族構成の多数を占めている。

□ **6.** 解答 **クウェート**　この戦争は**湾岸戦争**とよばれ、イラクがクウェートに侵攻したことで始まった。

□ **7.** 解答 **ユダヤ**

□ **8.** 解答 **イスタンブール**

▶ 正誤問題

□ **9.** 解答 **✕**　「古期造山帯」➡**新期造山帯**に属する。

□ **10.** 解答 **○**　西アジア諸国＝産油国が多い

□ **11.** 解答 **○**　産油国＝所得が高い◀高い賃金を求めて、周辺から出稼ぎ労働者が流入

□ **12.** 解答 **○**　農業の近代化＝例：サウジアラビアは欧米の**センターピボット農法**を導入

□ **13.** 解答 **✕**　「サトウキビの栽培」➡流域では灌漑による**綿花の栽培が盛ん**となったため、水量が減少した。

□ **14.** 解答 **○**　豊富な鉱産資源＝石油、天然ガス、石炭、ウランなど

□ **15.** 解答 **○**　不安定な政治体制＝民主化運動・旧社会主義体制への反発など、老朽化した工場設備＝旧ソ連時代の設備

□ **16.** 解答 **✕**　「ソフトウェア産業の育成」➡政情不安であり、先端技術工業化は進まず、繊維工業などが中心。

□ **17.** 解答 **○**　イランの地下水路＝**カナート**、ナツメヤシ＝**乾燥地域**で多く栽培、乾燥地域において過剰な灌漑を行う➡塩害の発生するおそれ

□ **18.** 解答 **○**　**ペルシア湾周辺**＝多くの油田

□ **19.** 解答 **✕**　「アラビア語を母語」➡**ペルシア語を母語**とする人々が多数である。

□**20.** イランでは、イスラーム（イスラム教）のスンナ（スンニ）派が、政治に大きな影響を及ぼしている。

□**21.** サウジアラビアでは、石油資源の枯渇を見越して伝統的農業が復活し、羊などの肉食からトウモロコシや野菜中心の食生活に変わった。

□**22.** サウジアラビアでは総人口に対する遊牧民の占める割合が高いため、都市への人口集中が進んでいない。

□**23.** アラブ首長国連邦では、不動産開発ブームを背景に労働力需要が高まり、国外から多くの労働者が採用されている。

□**24.** ドバイは、巨額のオイルマネーを背景に、世界最高層のビルや都市インフラの建設が進んでいる。

□**25.** ドバイは、国際的な金融拠点としての発展にともない、世界中から多くの投資が集中している。

□**26.** ドバイには、輸出指向型の工業化の結果、西アジア最大の自動車生産・輸出拠点が形成されている。

□**27.** 現在、ドバイでは非石油部門での経済発展を目指し、大規模な観光開発が急速にすすめられている。

□**28.** トルコ沿岸地域では、夏に乾燥する気候に適したオリーブが栽培されている。

□**29.** トルコでは、建国以来、イスラーム主義政党が政権をになっている。

□**30.** トルコでは、国内に居住するクルド人に対する政府の対応が、国際的に関心を集めている。

□**31.** トルコでは近年、周辺の政治状況を受けて、近隣国の油田から国内の積出港を結ぶパイプラインが建設され、中央・西アジアの資源政策において重要な役割をになうようになっている。

☐**20.** 解答 ✕ 「イスラームのスンナ派」➡イランでは、**イスラームのシーア派**が大きな影響をもつ。

☐**21.** 解答 ✕ 「伝統的農業が復活」「肉食からトウモロコシや野菜中心の食生活」➡オイルマネーにより食料輸入が行われており、肉類の輸入も多いため食生活は大きく変化していない。

☐**22.** 解答 ✕ 「遊牧民の占める割合が高い」「都市への人口集中が進んでいない」➡都市人口率が高く、都市へ定住する人が増加している。

☐**23.** 解答 ○ アラブ首長国連邦=不動産開発➡建設業労働者の雇用が増加

☐**24.** 解答 ○ **オイルマネー**=石油の輸出・販売などで得られた外貨のこと。西アジアの産油国はこの額が莫大。

☐**25.** 解答 ○ ドバイ=国際的な金融拠点

☐**26.** 解答 ✕ 「西アジア最大の自動車生産・輸出拠点」➡輸出指向型の工業化は**安価な労働力をもつ地域**で行われる。オイルマネーで発展したドバイなどでは行われず、自動車の生産もほとんど行われていない。

☐**27.** 解答 ○ ドバイ=大規模な観光開発

☐**28.** 解答 ○ トルコの沿岸は**地中海性気候が卓越**している。

☐**29.** 解答 ✕ 「イスラーム主義政党が政権をになっている」➡トルコは政教分離政策を建国以来行っている。

☐**30.** 解答 ○ トルコ=国内に**クルド人**が居住

☐**31.** 解答 ○ ＢＴＣパイプライン=**カスピ海のバクー油田**からトルコ国内を通る

1 アフリカ

▐■ 選択問題

□ **1.** ①～④は、下の図に示されたA～Dの地域にみられる食文化について述べたものである。①～④とA～Dの正しい組合せをそれぞれ選べ。

① 小麦粉を粒状にして蒸したものなどを主食とし、オリーブやナツメヤシを使ったさまざまな料理がみられる。

② 雑穀などを主食とし、ラッカセイのペーストやトマトソースを使った肉や野菜のスープ料理などがみられる。

③ 米飯を主食とし、肉・魚やキャッサバの葉などの煮込み料理を副食とするほか、ココナッツミルクを使った料理などもみられる。

④ ヤムイモなどのイモ類やバナナを餅状にして主食とするほか、豊富な森林産物を利用した料理がみられる。

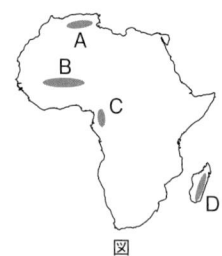

図

▐■ 空所補充問題

□ **2.** コンゴ川流域には熱帯雨林が広がり、赤道から離れるにつれアカシアなどが散在する（　　　）となり、各種の野生動物が生息している。

□ **3.** コンゴ民主共和国では、1990年より隣国（　　　）の内戦の影響で周辺国を巻き込んだ内戦が激化した。

□ **4.** エジプトの（　　　）は、大河川の三角州（デルタ）の頂点に立地する都市で、現在の市街地は河川の分岐点に発達している。

□ **5.** ナイル川下流域では、（　　　）ダムの建設により、水の安定供給が可能になったので、米作が発展した。

□ **6.** ケニアやタンザニアなど、アフリカ東岸では（　　　）語が公用語として使用されている。

🔖 解答・ポイント

┃ 選択問題

□ **1.** **解答** ① A 「**小麦**」「**オリーブ**」などから、地中海沿岸の料理と推測できる。

解答 ② B 「**雑穀**」「**ラッカセイ**」などの栽培はサヘル地域の焼畑農業で生産される。

解答 ③ D 「**米飯**」が主食であるのは、かねてから米の生産が多いマダガスカルである。

解答 ④ C 「**ヤムイモ**」「**バナナ**」などの熱帯作物は、赤道付近で食される。

┃ 空所補充問題

□ **2.** **解答** サバナ

□ **3.** **解答** ルワンダ

□ **4.** **解答** カイロ　エジプトの首都である。

□ **5.** **解答** アスワンハイ

□ **6.** **解答** スワヒリ

正誤問題

☐ 7. アフリカ大地溝帯は、大陸が両側に裂けて広がりつつある大規模な凹（おう）地である。

☐ 8. ドラケンスバーグ山脈には、活火山が点在する。

☐ 9. 地中海に流入する外来河川であるナイル川の河口には、大きな三角州（さんかくす）（デルタ）が形成されている。

☐ 10. サヘルでは、燃料としての樹木の伐採（ばっさい）や家畜の過放牧による草地の裸地化などが起こり、砂漠化が進行している。

☐ 11. マダガスカル島では、島を南北に貫く山地の東側の方が西側よりも年降水量が多い。

☐ 12. コンゴ民主共和国では、鉄やアルミニウムが集積し、赤色の土壌が形成される。

☐ 13. アフリカには多くの民族が存在するが、ヨーロッパ諸国による植民地支配の影響で、国境線が民族の分布を無視して設定されたものもある。

☐ 14. アフリカの熱帯地域では、植民地期の乱開発の結果、重要な地下資源である石炭がほぼ底をついた。

☐ 15. 地中海に面する北アフリカ諸国は、人口の大半をムスリムが占める。

☐ 16. サハラ以南のアフリカでは世界宗教以外に、自然や祖先を崇拝する、多種多様な固有の宗教がみられる。

☐ 17. 北アフリカの中心都市の一つであるカイロでは、19世紀後半から開発された新市街に迷路型の道路網が発達している。

☐ 18. リビアは、1900年代にフランスの植民地支配を受けたことがある。

☐ 19. チュニジアの首都・チュニスは、リン鉱石などの輸出港であり、古い町並みが残る旧市街とフランス植民地時代以降に形成された新市街によって構成されている。

☐ 20. アルジェリアの総輸出額に占める輸出品目の割合で、大半を占めるのは工業製品である。

|■ 正誤問題

□ 7. 解答 ○ アフリカ大地溝帯＝**広がる**プレート境界

□ 8. 解答 ✕ 「活火山が点在」➡ **古期造山帯に属する**ため、活火山はみられない。

□ 9. 解答 ○ ナイル川河口＝円弧状三角州

□10. 解答 ○ サヘル＝樹木伐採・過放牧による裸地化

□11. 解答 ○ マダガスカル＝貿易風帯➡東側が風上で降水が多くなる

□12. 解答 ○ 熱帯気候＝ラトソル（鉄・アルミニウムが多い赤色土）

□13. 解答 ○ アフリカの国境＝**数理的（人為的）国境**が多い➡民族紛争の要因になる

□14. 解答 ✕ 「石炭がほぼ底をついた」➡アフリカの熱帯地域ではあまり石炭が産出されない。

□15. 解答 ○ 北アフリカ諸国＝**イスラム教**国

□16. 解答 ○ サハラ以南アフリカ＝キリスト教やイスラム教のほか、**アニミズム（精霊信仰）** といった原始的宗教

□17. 解答 ✕ 「新市街に迷路型の道路網」➡迷路型の道路網は、**イスラム教国の旧市街**に多くみられる。

□18. 解答 ✕ 「フランスの植民地支配」➡**イタリア**の植民地支配を受けた。

□19. 解答 ○ イスラム文化の残る迷路型の街路＝旧市街、フランス植民地時代＝新市街

□20. 解答 ✕ 「大半を占めるのは工業製品」➡アルジェリアは原油、天然ガスの輸出が多く、原材料・燃料が大半を占める。

21. 大西洋と地中海をつなぐ玄関口にあたるジブラルタル海峡には、現在も海峡をはさんでスペインとイギリスの軍港がおかれている。

22. エチオピアは、気象災害などによって食料不足や飢餓に直面したが、緑の革命によって食料輸出国に変わった。

23. ケニアでは、干ばつにより植物が枯死し、少なくなった植物を家畜が食べることでさらに植物が減り、サバナの砂漠化が進行している。

24. ナイロビでは、多国籍企業の集まる現代的なオフィス街が形成されるいっぽうで、不良住宅地区も形成されてきた。

25. リベリアでは、砂漠の拡大で多くの農地が失われたが、伝統的な生活様式をいかした砂漠化対策がすすんでいる。

26. 西アフリカのブルキナファソでは干ばつなどにより砂漠化が進んだため、森林面積が減少している。

27. ナイジェリアのラゴスでは、郊外のベッドタウン開発がすすみ、都心から郊外へ放射状に延びる鉄道網が形成されるようになった。

28. マダガスカルの公用語の一つである現地語は、おもに東南アジアに分布しているオーストロネシア語族に属する諸語に近い。

29. 南アフリカ共和国は、イギリスが最大の貿易相手国である。

30. 南アフリカ共和国は、イギリス連邦に加盟している。

31. 南アフリカ共和国は、英語は使用されているが公用語にはなっていない。

32. 南アフリカ共和国では、アパルトヘイト（人種隔離政策）が実施され、白人の優位が維持されていたが、アパルトヘイトは1990年代はじめに撤廃された。

33. 南アフリカ共和国では、アパルトヘイトの撤廃後、人種ごとに居住区が分けられていたヨハネスバーグでは都市構造の再編が起こり、郊外から都心部への商業施設やオフィスの移転がすすんだ。

□**21.** 解答 ○ 海峡北部＝イギリスの軍港、南部＝スペインの軍港

□**22.** 解答 ✕ 「食料輸出国に変わった」➡エチオピアでは現在も小規模農家が中心で、農作物の大量生産には至らず、食料輸出国には変化していない。

□**23.** 解答 ○ ケニア＝**干ばつによる砂漠化**

□**24.** 解答 ○ ナイロビ＝現代的なオフィス街、**不良住宅地区の形成**

□**25.** 解答 ✕ 「砂漠の拡大」➡リベリアはギニア湾岸の熱帯の国で、砂漠拡大によって農地が失われていない。

□**26.** 解答 ○ ブルキナファソ＝サヘル地域➡干ばつによる砂漠化

□**27.** 解答 ✕ 「ベッドタウン開発」「放射状に延びる鉄道網」➡ナイジェリアは発展途上国であるため、先進国のようなベッドタウンはみられない。また、交通渋滞も劣悪で鉄道網も機能していない。

□**28.** 解答 ○ オーストロネシア語族に属する諸語＝**マレー語**に近い言語⬅かつて**マレー人が移住してきた**経緯がある

□**29.** 解答 ✕ 「イギリスが最大の貿易相手国」➡**中国**が最大の貿易相手国。

□**30.** 解答 ○ イギリス連邦＝かつてイギリスの植民地支配を受けた国が加盟

□**31.** 解答 ✕ 「公用語にはなっていない」➡英語は公用語となっている。

□**32.** 解答 ○ アパルトヘイト＝**白人**の優位➡1990年代に**撤廃**

□**33.** 解答 ✕ 「郊外から都心部への商業施設やオフィスの移転がすすんだ」➡商業施設やオフィスは、元より都心部に集積している。

2 ヨーロッパ

|■ 選択問題

□ **1.** 次の①～⑥の文は、下の図1に示されたA～Fの地域にみられる農牧業の
特徴について述べたものである。①～⑥とA～Fの正しい組合せをそれぞ
れ選べ。

① 冬の小麦作とオリーブやブドウの栽培、羊の飼育を組み合わせた伝統的な
地中海式農業が行われている。

② チェルノーゼム（黒色土）とよばれる肥沃な土壌を基盤として、小麦作を
中心とする商業的穀物農業が行われている。

③ 小麦作と家畜飼育を組み合わせた混合農業が行われ、家畜は羊・豚が多い。

④ ライ麦とジャガイモの栽培が盛んで、家畜は豚が多い混合農業が行われて
いる。

⑤ 夏季に氷雪が融けた地表面に生育するコケ類などを利用して、トナカイの
遊牧が行われている。

⑥ 消費地への近接性のほか、氷河の侵食を受けた影響などで土地がやせてい
ることから、酪農が行われている。

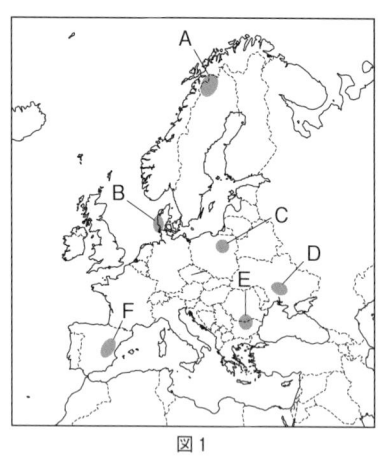

図1

選択問題

□ **1.** **解答** ① F 「**地中海式農業**」は一般的に、地中海性気候地域で行われる。

解答 ② D 「**チェルノーゼム**」が分布する地域は、黒海北部周辺である。

解答 ③ E 「**小麦**」などを中心とした混合農業で、東ヨーロッパ地域と判断。

解答 ④ C 「**ライ麦**」「**ジャガイモ**」などの混合農業は、混合農業が盛んなヨーロッパの中でも高緯度な地域となる。

解答 ⑤ A 「**コケ類**」「**トナカイ**」などからツンドラ地域と想起し、北極海に近い地域と判断。

解答 ⑥ B 「**氷河の侵食を受けた…土地がやせている**」「**酪農**」とあり、デンマーク周辺と判断したい。

□ **2.** 次の①～⑦の文は、下の図2に示された**ア～キ**の工業地域について述べたものである。①～⑦と**ア～キ**の正しい組合せをそれぞれ選べ。

① 衣料品や装飾品などの手工業が伝統的に発達しており、企業間の連携をいかした製品開発が行われ新たな成長地域として注目されている。

② 学術研究都市であり、航空機の最終組立てなどの産業が盛んである。

③ この付近で産出される石炭や鉄鉱石を利用して、産業革命期から鉄鋼・機械工業が盛んである。

④ 繊維やガラス工業などが発達していたが、近年では賃金の安さから自動車関連の工場などが進出している。

⑤ 大企業を主体にしたこの国最大の工業地域であり、自動車・繊維工業のほか、臨海部では石油化学工業が発達している。

⑥ 炭田地域に位置し、鉄鋼業が発達したヨーロッパ有数の工業地域であるが、エネルギー革命や構造不況を経て、近年ではエレクトロニクスや環境、医療技術などの分野に移行しつつある。

⑦ 地域間格差の是正を目的として、政府の出資した公社などによって、大規模な製鉄所が建設された。

図2

□ **3.** 次の①～④の国で、イスラーム（イスラム教）を信仰する人の割合が最も高い国を一つ選べ。

① ギリシャ   ② ドイツ   ③ フランス   ④ ポーランド

- -

■ 空所補充問題

□ **4.** ルーマニアの言語は、東ヨーロッパ地域の他の言語派とは異なった（　　　）語派に属する。

□ **5.** スカンジナビア半島北部に居住する先住民の（　　　）は、トナカイの群れとともに遊牧しながら、狩猟や漁労などを行ってきた。

□ **2.** 解答 ①カ 「**手工業が伝統的に発達**」「**企業間の連携をいかした製品開発**」
などから、サードイタリー（第三のイタリア）と判断する。

解答 ②エ 「**航空機の最終組立て**」が行われているのは、フランス南部の都
市・トゥールーズである。

解答 ③ア 「**付近で産出される石炭や鉄鉱石**」を利用した「**鉄鋼**」は、イギ
リスのミッドランド地方である。「**産業革命**」というキーワードか
ら、イギリスを想起したい。

解答 ④ウ 「**賃金の安さから自動車関連の工場**」とあり、東ヨーロッパ地域
と判断する。「**ガラス工業**」とはこの地域で有名なボヘミアガラ
スのことである。

解答 ⑤オ 「**この国最大の工業地域**」とは、イタリアの北西部の"工業の三
角地帯"とよばれる地域である。「**自動車**」のトリノ、「**繊維工
業**」のミラノ、「**臨海部の石油化学工業**」のジェノバを示してい
る。

解答 ⑥イ 「**炭田地域**」「**鉄鋼業が発達**」「**ヨーロッパ有数の工業地域**」と
あり、ドイツのルール工業地帯と判断する。「**環境、医療技術な
どの分野**」というキーワードから、ドイツを想起したい。

解答 ⑦キ 「**地域間格差の是正を目的**」「**製鉄所**」とあり、イタリア南部の
タラントの製鉄所と判断する。

□ **3.** 解答 ③ フランスには、かつての植民地であった北アフリカからの移民が
多い。

- -

▮■ 空所補充問題
□ **4.** 解答 ラテン（ロマンス）

□ **5.** 解答 サーミ

☐ **6.** ドイツの（　　　　）地方は、炭田と結びついて鉄鋼業が発展したが、大気汚染や水質汚濁が深刻化し、環境問題に対処する技術を生み出す企業が集積している。

☐ **7.** ドイツの（　　　　）は、三角江(さんかくこう)（エスチュアリー）をなす河口から100kmほど内陸に発達した都市で、国内最大の港湾都市となっている。

☐ **8.** EUの玄関口ともよばれるユーロポートを有する（　　　　）は、20世紀中頃に貨物輸送のための港湾施設が河川沿いに整備され、石油化学コンビナートが立地する大規模な臨海工業地域として発達した。

☐ **9.** イタリア北部の（　　　　）とよばれる地域では、技能をもつ職人や中小企業の集積をいかして、繊維や機械などの業種で市場に対応した多品種少量生産が盛んである。

☐ **10.** イタリアの観光都市である（　　　　）は、潟湖(せきこ)（ラグーン）の中に形成された都市で、近年では高潮による水没の被害に悩まされている。

☐ **11.** （　　　　）は、フランス最大の港湾都市で、アフリカからの移民の主要な上陸地でもあり、石油精製業や化学工業などが発達している。

▐ 正誤問題

☐ **12.** 北ヨーロッパ平原は、氷河の影響を強く受けた平原であり、氷河湖が広範囲に分布している。

☐ **13.** カルパティア山脈は、アルプス山脈とは異なり古期造山帯に属する山脈であり、山頂は低く平坦化(へいたん)がすすんでいる。

☐ **14.** ディナルアルプス山脈は、カルスト地形が各所に分布する山脈であり、冬にはこの山脈から寒冷な北東風が海側に吹きおろす。

☐ **15.** ヨーロッパアルプス北麓(ほくろく)では、春先にアルプスを越えて湿った熱風（フェーン）が吹くと、気温・湿度がともに上昇し、雪解けが急激に進む。

☐ **16.** ドナウ川は、勾配(こうばい)がゆるやかな国際河川であり、河口には三角州(さんかくす)（デルタ）が発達している。

☐ **17.** イベリア半島の北西岸では、河川の刻む谷が沈水して形成されたリアス式海岸がみられる。

☐ **18.** スロベニア西部では、石灰岩の溶食によって形成されたカルスト地形がみられる。

□6. 解答 ルール

□7. 解答 ハンブルク　ドイツで第二の人口の都市でもある。

□8. 解答 ロッテルダム

□9. 解答 第三のイタリア（サードイタリー）

□10. 解答 ヴェネツィア

□11. 解答 マルセイユ

▌ 正誤問題

□12. 解答 ○　北ヨーロッパ平原＝氷河湖が分布

□13. 解答 ✕　「古期造山帯に属する」「山頂は低く平坦化」 ➡新期造山帯に属するため、急峻な山地となっている。

□14. 解答 ○　ディナルアルプス山脈＝カルスト地形、山脈から吹きおろす寒冷風＝ボラ

□15. 解答 ✕　「湿った」「気温・湿度がともに上昇」 ➡フェーンは湿度の低下をもたらす。

□16. 解答 ○　ドナウ川＝国際河川、ドナウ川河口＝三角州

□17. 解答 ○　スペイン北西部＝リアス式海岸（語源となった場所）

□18. 解答 ○　スロベニア西部＝カルスト地形（石灰岩の溶食地形）

☐**19.** ギリシャ南部の海域では、サンゴ礁に囲まれた島々の点在する多島海がみられる。

☐**20.** 地中海においては、古くは船舶による人々の往来が活発でありその往来には、年間を通じて吹く貿易風のほか、地中海を環流する海流などが巧みに利用されていた。

☐**21.** 地中海沿岸域で広く産出される石灰岩は、伝統的な家屋にみられる白壁の建築材料に利用されてきた。

☐**22.** 地中海沿岸域の風化した石灰岩は、テラロッサとよばれる土壌となってこの地域を特徴づけている。

☐**23.** イタリアの北東部では、アルプス山脈を越えて乾いた暖かい風が吹き、常緑広葉樹林が広くみられる。

☐**24.** イタリアの南部では、地中海を越えてアフリカから高温の風が吹き込み、熱帯雨林が広くみられる。

☐**25.** イタリアのベスビオ火山は、爆発的な噴火を繰り返していて、火山灰と泥流に埋没した古代都市にみられるように、山麓の都市に被害を及ぼしてきた。

☐**26.** 近代には、産業革命の進展にともなって、マンチェスターやエッセンなどの工業都市が成長した。

☐**27.** 東欧革命により東西冷戦時代が終わり、東ヨーロッパ諸国が多くEUに加盟したことで、2000年代にEU加盟国が増加した。

☐**28.** 2000年代に新たにEUに加盟した東ヨーロッパ諸国は、加盟国の中でも1人当たりGNIの高い国が多くを占めている。

☐**29.** EUの東欧への拡大によってEU域内の経済関係が強化され、ヨーロッパ域外からの直接投資が減少した。

☐**30.** EU域内では、共同市場などの経済的な統合だけでなく、政治的な統合もすすめられている。

☐**31.** EU域内では、統一通貨であるユーロが導入されて、市場の統合がすすめられており、加盟国間の所得格差も解消された。

☐**32.** EU域内の人々の移動が自由化され、国境を越えた通勤や買物行動が活発になった。

□**19.** 解答 × 「サンゴ礁に囲まれた」➡地中海は亜熱帯の気候ではないため、サンゴ礁などはみられない。

□**20.** 解答 × 「年間を通じて吹く貿易風」➡地中海地域で年間を通じて吹いているのは**偏西風**である。

□**21.** 解答 ○ 地中海沿岸の家屋＝白壁の住居

□**22.** 解答 ○ 地中海沿岸の土壌＝テラロッサ（石灰岩の風化による）

□**23.** 解答 × 「常緑広葉樹林が広くみられる」➡常緑広葉樹林は熱帯など、年中高温な地域でみられ、イタリア北東部は温帯でありみられない。

□**24.** 解答 × 「熱帯雨林が広くみられる」➡熱帯雨林は熱帯地域でみられるが、イタリア南部は温帯でありみられない。

□**25.** 解答 ○ 火山灰と泥流に埋没した古代都市＝ポンペイ（1世紀に噴火）

□**26.** 解答 ○ マンチェスターはイギリス、エッセンはドイツの都市。

□**27.** 解答 ○ **2000年代**のEU加盟国＝**東ヨーロッパ**諸国（東西冷戦終結による）

□**28.** 解答 × 「GNIの高い国が多くを占めている」➡東ヨーロッパ諸国は、工業の高度化の遅れから1人当たりGNIの低い国が多い。

□**29.** 解答 × 「直接投資が減少した」➡東欧諸国のEU加盟により、ほかのEU諸国との経済的結びつきの強化が期待できるため、**域外諸国の直接投資は増加**した。

□**30.** 解答 ○ EU＝経済的・政治的統合

□**31.** 解答 × 「所得格差も解消された」➡東欧諸国などの加盟により、所得格差は大きくなった。

□**32.** 解答 ○

☐**33.** ＥＵ地域で、域内で流通する工業製品や農産物に関税をかけて自国の産業を保護する政策が行われている。

☐**34.** ＥＵ域内では、共通農業政策によって穀物生産量が増加したが、価格支持のための財政の膨張や加盟国間の受益の不平等が問題となっている。

☐**35.** 共通農業政策では、域外から輸入される安い農産物に対して障壁を設けることにより、域内の農産物が不利にならないようにされている。

☐**36.** ヨーロッパではジェット旅客機を複数の国の企業が共同開発し、国際分業体制をとって製造している。

☐**37.** 地中海北岸のラテン系民族が大半を占めている国では、カトリックが過半数を占めている。

☐**38.** 地中海北岸のスラブ系民族が大半を占めている国では、プロテスタントが過半数を占めている。

☐**39.** 西ヨーロッパでは、費用をあまりかけずに農山村に滞在して文化や自然に親しむ、グリーンツーリズムとよばれる余暇活動がみられる。

☐**40.** イギリスでは、高齢者が急激に増加したが、年金制度の充実や住宅のバリアフリー化はほとんどすすんでいない。

☐**41.** イギリスでは、深刻な労働力不足を補うために中国との協定が結ばれ、中国系の移民労働力が積極的に受け入れられている。

☐**42.** イギリスでは都市への人口集中を防止するため、大都市内部の再開発を禁止している。

☐**43.** 北アイルランドでは、少数派のプロテスタントが、カトリックの多いイギリスからの分離とアイルランドへの帰属を求める動きがある。

☐**44.** ドイツは、ＥＵの政治経済において中心的な役割をになっており、ＥＵへ拠出している金額も大きい。

☐**45.** ドイツでは、東側の資本主義経済体制をとる国に、西側の社会主義経済体制をとっていた国が編入された結果、東西の経済格差が生じている。

☐ **33.** 解答 ✕ 「域内で流通する工業製品や農産物に関税をかけて」➡ＥＵ地域では加盟国間の関税を廃し、自由貿易が行えるようにしている。

☐ **34.** 解答 ○ 共通農業政策＝穀物生産量は増加・財政の膨張・加盟国間の受益の不平等

☐ **35.** 解答 ○ 共通農業政策＝域外からの安い農産物に障壁（関税をかける）

☐ **36.** 解答 ○ ヨーロッパのジェット旅客機＝**国際分業体制**で製造

☐ **37.** 解答 ○ 地中海北岸の**ラテン系民族**が大半を占める国＝例；フランス、イタリアなど←**カトリックが多数**

☐ **38.** 解答 ✕ 「プロテスタントが多数」➡東方正教会を信仰する人が過半を占めている。

☐ **39.** 解答 ○ 農山村に滞在＝グリーンツーリズム

☐ **40.** 解答 ✕ 「年金制度の充実や住宅のバリアフリー化はほとんどすすんでいない」➡イギリスは社会保障制度が充実した国で、バリアフリー化も進んでいる。

☐ **41.** 解答 ✕ 「中国との協定が結ばれ、中国系の移民労働力が積極的に受け入れられている」➡中国系移民労働力はイギリスでは積極的に受け入れられていない。

☐ **42.** 解答 ✕ 「大都市内部の再開発を禁止」➡ドックランズ再開発など活発に行っている。

☐ **43.** 解答 ✕ 「少数派のプロテスタントが、カトリックの多いイギリス」➡北アイルランドは**プロテスタントが多数派**。イギリスもプロテスタントが多数派である。

☐ **44.** 解答 ○ ドイツ＝ＥＵへの拠出金が大きい（経済力がある）

☐ **45.** 解答 ✕ 「東側の資本主義経済体制」「西側の社会主義経済体制」➡西側が資本主義経済体制、東側が社会主義経済体制であった。

□**46.** ドイツにはトルコからの移民労働者が多く流入し、西ドイツの経済発展に大きな役割を果たした。

□**47.** ドイツでは、自動車部品のリサイクルを推進するほか、市内への自動車の乗り入れ制限をする都市もある。

□**48.** フランスでは、<u>公立学校で移民の子どもたちの宗教色の強い服装を認め</u>、文化的融和を図っている。

□**49.** イタリアは、北部で工業が発達したのに対し、南部では製鉄所などの国営による工場の建設がすすめられたものの、南部の経済発展が依然として立ち遅れている。

□**50.** イタリアは、古代ローマの時代から中国との関係が深く、中国系住民の数はヨーロッパの中で最も多い。

□**51.** スペインには、歴史的経緯や文化の共通性により、南アジアからの移民が多い。

□**52.** オランダでは、風車を使って低湿地の海水を排水し、ポルダーとよばれる干拓地がつくられてきた。

□**53.** オランダでは、子どもたちが特定の宗教観にかたよらないようにするため、<u>学校で宗教にかかわる教育は行われていない</u>。

□**54.** ベルギーは、北部では羊毛などの繊維工業、南部では石炭産業や鉄鋼業が発達していたが、南部の産業衰退によって北部の経済的優位が明瞭になった。

□**55.** 北欧諸国は、社会保障制度の整備が進んでいるが、国民の所得に対する租税負担率は低い。

□**56.** スウェーデンでは、合計特殊出生率（ごうけいとくしゅしゅっしょうりつ）が低下し、人口停滞が懸念（けねん）された。そのため、<u>保育施設や育児休業制度など女性が働きながら育児に取り組むための環境が整えられてきている</u>。

□**57.** スウェーデンは、国土の大半がなだらかな傾斜地からなっており、北西季節風の風下にも当たるので、酪農中心の農業が行われている。

□**58.** フィンランドには、たくさんの小さな湖があり、これらの湖畔に地熱発電の余剰蒸気を利用したサウナが普及している。

□**59.** ノルウェーでは、急傾斜で流下する多数の河川を利用して水力発電が行われ、その発電量が総発電量の大部分を占めている。

□**46.** 解答 ○　ドイツの外国人労働者=**トルコから**の移民が多い

□**47.** 解答 ○　ドイツ=環境先進国

□**48.** 解答 ×　「宗教色の強い服装を認め」→フランスではイスラム教徒の伝統的な服装などを、学校などで着用することを認めていない。

□**49.** 解答 ○　イタリア=**南北の経済格差**が顕著（北部；ミラノ・トリノなど、南部；タラントの製鉄所）

□**50.** 解答 ×　「中国系住民の数はヨーロッパの中で最も多い」→ヨーロッパの中で中国系住民が多いのはイギリスやフランスである。

□**51.** 解答 ×　「南アジアからの移民が多い」→おもに植民地支配をしていた**ラテンアメリカ地域**からの移民が多い。

□**52.** 解答 ○　ポルダー（干拓地）←**風車**を使って排水

□**53.** 解答 ×　「宗教にかかわる教育は行われていない」→さまざまな宗教の教育が行われている。

□**54.** 解答 ○

□**55.** 解答 ×　「租税負担率は低い」→ＧＮＩに対する租税負担率は平均値よりも高い。

□**56.** 解答 ○　スウェーデン=高福祉国家（女性の社会進出を促進）

□**57.** 解答 ×　「北西季節風の風下」→北欧諸国では季節風は発生しない。

□**58.** 解答 ×　「地熱発電」→フィンランドには火山が存在していないため、地熱エネルギーもない。

□**59.** 解答 ○　ノルウェー=**水力発電**が大部分（９割以上）

□**60.** ボスニア＝ヘルツェゴビナ北部に位置するクロアチアはプロテスタントが多く、南部のセルビアは正教徒が多い。

□**61.** ロンドンはヨーロッパにおける金融の中心で、2001年にイギリスがＥＵ（欧州連合）の通貨ユーロを導入したのを契機に、証券取引額が増加した。

□**62.** ロンドンでは、衰退した港湾地区が再開発され、オフィスビルや商業施設が建設されている。

□**63.** ロンドンのドックランズでは、都市再開発にともなう地価高騰により、インナーシティ問題が社会問題となっている。

□**64.** ロンドン中心部の不良住宅地区では、大規模な再開発事業により、グリーンベルトに変わっている。

□**65.** グラスゴーは、周辺で産出する石炭を利用し、スコットランド最大の重工業都市として成長したが、鉄鋼業の衰退後、電子工業が発達した。

□**66.** パリでは、川中島を中心に古い歴史を誇る市街地が発達しており、多くの観光客が訪れる。

□**67.** パリでは、伝統的な建物が取り壊された都心の旧市街地に、高層ビルの林立する大規模なオフィス地区が新たに形成されている。

□**68.** パリでは、郊外において大規模な都市開発事業が実施されたが、中心部での建物の改修は全面的に禁じられている。

□**69.** パリでは、都市再開発によって巨大な副都心が形成され、そこに中央官庁と主要企業の本社の大部分が移転した。

□**70.** パリでは、北アフリカ系の移民を含む低所得者層が郊外に集住する傾向がみられる。

□**71.** 長らくフランスの保護国であったモナコでは、19世紀半ばに高級リゾート地として開発がすすめられ、観光収入が国の主要な財源となっている。

□**72.** フライブルクでは、中心部における公共交通の整備が不十分であり、郊外から中心部へ向かう道路では、交通渋滞が深刻化している。

□**60.** 解答 × 「クロアチアはプロテスタント」➡クロアチアはカトリックが多い。
プロテスタントはおもにヨーロッパ北部地域で信仰されている。

□**61.** 解答 × 「イギリスがＥＵの通貨ユーロを導入」➡**イギリスはユーロの導入を行っていない**。

□**62.** 解答 ○ ロンドンの再開発された港湾地区＝ドックランズ地区

□**63.** 解答 × 「インナーシティ問題が社会問題」➡再開発により、都心に高所得層などが回帰したため、**インナーシティ問題は解決**したといえる。

□**64.** 解答 × 「グリーンベルトに変わっている」➡**グリーンベルト**は、都市開発が郊外へ無秩序に拡大するのをおさえるため、都市を取り囲むように配置した。

□**65.** 解答 ○ イギリス＝鉄鋼業などの**重厚長大型産業が衰退**、グラスゴー＝シリコングレン（先端技術産業の集積都市）

□**66.** 解答 ○ パリの歴史的市街地＝中心部の川中島に存在

□**67.** 解答 × 「伝統的な建物が取り壊された都心の旧市街地」➡パリの旧市街地にみられる**伝統的な建物の取り壊しは禁じられている**。

□**68.** 解答 × 「中心部での建物の改修は全面的に禁じられている」➡中心部における歴史的建物は、取り壊しは禁じられているが、補修・改修は認められている。

□**69.** 解答 × 「中央官庁と主要企業の本社の大部分が移転」➡副都心には産業機能などが移転し、官庁などの公的施設、本社機能は一部を除き移転しなかった。

□**70.** 解答 ○ パリの中心部＝**歴史的建造物が保全**➡移民街は郊外

□**71.** 解答 ○ モナコ＝高級リゾート地の小国、観光収入が財源

□**72.** 解答 × 「交通渋滞が深刻化」➡フライブルクは公共交通機関が発達しており、中心部には自動車の進入が不可能な地域もあり、**交通渋滞はみられない**。

☐**73.** ニュルンベルクでは、教会などの歴史的建築物や高さのそろった中層の建物からなる旧市街が保存されている。

☐**74.** ローマでは、都市中心部で古代遺跡群を核とする大規模な再開発事業がすすみ、ホテルやカジノを併設した都市型テーマパークが形成されている。

☐**75.** ヴェネツィアは、運河や水路網が発達しており、かつては国際的な観光地として栄えたが、現在は宗教都市としての性格を強めている。

☐**76.** 貿易中継地として栄えたジェノヴァは、トリノやミラノとともにイタリアの主要な工業地帯を形成し、鉄鋼や造船などの工業の発展で知られる。

☐**77.** タラントは、第二次世界大戦後、イタリア国内の南北格差是正のために開発された工業地区をもち、周辺で産出する石炭を利用した鉄鋼業が成長した。

☐**78.** イベリア半島南部のジブラルタルは、大西洋と地中海の出入口に位置する港湾都市で、イギリスの海軍基地が置かれている。

☐**79.** 古代都市国家として発展したアテネは、近代にギリシャの首都として再出発したが、近年、国の債務危機に端を発する経済の混乱に見舞われた。

☐**80.** ベルゲンは、両側を急斜面に挟まれた入り江に位置する都市で、国内有数の海運業の拠点となっている。

□**73.** 解答 ○ ニュルンベルク（ドイツの都市）＝歴史的建築物の多い旧市街が
保存

□**74.** 解答 ✕ 「古代遺跡群を核とする大規模な再開発事業」➡古代遺跡群の再
開発は、法律などによって禁じられており、街区は保存されてい
る。

□**75.** 解答 ✕ 「宗教都市としての性格を強めている」➡ヴェネツィアは宗教都市
ではない。

□**76.** 解答 ○ ジェノヴァ・トリノ・ミラノ＝イタリア北部の工業の三角地帯（イ
タリア最大の工業地帯）

□**77.** 解答 ✕ 「周辺で産出する石炭」➡タラントでは石炭の産出がない。輸入し
た資源を利用した臨海型の工業都市である。

□**78.** 解答 ○ ジブラルタル＝**イギリス**の海外領土

□**79.** 解答 ○ ギリシャ＝**債務危機による経済混乱**

□**80.** 解答 ○ ベルゲン＝ノルウェーの港湾都市

■ 選択問題

□ 1. 次の①〜⑦の文は、下の図に示された**ア〜キ**の地域について述べたものである。①〜⑦と**ア〜キ**の正しい組合せをそれぞれ選べ。

① 寒冷な気候のもとで、少数民族によるトナカイの遊牧が行われている。
② 機械、金属、食品、繊維などの工業が総合的に発達している。
③ 自然資源を利用した軽工業が盛んで、シベリア鉄道の起点・終点でもある。
④ 湿地を開発した港を中心に、国内第2位の人口をもつ都市圏が広がる。
⑤ 周辺に炭田、天然ガス田を有するうえ、毛皮の交易によって皮革工業も盛んである。
⑥ 比較的温暖な気候を利用した世界有数のリゾート地である。
⑦ 露天掘り炭田を基盤として、鉄鋼業などの重工業が発達している。

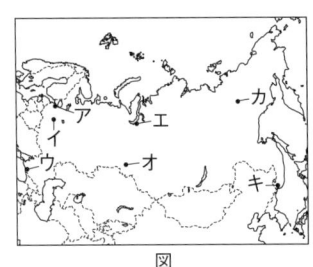

図

■ 正誤問題

□ 2. 旧ソ連地域の大半は、安定陸塊と古期造山帯からなるが、太平洋沿岸やカフカス（コーカサス）地域では、地震や火山の活動もみられる。

□ 3. ロシアに接する海域は、黒海沿岸を除いて、冬の期間、流氷や結氷によって閉ざされる。

□ 4. エニセイ川やその支流では、豊富な流量があるため、世界有数の水力発電所が建設されている。

□ 5. 黒海北岸から東にのびる穀倉地帯の土壌は肥沃なチェルノーゼムである。

□ 6. シベリアでは、肥沃な土壌が分布しているため、綿花栽培が盛んな地域がみられる。

🔍 解答・ポイント

- -

▐ 選択問題

□ **1.** 解答 ①エ 「**トナカイの遊牧**」とあり、ツンドラ気候の分布する北極海沿岸部に近い地域となる。

解答 ②イ 「**総合的に**」さまざまな工業が発達する地域は、ロシア最大の都市であるモスクワである。

解答 ③キ 「**軽工業が盛ん**」で「**シベリア鉄道の起点・終点**」となる都市は、ロシア東部のウラジオストクである。

解答 ④ア 「**国内第2位の人口をもつ**」都市はサンクトペテルブルクである。

解答 ⑤カ 「**炭田・天然ガス田**」をもち、「**毛皮の交易**」が行われているのは東シベリア地域である。

解答 ⑥ウ 「**比較的温暖な気候**」で「**リゾート地**」となっているのは黒海沿岸である。

解答 ⑦オ 「**炭田**」があり「**鉄鋼業**」地域となっているのは、クズネツク炭田付近である。

- -

▐ 正誤問題

□ **2.** 解答 ○ 旧ソ連地域＝大半は**安定陸塊**、太平洋沿岸（カムチャツカ半島など）・カフカス山脈＝**新期造山帯**

□ **3.** 解答 ✕ 「ロシアに接する海域」「流氷や結氷によって閉ざされる」➡北極海沿岸でも、西方では**暖流の北大西洋海流の影響**で凍結しない。

□ **4.** 解答 ○ ロシア＝水力発電も世界有数

□ **5.** 解答 ○ 黒海北岸地域＝**チェルノーゼム**地帯

□ **6.** 解答 ✕ 「肥沃な土壌が分布」「綿花栽培が盛ん」➡シベリアはポドゾルが分布しており、やせていて肥沃とはいえない。また、綿花は温暖な地域で栽培され、シベリアでの栽培はできない。

地誌

13
アフリカ・ヨーロッパ

☐ **7.** 北極圏内の北極海周辺地域は、国際条約によって非武装地域とすることが定められており、軍隊の長期駐留や軍事施設の設置が禁止されている。

☐ **8.** 1991年のソ連解体直後は、旧ソ連諸国では市場経済から計画経済への移行期の混乱によって経済活動が低下した。

☐ **9.** ロシアでは、社会主義政権崩壊後の経済体制の急激な変化によって、貧富の差が大きくなり、その是正が重要な課題となっている。

☐ **10.** ソ連時代の教育・医療・社会保障などの制度は、制度を引き継いだ企業によって維持され、貧富の差は縮小している。

☐ **11.** ロシアは2000年代に入り BRICs の一角として鉱工業が発達したいっぽう、資源価格の変動につれて経済が不安定になった。

☐ **12.** ロシアでは、各工業地域間での工業製品の輸送は、ソ連時代以来、水量が豊富な大河川の水運におもに依存している。

☐ **13.** ロシアではコルホーズやソフホーズから再編された農業企業が生産を伸ばすなか、別荘（ダーチャ）の菜園からの収穫物も、引き続き市民の食生活を支えている。

☐ **14.** ロシアでは国家から払い下げられた企業を経営する新しい富裕層が現れるいっぽう、経済的に苦しい年金生活を強いられている人々がいる。

☐ **15.** ロシアでは外資系のファストフード店やサービス業が農村にも立地し、都市と農村の間で生活水準の格差が縮まった。

☐ **16.** ロシアの人口密度は、国土の東部のほうが高い。

☐ **17.** ロシアでは、東部を中心に多くの少数民族が住んでいるが、市場経済導入後、伝統的な暮らし方はみられなくなった。

☐ **18.** ロシア連邦のチェチェン共和国では、<u>一部にロシア連邦からの分離・独立を求める動きがある</u>。

☐ **19.** ロシア西部を中心に居住するスラブ系のロシア人は全人口の80%を占め、<u>その多くがイスラム教を信仰している</u>。

☐ **7.** 解答 ✕ 「国際条約によって非武装地域とすることが定められており」➡南極周辺地域が条約により非武装地域となっているが、北極海周辺は定められていない。

☐ **8.** 解答 ✕ 「市場経済から計画経済への移行」➡計画経済から市場経済へと移行した時期に混乱が生じた。

☐ **9.** 解答 ○ 社会主義体制崩壊後➡資本主義体制となり**貧富の差が拡大**

☐ **10.** 解答 ✕ 「企業によって維持」「貧富の差は縮小」➡社会保障などの制度は民間企業によって引き継がれるものではない。また、貧富の差も資本主義経済導入により拡大している。

☐ **11.** 解答 ○ ロシア＝2000年代にBRICsの一角、資源輸出で台頭

☐ **12.** 解答 ✕ 「大河川の水運におもに依存」➡河川が冬季に凍結するため使用しがたく、水運への依存度は低い。

☐ **13.** 解答 ○ コルホーズ（集団農場）・ソフホーズ（国営農場）➡再編、ダーチャの収穫物

☐ **14.** 解答 ○

☐ **15.** 解答 ✕ 「都市と農村の間で生活水準の格差が縮まった」➡資本主義経済となったことで、都市と農村の格差は拡大した。

☐ **16.** 解答 ✕ 「国土の東部のほうが高い」➡首都・モスクワがある**西部**のほうが、気候も温暖で住みやすく**人口密度も高い**。

☐ **17.** 解答 ✕ 「伝統的な暮らし方はみられなくなった」➡ロシア東部には先住民も多く居住しており、伝統的な暮らしを引き続き行っている。

☐ **18.** 解答 ○ チェチェン共和国＝ロシアからの分離独立運動

☐ **19.** 解答 ✕ 「イスラム教を信仰」➡**キリスト教を信仰**している。

□20. バイカル湖周辺に居住するモンゴル系のブリヤート人は、おもに茅葺き屋根(かやぶ)の家屋に居住してきた。

□21. ウラル山脈の西側に居住するトルコ系のタタール人は、おもに高床式の家屋に居住してきた。

□22. ウラル山脈の北側およびシベリア西部に居住するサモエード系のネネツ人は、おもにトナカイの飼育、狩猟や漁労(ぎょろう)を行い生活してきた。

□23. モスクワでは、週末などを郊外にある別荘で過ごし、自然の中での生活を楽しみながら、自給用の野菜を栽培する人々もいる。

□24. ウクライナでは2008年の国際的な金融危機や、近年のロシアとの関係悪化などによって、経済活動は停滞している。

□25. ソ連時代のウクライナでは、原子力発電所の事故によって、広い範囲に放射能汚染がもたらされ、農業生産の停滞を招いた。

□**20.** 解答 ✕ 「茅葺きの屋根の家屋に居住」⇒伝統的な家屋は移動式テント。現在は木造家屋にも居住。

□**21.** 解答 ✕ 「高床式の家屋」⇒高床式の家屋はおもに熱帯地域。永久凍土帯を除き、冷帯地域ではみられない。

□**22.** 解答 ○

□**23.** 解答 ○ 郊外にある別荘＝ダーチャ（自給用菜園をもつ）

□**24.** 解答 ○ ウクライナ＝近年のロシアとの関係悪化（ウクライナ南部のクリミア地域をめぐった対立）

□**25.** 解答 ○ ウクライナ＝チェルノブイリ原子力発電所の事故

1 アングロアメリカ

■ 選択問題

□ **1.** 次の①〜③の文は、下の図に示されたA〜Cの地域の農業について述べたものである。①〜③と A 〜Cの正しい組合せをそれぞれ選べ。

①トウモロコシや大豆といった飼料作物の栽培と豚・肉牛の飼育とを組み合わせた農業地域である。

②かつての綿花単作から、大豆・トウモロコシ栽培と家畜飼育とを加えた多角経営が増えてきた農業地域である。

③大陸横断鉄道の開通にともない大規模な小麦栽培地域となり、飼料作物の輪作も増えてきた農業地域である。

Goode's World Atlas により作成。
図

■ 空所補充問題

□ **2.** 世界最大の島である（　　　）は、デンマーク領である。

□ **3.** カナダの北極海沿岸に居住する先住民族の（　　　）は、アザラシやクジラの捕獲などを行ってきた。

□ **4.** アメリカ合衆国の（　　　）とよばれる平原地域では、センターピボット灌漑によるトウモロコシや小麦の栽培が行われてきたが、これによって地下水位が低下している。

□ **5.** サンフランシスコ近郊の（　　　）周辺はシリコンヴァレーとよばれ、電気機械・電子工業やソフトウェア産業が発達している。

□ **6.** 五大湖工業地帯の（　　　）では、水運をいかして、周辺地域で生産された粗鋼やエネルギー資源と結びつき、20世紀初頭から大量生産方式により自動車が製造されてきた。

□ **7.** カナダでは、初期に流入した移民がおもにフランス系であった（　　　）州において、分離・独立問題が存在する。

📖🔍 解答・ポイント

⊫ 選択問題

□ 1. 解答 ① A 「**トウモロコシや大豆といった飼料作物**」は、五大湖南部で栽培されている。

解答 ② C 「**かつての綿花単作**」地帯であったのは、アメリカ合衆国南東部地域である。

解答 ③ B 「**大規模な小麦栽培地域**」であるのは、アメリカ合衆国中央部のプレーリー地域である。

⊫ 空所補充問題

□ 2. 解答 グリーンランド

□ 3. 解答 イヌイット（エスキモー）

□ 4. 解答 グレートプレーンズ

□ 5. 解答 サンノゼ

□ 6. 解答 デトロイト

□ 7. 解答 ケベック

▐ 正誤問題

☐ **8.** コロラド高原では、自然環境を保全するために多くの区域が国立公園に指定され、観光客が多数訪れている。

☐ **9.** セントローレンス川の河口付近には、三角江（きんかくこう）（エスチュアリー）がみられる。

☐ **10.** カナダ西海岸地域は、西岸海洋性気候区に属する。

☐ **11.** アメリカ合衆国のフロリダ半島でみられる暴風雨の原因の一つとして、大西洋の低緯度の海域で発生するハリケーンなどがある。

☐ **12.** カナダ北方では、かつて航路開拓を目的とした船舶による探検が盛んであったが、現在でも北極海を経由して大西洋と太平洋を結ぶ航路はない。

☐ **13.** 五大湖周辺では、おもに大都市に牛乳やバター、チーズなどを供給する酪農が行われている。

☐ **14.** カリフォルニア州では、果樹や野菜の集約的な栽培が、ブラジルからの外国人労働者をおもに雇用して行われている。

☐ **15.** グレートプレーンズでは、農業用水として地下水が大量に揚水された。その結果、大規模な地下水の枯渇が問題視されている。

☐ **16.** プレーリーでは、小麦や飼料作物を大規模に栽培する企業的穀物農業が行われている。

☐ **17.** アメリカ合衆国では、海外からの資源と資本を背景に工業が急速に発展した。近年、国内工業は自動車工業や造船業などの付加価値の高い部門へと特化しつつある。

☐ **18.** アメリカ合衆国では大都市郊外に広大なスラムが形成され、大都市域が拡大している。

☐ **19.** 西部開拓時代のアメリカ合衆国では、タウンシップ制のもとで、直交する道路に沿って家屋が隣接する集村が形成された。

☐ **20.** エスキモーは、ヨーロッパ人の入植以前から、おもに北極海沿岸域で狩猟や漁労（ぎょろう）に従事して暮らしてきた。

☐ **21.** アメリカ合衆国では19世紀中ごろまで、アフリカ系の人々の多くがプランテーション農園で労働に従事していたため、南部に比較的集中している。

▎■ 正誤問題

☐ **8.** 解答 ○ 国立公園＝アメリカ合衆国が世界で最初に指定

☐ **9.** 解答 ○ セントローレンス川河口＝**三角江（エスチュアリー）**

☐ **10.** 解答 ○ カナダ西海岸＝西岸海洋性（Cfb）気候区

☐ **11.** 解答 ○ フロリダ半島＝カリブ海沿岸←ハリケーンの常襲地域

☐ **12.** 解答 ✕ 「北極海を経由して大西洋と太平洋を結ぶ航路はない」➡夏季の海氷融解時に利用する航路がある。

☐ **13.** 解答 ○ 五大湖周辺＝酪農

☐ **14.** 解答 ✕ 「ブラジルからの外国人労働者をおもに雇用」➡おもに**メキシコからの外国人労働者を雇用している。**

☐ **15.** 解答 ○ グレートプレーンズ＝地下水を利用した農業（センターピボット農法など）➡地下水枯渇問題

☐ **16.** 解答 ○ プレーリー＝肥沃な土壌➡小麦の企業的栽培

☐ **17.** 解答 ✕ 「造船業などの付加価値の高い部門」➡造船業などの重厚長大型工業とよばれるものは、アメリカ合衆国では衰退傾向である。

☐ **18.** 解答 ✕ 「大都市郊外に広大なスラム」➡アメリカ合衆国のスラムは、郊外ではなく**大都市中心部に多くみられる。**

☐ **19.** 解答 ✕ 「集村が形成」➡タウンシップ制のもとで形成された集落は、散村形態となる。

☐ **20.** 解答 ○ 北極海沿岸域の先住民族＝エスキモー（イヌイットともいう）

☐ **21.** 解答 ○ アフリカ系＝**南部**に居住➡おもに**綿花**栽培に従事

□**22.** アメリカ合衆国では1960年代に移民法が改正された後、<u>アジア系移民の流入人口がヨーロッパ系移民の流入人口を下回る傾向がみられる</u>。

□**23.** ヒスパニックは、アメリカ合衆国内では<u>農業の季節労働やサービス業・建設業などの低賃金の単純労働に従事してきた</u>が、最近では所得の高い専門職につく人々も増えている。

□**24.** アメリカ合衆国の西海岸には、中国系住民が多く暮らしており、主要都市の多くではチャイナタウン（中国人街）が形成されている。

□**25.** シリコンヴァレーには、研究・開発を重視し付近で産出されるレアメタルや優秀な大学の人材を活用する数多くの企業が立地している。

□**26.** シリコンヴァレーは、北緯40度より南に位置しており、温暖な気候も研究者や技術者らを引きつける一因となっている。

□**27.** ニューヨークには、多国籍企業の本社や国際的な金融機関などが多く立地するほか、これらの活動を支える法律、会計、広告、情報処理など専門的な業務機能が集積している。

□**28.** ニューヨークの都心部では、近年の再開発によって住宅が改装・建設され、高所得者層が減少した。

□**29.** アトランタでは、郊外の高速道路のインターチェンジ周辺にオフィス地区が形成されている。

□**30.** ロサンゼルスでは、庭や車庫を持つ低層の戸建て住宅地区が都心部に形成されている。

□**31.** ロサンゼルスでは、ヒスパニックなどの居住地区が都心付近に形成されており、これらの地区では高い失業率や犯罪率が問題となっている。

□**32.** ピッツバーグを中心とする工業地域では、移民労働力を利用した毛織物工業が古くから盛んであり、労働集約的な生産が行われている。

□**33.** ヒューストンを中心とする工業地域では、付近で産出される豊富な石油や天然ガスを背景に、石油化学コンビナートが立地している。

□**34.** ニューオーリンズは、ミシシッピ川河口部に位置する港湾都市であり、メキシコ湾岸で採掘される石炭の積出港として重要である。

□**22.** 解答 ✕ 「アジア系移民の流入人口がヨーロッパ系移民の流入人口を下回る」➡法改正後の近年は、アジア系移民の流入が上回っている。

□**23.** 解答 〇 ヒスパニック＝低賃金労働に従事

□**24.** 解答 〇 アメリカ合衆国西海岸＝**アジア系**（中国系含む）住民が多い

□**25.** 解答 ✕ 「付近で産出されるレアメタル」➡レアメタルの産地ではなく、半導体産業やITなど知識産業の集積地

□**26.** 解答 〇 シリコンヴァレー＝サンノゼ周辺＝北緯40度より南（北緯37度以南がサンベルト）

□**27.** 解答 〇 ニューヨーク＝世界経済・国内経済の中心

□**28.** 解答 ✕ 「高所得者層が減少」➡都心の再開発を進め、郊外へ転出した高所得者層の回帰により、税収や購買力の増大を図った。そのため、高所得者は都心に増加した。これをジェントリフィケーションという。

□**29.** 解答 〇 アトランタ＝アメリカ合衆国南部の**綿花地帯**に位置する都市、**巨大な空港**があり人の往来も多い

□**30.** 解答 ✕ 「低層の戸建て住宅地区が都心部に形成されている」➡戸建て住宅地区はおもに郊外に形成されている。

□**31.** 解答 〇 ロサンゼルスの都心部＝移民など**低所得層の地区**⬅治安の悪化

□**32.** 解答 ✕ 「毛織物工業が古くから盛ん」➡ピッツバーグは、古くから付近で産出する石炭などを利用した**鉄鋼業が盛ん**な地域である。

□**33.** 解答 〇 ヒューストン＝**メキシコ湾岸油田**付近➡**石油化学工業**が発達

□**34.** 解答 ✕ 「メキシコ湾岸で採掘される石炭」➡メキシコ湾岸では石油が採掘される。ミシシッピ川の河口にあたり、河川流域で生産される農作物の積出港としても知られる。

☐**35.** シアトルを中心とする工業地域では、豊かな森林資源をいかした製紙・パルプ工業や、第二次世界大戦後に発達した航空機産業が盛んである。

☐**36.** アラスカ州に位置するアンカレジは、水産業や林業、石油工業が立地し、国際空港をいかした旅客輸送の重要な中継基地であった。

☐**37.** バンクーバー（ヴァンクーヴァー）では、中国に返還されたホンコンからの移住者など、アジア系の移民が増加している。

☐**38.** カルガリーは、新期造山帯に属する山脈の東麓に位置し、石油や天然ガスの主要な産出地となっている。

☐**39.** ウィニペグは、春小麦地帯の東端に位置し、小麦の集散地や鉄道交通の要衝となっている。

☐**40.** トロントは、カナダのフランス語圏における最大の都市であり、この国における経済活動の中心となっている。

☐**41.** オタワは、ケベック州とオンタリオ州との境界付近に位置しており、カナダにおける政治の中心となっている。

☐**42.** モントリオールは、首都として計画的に建設された政治都市である。

□**35.** 解答 ○ シアトル＝冷帯に近い➡木材が豊富➡**製紙・パルプ工業**が盛ん、**航空機産業**も発達

□**36.** 解答 ○ アンカレジ＝アラスカの石油・林産・水産資源が豊富、**北米航空の拠点**

□**37.** 解答 ○ バンクーバー＝カナダ西海岸➡アジア系移民が多い

□**38.** 解答 ○ カナダのロッキー山脈付近＝**油田**地帯

□**39.** 解答 ○ 春小麦地帯＝カナダ中央部＝小麦の集散地・鉄道交通の分岐

□**40.** 解答 ✕ 「カナダのフランス語圏における最大の都市」➡フランス語圏における最大都市は**モントリオール**。

□**41.** 解答 ○ オタワ＝カナダの首都➡ケベック州（フランス語圏）とオンタリオ州（英語圏）との言語境界

□**42.** 解答 ✕ 「首都として計画的に建設された政治都市」➡**モントリオール**はカナダの都市であるが、カナダの首都は**オタワ**である。

2 ラテンアメリカ

選択問題

☐ **1.** 次の①〜⑤の文は、下の図に示されたA〜Eの地域の農業について述べたものである。①〜⑤とA〜Eの正しい組合せをそれぞれ選べ。

　① 穀物メジャーによる企業的農業が行われ、大豆やトウモロコシなどが生産されている。

　② 植民地時代に起源をもつプランテーション農業が行われ、山の斜面で熱帯地域としては肥沃（ひよく）な土壌をいかしてコーヒーや、バナナなどの商品作物が栽培されている。

　③ 淡水漁業のほか、粗放的な農牧業が営まれ、ジャガイモやソラマメなどの栽培とリャマや牛などの放牧が行われている。

　④ 大土地所有制度を背景とした牧畜業が発展し、大規模なエスタンシアにおいて牛や羊の放牧が行われている。

　⑤ 19世紀末から20世紀初頭にかけて、天然ゴム産業の興隆によって繁栄し、現在は、ナッツ類、木材などを含む多様な一次産品が生産されている。

図

空所補充問題

☐ **2.** ラテンアメリカ地域内の経済活性化を目指した（　　　）（南米南部共同市場）が結成されている。

☐ **3.** アマゾン東部の（　　　）を産地とする鉄鉱石は、鉄道で搬送された後、大西洋岸の積出港から各地へ輸出されている。

☐ **4.** ブラジルは（　　　）の生産国であると同時に、それを用いた燃料用バイオエタノール製造でも世界の主要国である。

☐ **5.** ブラジルでは、（　　　）とよばれる大規模農場の牧場化や農業の機械化が進んだため、多くの農業労働者が都市へ流出している。

☐ **6.** ブラジルのリオデジャネイロ、アルゼンチンのブエノスアイレスなど、ラテンアメリカの大都市には（　　　）とよばれるスラムがみられる。

|■ 選択問題

□ **1.** **解答** ① D 「**企業的農業**」による「**大豆やトウモロコシ**」の生産地域は、ブラジル南部のカンポ地域である。

解答 ② A 「**山の斜面**」で「**コーヒー**」栽培、「**バナナ**」などの栽培が行われているのはコロンビアである。

解答 ③ C 「**淡水漁業**」とは、この地域にあるチチカカ湖などの湖で行われている漁業。「**粗放的な農牧業**」や「**リャマ**」などの飼育はアンデス山脈中でみられる。

解答 ④ E 「**エスタンシアにおいて牛や羊の放牧**」がみられるのは、アルゼンチンのパンパ地域である。

解答 ⑤ B 「**天然ゴム産業**」とあるので、原産地であるアマゾン川流域などの熱帯地域を想起したい。

|■ 空所補充問題

□ **2.** **解答** MERCOSUR _{メルコスール}

□ **3.** **解答** カラジャス

□ **4.** **解答** サトウキビ

□ **5.** **解答** ファゼンダ

□ **6.** **解答** ファベーラ

□ **7.** 中央・南アメリカの国々では、ヨーロッパ系住民とアフリカ系住民との混血である（ ① ）や、ヨーロッパ系住民と先住民との混血である（ ② ）も多く居住しており、人種・民族の混交がすすんでいる。

- -

▐ 正誤問題

□ **8.** アンデス山脈では、氷食地形がみられる。

□ **9.** ブラジル高原は、長期にわたる造陸運動によって形成されている。

□ **10.** オリノコ川河口には、サバナを流れる河川が形成した三角州（デルタ）がみられる。

□ **11.** 南アメリカ大陸西岸は、寒流の影響で海水温が相対的に低いため、大規模なサンゴ礁がみられない。

□ **12.** ペルー南部では、強い偏西風の影響で偏形樹がみられる。

□ **13.** キューバ島は、東西に長く比較的平坦な地形をなし、ほぼ全域が熱帯に属する。

□ **14.** アマゾン川河口付近では、豊富な降水を利用した集約的稲作農業が行われ、生産物の多くが輸出されている。

□ **15.** 乾燥パンパでは、短い雨季にまとまった雨が降ることから草原が発達し、ヤクの放牧が行われている。

□ **16.** アンデス山中には、産出量の多い銅鉱山が分布し、鉱石の大半は山脈を越えた大西洋側の積出港に鉄道で運ばれ、各地へ輸出されている。

□ **17.** アルゼンチンやウルグアイではヨーロッパ系住民の割合が高い。これは、独立後に北アメリカからの移民を大量に受け入れたためである。

□ **18.** エクアドルやコロンビアではメスチソ（メスチーソ）の割合が高い。これらの国では、ポルトガル語が国の公用語となっている。

□ **19.** ブラジルやベネズエラではムラートの割合が高い。これは、植民地時代にアフリカから多くの奴隷が連れてこられたためである。

□ **20.** ペルーやボリビアでは先住民の割合が高い。これらの国では、植民地支配を受ける以前からの宗教を信仰する住民が多数を占めている。

☐ **7 .** 解答 ① ムラート　② メスチソ（メスチーソ）

┃■ 正誤問題

☐ **8 .** 解答 ○　アンデス山脈＝山頂付近に氷河が存在

☐ **9 .** 解答 ○　ブラジル高原＝安定陸塊

☐ **10.** 解答 ○　オリノコ川河口＝三角州

☐ **11.** 解答 ○　南アメリカ大陸西岸＝寒流（ペルー海流）➡サンゴ礁がみられない

☐ **12.** 解答 ✕　「強い偏西風の影響」➡ペルー南部は低緯度であり、偏西風帯ではない。

☐ **13.** 解答 ○　キューバ＝カリブ海の島国

☐ **14.** 解答 ✕　「集約的稲作農業が行われ」➡アマゾン川河口付近では天然ゴムなどが栽培されている。南部のカンポで稲作が行われているが、生産量の１割程度しか輸出されていない。

☐ **15.** 解答 ✕　「ヤクの放牧が行われている」➡**ヤクはヒマラヤ山脈やチベット高原で放牧される家畜で、パンパではおもに羊の放牧が行われている。**

☐ **16.** 解答 ✕　「山脈を越えた大西洋側の積出港に鉄道で運ばれ」➡山脈は越えず、太平洋側から輸出されている。

☐ **17.** 解答 ✕　「北アメリカからの移民」➡ヨーロッパ、おもにスペインやイタリアからの移民を受け入れたため。

☐ **18.** 解答 ✕　「ポルトガル語が国の公用語」➡**スペイン語が公用語**となっている。ポルトガル語を公用語としているのはブラジル。

☐ **19.** 解答 ○　ムラート＝アフリカ系移民とヨーロッパ系移民の混血◀アフリカ系移民は奴隷として移住

☐ **20.** 解答 ✕　「植民地支配を受ける以前からの宗教を信仰する住民が多数」➡植民地支配により、**カトリックを信仰する住民が多数**を占めるようになった。

- [ ] **21.** ラテンアメリカでは、豊富な自国資本や技術により急速に工業化がすすんでいる。近年、政治体制や通貨が安定したこともあり、半導体工業を中心に外国企業の活発な進出がみられる。

- [ ] **22.** メキシコでは、石油や鉄鉱石を利用した重化学工業が発展してきたが、近年、研究開発を中心とした宇宙産業が盛んである。

- [ ] **23.** メキシコでは、鉱産資源の産出が多く、工業化の進展も著しい。最大の貿易相手国は、ラテンアメリカの新興工業国であるブラジルである。

- [ ] **24.** メキシコの人口最大都市は、郊外地域で産出される原油をもとにして工業化が進んだため、大気汚染が深刻化している。

- [ ] **25.** メキシコ湾の入口に位置するキューバでは、旧宗主国の文化的影響が色濃く残り、スペイン語が公用語になっている。

- [ ] **26.** エクアドルでは、バナナの栽培が盛んである。原油や石油製品の輸出も多いが、バナナが総輸出額の第1位を占める。

- [ ] **27.** ベネズエラのマラカイボ湖付近で産出される原油は、同国最大の輸出品となっている。

- [ ] **28.** ペルーの人口最大都市は、乾燥地域に位置し、アンデス山脈から流下する河川の流域で生産される農産物の集散地となっている。

- [ ] **29.** チリ沿岸部では、地中海性気候をいかしたブドウ生産がみられ、ワインの製造や輸出が行われている。

- [ ] **30.** チリでは、国の経済は銅や銅鉱石の輸出に依存してきたが、近年、輸出の中心は電気・電子部品に移った。

- [ ] **31.** ブラジルは近年では BRICs と称される国の一つとして経済成長を遂げるいっぽう、巨額の対外債務残高をかかえている。

- [ ] **32.** ブラジルでは、牧場開発を目的とした森林の伐採や入植地造成などにより、熱帯林の破壊が深刻な問題となっている。

- [ ] **33.** ブラジルでは、鉄鉱石を利用して鉄鋼業や機械工業が盛んであるうえ、外国資本による自動車工場の立地がすすんでいる。

□ **21.** 解答 ✕ 「豊富な自国資本や技術により急速に工業化」「半導体工業を中心に外国企業の活発な進出」➡ラテンアメリカは自国資本の工業化ではなく、外国資本などにより工業化が進んだ。また、進出する外国企業も半導体工業が中心ではなく、機械の組立工業が中心。

□ **22.** 解答 ✕ 「研究開発を中心とした宇宙産業が盛ん」➡メキシコでは宇宙産業の開発は盛んではない。

□ **23.** 解答 ✕ 「最大の貿易相手国」「ブラジル」➡メキシコは隣国の**アメリカ合衆国が最大の貿易相手国**である。

□ **24.** 解答 ✕ 「郊外地域で産出される原油」➡メキシコの人口最大都市であるメキシコシティは山脈中の盆地にあり、メキシコの油田は湾岸にあるため郊外で原油の産出はない。メキシコシティは自動車の増加などによる大気汚染が深刻化している。

□ **25.** 解答 ○ キューバ＝**スペイン**が旧宗主国・公用語は**スペイン語**

□ **26.** 解答 ✕ 「バナナが総輸出額の第1位」➡エクアドルでは原油が総輸出額の第1位となっている。

□ **27.** 解答 ○ ベネズエラ＝**産油国**（原油が最大の輸出品）

□ **28.** 解答 ○ ペルーの人口最大都市＝リマ←沿岸部の**乾燥地域**に位置

□ **29.** 解答 ○ チリ＝地中海性気候が分布➡**ブドウ・ワイン**の生産

□ **30.** 解答 ✕ 「輸出の中心は電気・電子部品に移った」➡チリは現在も**銅の輸出に依存**した経済体制である。

□ **31.** 解答 ○ ブラジル＝BRICsの一角、対外債務残高は巨額（2010年代に急増）

□ **32.** 解答 ○ ブラジル＝熱帯林破壊←**牧場開発**が要因

□ **33.** 解答 ○ ブラジル＝鉄鉱石の産出国➡鉄鋼業が盛ん、人件費が安価➡外国資本の進出

☐**34.** ブラジルは植民地であったときの宗主国の影響から、公用語にスペイン語を用い、カトリック信者が多く、ヨーロッパに似た街並みがみられる。

☐**35.** ブラジルの首都は、この国の内陸部開発の拠点として建設された計画都市であり、この国における人口が最大の都市ではない。

☐**36.** ブラジルの人口最大都市は、高原上に位置する商工業都市であり、コーヒー豆の集散地としても知られている。

☐**37.** ブラジル北部では、大規模な炭鉱が開発され、ブラジル南東部からの計画的な移住が行われたことにより、大都市がみられる。

☐**38.** アルゼンチンでは、小麦やトウモロコシ、大豆、牧草などの栽培が盛んである。原油や工業製品とともに、穀物や飼料が主要な輸出品である。

☐**39.** アルゼンチンでは、石油が重要な輸出品となっているうえ、高度な技術を用いた航空機工業に支えられ、国の経済は安定している。

☐**40.** パナマシティは、地中海と紅海を結ぶ運河沿いの交通都市である。

☐**41.** メキシコシティでは、人口増加にともなう深刻な住宅不足により、生活環境の悪化が社会問題となっている。

☐**42.** メキシコシティでは、所得による住み分けがみられ、市街地を取りまく山地の斜面には高級住宅地が広範囲に形成されている。

☐**43.** リオデジャネイロでは、農村部から流入する人々が多く、十分な収入を得ることができない人もおり、不良住宅地区が形成されている。

☐**44.** リオデジャネイロでは、高級・中級住宅地は眺望のよい郊外に広がり、不良住宅地（スラム）は海岸に面した平地に集中する。

☐**45.** サンパウロでは、サッカーなどのスポーツの人気が高く、路上や空き地などで、サッカーを楽しむ人々もいる。

☐**46.** マナオス（マナウス）は、アマゾン川中流に位置する河港都市であり、自由貿易地域に指定されたことにより、外国企業の立地がすすんでいる。

☐**34.** 解答 ✕ 「公用語にスペイン語を用い」➡ブラジルの公用語はポルトガル植民地支配の影響から、**ポルトガル語**である。その影響で、カトリック信者が多く、ヨーロッパの街並みもみられる。

☐**35.** 解答 ○ ブラジルの首都＝ブラジリア（内陸部開発の拠点都市）➡サンパウロやリオデジャネイロのほうが人口は多い

☐**36.** 解答 ○ ブラジルの人口最大都市＝サンパウロ⬅**コーヒー豆の集散地**

☐**37.** 解答 ✕ 「大規模な炭鉱が開発」➡ブラジル北部には大規模な炭鉱がみられない。

☐**38.** 解答 ○ アルゼンチンの輸出品＝上位に**植物性油かす、トウモロコシ**など

☐**39.** 解答 ✕ 「高度な技術を用いた航空機工業に支えられ、国の経済は安定」➡アルゼンチンでは航空機工業は進展しておらず、国の経済も不安定といえる。

☐**40.** 解答 ✕ 「地中海と紅海を結ぶ運河沿い」➡パナマシティにある運河は、太平洋と大西洋を結ぶ。

☐**41.** 解答 ○ メキシコシティ＝人口増加➡住宅不足・生活環境悪化

☐**42.** 解答 ✕ 「市街地を取りまく山地の斜面には高級住宅地が広範囲に形成」➡市街地を取り巻く地域には、不良住宅地区（スラム）が形成されている。

☐**43.** 解答 ○ リオデジャネイロ＝農村部から貧困層が流入➡不良住宅地区の形成

☐**44.** 解答 ✕ 「高級・中級住宅地は眺望のよい郊外」「不良住宅地（スラム）は海岸に面した平地に集中」➡不良住宅地は郊外に広がる傾斜地にみられ、海岸に面した平地や中心部に高級・中級住宅地がみられる。

☐**45.** 解答 ○ ブラジル＝サッカーの人気が高い

☐**46.** 解答 ○ マナオス＝アマゾン川中流の都市、自由貿易地域

3 オセアニア

┃■ 選択問題

□ **1.** 次の①〜③の文は、下の図に示された**A〜C**の州について述べたものである。①〜③と**A〜C**の正しい組合せをそれぞれ選べ。

① この州の沿岸部は、気候が温暖であり、グレートバリアリーフなどの観光資源が存在する。それらを背景としてリゾート地が発達し、人口も増加している。

② この州の内陸部では、金、鉄鉱石、ニッケルやボーキサイトなどの鉱物資源に恵まれ、それらは大規模な露天掘りで採掘されている。

③ この州の内陸部の乾燥地域では、掘り抜き井戸が分布し、そこから飲料水や農業用水が取水されている。また、ウルル（エアーズロック）周辺は、アボリジニの聖地として知られている。

------ は州境（準州を含む）を示す。

図

□ **2.** 次の①〜③の説明文にあてはまる都市を、下の**ア〜ウ**の中から一つずつ選べ。

① 18世紀後半のイギリス人による入植は、ここから始まり、現在ではオーストラリア最大の都市となった。

② 19世紀後半のゴールドラッシュ時に金の集散地となり、多くの資本が集積し、現在では、国内第二の人口規模をもつ都市となった。

③ 20世紀前半に建設が開始され、放射環状路型の街路や、官庁、大学、商業施設などをもつ都市となった。

ア キャンベラ　　**イ** シドニー　　**ウ** メルボルン

┃■ 空所補充問題

□ **3.** ニュージーランドの国土の大半は、（　　　　）気候区に含まれる。

□ **4.** オーストラリアでは、1970年代に（　①　）政策が廃止された後、世界各地からの移民と共生する（　②　）がとられてきた。

解答・ポイント

- -

▐■ 選択問題

□ **1.** **解答** ① C　沿岸部に「**グレートバリアリーフ**」が存在するのは北東部であり、クインズランド州である。

解答 ② A　特に「**金**」「**鉄鉱石**」などの「**大規模な露天掘り**」がみられるのは、西部であり、ウエスタンオーストラリア州となる。

解答 ③ B　「**乾燥地域**」で「**掘り抜き井戸**」がみられ、「**ウルル（エアーズロック）**」がみられるのは中央部であり、ノーザンテリトリー州である。

□ **2.** **解答** ① イ　「**イギリス人による入植**」が開始された都市で、「**オーストラリア最大の都市**」はシドニーである。

解答 ② ウ　「**国内第二の人口規模をもつ都市**」はメルボルンである。

解答 ③ ア　「**放射環状路型の街路**」をもつ、計画的に建設された首都はキャンベラである。

- -

▐■空所補充問題

□ **3.** **解答**　西岸海洋性（Cfb）

□ **4.** **解答**　① 白豪主義（はくごう）　② 多文化主義
　　　　多文化主義はオーストラリアのほか、カナダやニュージーランドでも行われている。

☐ **5.** オーストラリアには先住民の（　　　）が居住し、一部に土地の返還を求める動きがある。

☐ **6.** ニュージーランドには（　　　）とよばれるポリネシア系の先住民が居住している。

☐ **7.** オセアニアの島嶼である、フランス領の（　　　）は、ニッケルの産出が世界有数である。

▐■ 正誤問題

☐ **8.** オーストラリア大陸の南回帰線付近は、おもに熱帯収束帯の上昇気流の影響により、降水がみられない。

☐ **9.** オセアニアでは、スペインやポルトガルから独立した国が多く、現在でも公用語としてスペイン語とポルトガル語を使用している国が多い。

☐ **10.** オセアニアでは、東南アジアの文化的な影響を受けた国が多く、イスラーム（イスラム教）を信仰している人が大半を占めている。

☐ **11.** オーストラリアのマリー（マーレー）・ダーリング川流域では、灌漑によって小麦の栽培が盛んになったが、いっぽうで、土壌の塩性化（塩類化）が問題となっている。

☐ **12.** オーストラリアのグレートアーテジアン（大鑽井）盆地では、灌漑農業が大規模に行われた。その結果、肥料により深刻な地下水汚染が生じている。

☐ **13.** オーストラリアの牧羊は、南西部と南東部で盛んであり、そこでは穀物栽培との組合せによる混合農業が行なわれている。

☐ **14.** オーストラリアの牧畜業が発達した背景として、冷凍船の普及によって長距離輸送が可能になったことがあげられる。

☐ **15.** オーストラリアは、イギリスに重点を置いたかつての農産物輸出戦略を、アジアを中心とした輸出戦略に転換してきた。

☐ **16.** オーストラリアの北西岸付近では、天然ガスが採掘され、輸送のためのパイプラインが整備されている。

□ 5. **解答** アボリジニー

□ 6. **解答** マオリ

□ 7. **解答** ニューカレドニア

▌ 正誤問題

□ 8. **解答** ✕ 「熱帯収束帯の上昇気流の影響」➡南回帰線付近は、**亜熱帯（中緯度）高圧帯の下降気流の影響**で、降水がみられない。

□ 9. **解答** ✕ 「スペインやポルトガルから独立した国が多く、現在でも公用語としてスペイン語とポルトガル語を使用している国が多い」➡イギリスやフランスから独立した国が多い。そのため、英語やフランス語の使用がみられる。

□10. **解答** ✕ 「東南アジアの文化的な影響を受けた国が多く、イスラーム（イスラム教）を信仰している人が大半」➡欧米諸国の文化的な影響を受けており、キリスト教を信仰している人が大半を占める。

□11. **解答** ○ マリー・ダーリング川流域＝スノーウィー・マウンテンズ計画➡灌漑による**小麦栽培**➡土壌の塩性化

□12. **解答** ✕ 「灌漑農業が大規模に行われた」➡大鑽井盆地では、掘り抜き井戸を利用した**牧羊**を行っている。

□13. **解答** ○ オーストラリア南西部・南東部＝牧羊・混合農業

□14. **解答** ○ **冷凍船の普及**➡南半球諸国の牧畜業の発達

□15. **解答** ○ オーストラリアの貿易戦略変化＝**イギリス**中心➡**アジア**中心

□16. **解答** ○ 天然ガス輸送＝**パイプラインを利用**

☐**17.** オーストラリア北西部のピルバラ地区では、鉄鉱石がおもに露天掘りで採掘され、その周辺に工業地帯が形成されている。

☐**18.** オーストラリア北岸付近では、ボーキサイトが産出され、20世紀以降に外国企業が相次いで参入している。

☐**19.** グレートディヴァイディング山脈付近では、大規模な炭田が数多く分布し、石炭は沿岸部の積出港まで鉄道で輸送されている。

☐**20.** オーストラリアでは、石炭や鉄鉱石などの豊富な鉱産資源をもとに、国土の東南部に工業地域が形成された。近年、外国企業に対抗するために、民間企業を国有化する政策を積極的に展開している。

☐**21.** オーストラリアでは、1990年代に白豪主義政策が撤廃され、アジア生まれのオーストラリア在住者が増加した。

☐**22.** シドニーでは、白人に次いで黒人の居住割合が高く、中心市街地に黒人居住区が形成されている。

☐**23.** オーストラリアとニュージーランドの先住民は、政府の政策などを背景に、近年では人口が増加している。

☐**24.** ニュージーランド北島には標高5,000mを超える楯状火山がみられ、噴火にともなって山頂より流れ出た溶岩流により山麓で被害が生じた。

☐**25.** ニュージーランド北島はハリケーンの影響で降水量が夏に集中し、冬にはしばしば干ばつに見舞われている。

☐**26.** ニュージーランド北島では、酪農や牧羊が盛んであり、乳製品や羊毛は国外へ輸出されている。

☐**27.** ニュージーランド南島は日本の北海道と同様、亜寒帯（冷帯）気候が広く分布し、山地では林業が盛んである。

☐**28.** ニュージーランドの南島の高山地域では、東岸の沖合を暖流が流れ、硬葉樹林が広くみられる。

☐**29.** ニュージーランド南島は東西での降水量の違いが大きく、降水量の少ない東岸部の平野では小麦の栽培や羊の放牧が行われている。

☐**30.** ニュージーランド南島の南西海岸部では、氷期にこの地域を覆っていた氷河による侵食のために、狭く長い入り江が発達している。

□**17.** 解答 ✕ 「周辺に工業地帯が形成」➡オーストラリアは資源の輸出が盛んで、資源を利用した工業地域は発展していない。

□**18.** 解答 ◯ オーストラリア北岸＝**ボーキサイトが産出**←外国企業による採掘

□**19.** 解答 ◯ グレートディヴァイディング山脈＝**古期造山帯**＝**石炭**が産出

□**20.** 解答 ✕ 「国土の東南部に工業地域が形成」「民間企業を国有化する政策を積極的に展開」➡オーストラリアは資源を輸出しており、それを利用した工業地域はみられない。また、資本主義国であるため、国有化する政策も展開していない。

□**21.** 解答 ✕ 「1990年代に白豪主義政策が撤廃」➡白豪主義は1970年代に撤廃されている。

□**22.** 解答 ✕ 「白人に次いで黒人の居住割合が高く、中心市街地に黒人居住区が形成」➡白人に次いでアジア系住民の割合が高い。

□**23.** 解答 ◯ オーストラリア・ニュージーランドの先住民＝保護政策により増加傾向

□**24.** 解答 ✕ 「標高5,000mを超える楯状火山」➡ニュージーランド北島は、高度が低く5,000mを超える山は存在しない。

□**25.** 解答 ✕ 「ハリケーンの影響」➡ハリケーンはカリブ海で発生し、北アメリカ大陸などに被害をもたらす。

□**26.** 解答 ◯ ニュージーランド北島＝酪農・牧羊が盛ん

□**27.** 解答 ✕ 「亜寒帯（冷帯）気候が広く分布」➡ニュージーランドは全域にわたり、西岸海洋性気候であり、亜寒帯気候は広く分布しない。

□**28.** 解答 ✕ 「硬葉樹林が広くみられる」➡硬葉樹林は地中海性気候でみられるが、ニュージーランドの南島は西岸海洋性気候が卓越している。

□**29.** 解答 ◯ ニュージーランド南島・東岸＝降水量が少ない（偏西風の風下）➡小麦栽培・牧羊

□**30.** 解答 ◯ ニュージーランド南島の南西海岸部＝**フィヨルド**海岸

□**31.** オセアニアの島々は、人種・民族などの違いによってポリネシア、ミクロネシア、メラネシアの三つの地域に分けられ、ニュージーランドは、メラネシアに属する。

□**32.** 南太平洋の雨季と乾季のある地域では、商品作物として茶が広く栽培され、重要な外貨獲得源になっている。

□**33.** 南太平洋の湿潤な地域で栽培されるココヤシは、さまざまな用途に利用され、特にその胚乳を乾燥させたものは油脂原料として重要である。

□**34.** 太平洋の島嶼国の一つであるサモアは、一年中暑く湿度が高いため、移動式の住居が多くみられる。

□**35.** フィジーでは、インド系住民の中に経済的に成功する者があらわれたため、フィジー系住民との間でしばしば対立が起きている。

□**36.** トンガでは、日本へのカボチャの輸出量が減少し、モノカルチャー経済からの脱却と、新しい輸出用作物の開発が課題となっている。

□**37.** ナウルでは、ニッケル鉱石の過剰な採掘により、国土の荒廃が著しく、観光業の発展を難しくしている。

□**38.** ハワイでは、豊かな自然環境をいかした観光が主産業となっているが、観光客の増加にともなってゴミの増加とその処理が課題となっている。

□**39.** ハワイ島は、プレート境界から遠く離れた場所に位置するため、火山活動はみられない。

□**40.** 南極海周辺諸国や、探検・科学的観測の実績をもつ国の中には、南極大陸の領有を主張している国もあるが、今のところ、南極条約によって領有権は凍結されている。

□**41.** 南極大陸には石炭や石油が埋蔵されており、ほかにもさまざまな鉱床の存在が推定されているが、南極条約の規制などもあって、鉱産資源の商業的採掘は行われていない。

□**31.** 解答 ✕ 「ニュージーランドは、メラネシアに属する」➡ニュージーランドは
ポリネシアに属する。

□**32.** 解答 ✕ 「茶が広く栽培」➡商品作物としてはサトウキビやコーヒーなどが
おもに栽培されている。

□**33.** 解答 ◯ ココヤシの胚乳を乾燥させたもの＝コプラ（油脂原料）

□**34.** 解答 ✕ 「移動式の住居が多くみられる」➡風通しがよく、高床となった住
居が多くみられる。

□**35.** 解答 ◯ フィジー＝イギリス植民地時代にインド系住民が移住➡先住民とイ
ンド系住民の対立

□**36.** 解答 ◯ トンガ産カボチャの日本への輸出減少⬅日本国産やメキシコ産の
台頭が要因

□**37.** 解答 ✕ 「ニッケル鉱石」➡ニッケルではなくリン鉱石である。

□**38.** 解答 ◯ ハワイ＝観光業が盛ん⬅観光客増加はごみの増加につながる

□**39.** 解答 ✕ 「火山活動はみられない」➡プレート上であるがホットスポットに
位置し、火山活動がみられる。

□**40.** 解答 ◯ 南極条約＝世界各国の領有権は凍結

□**41.** 解答 ◯ 南極大陸＝鉱産資源の商業的採掘は行われていない

巻末資料

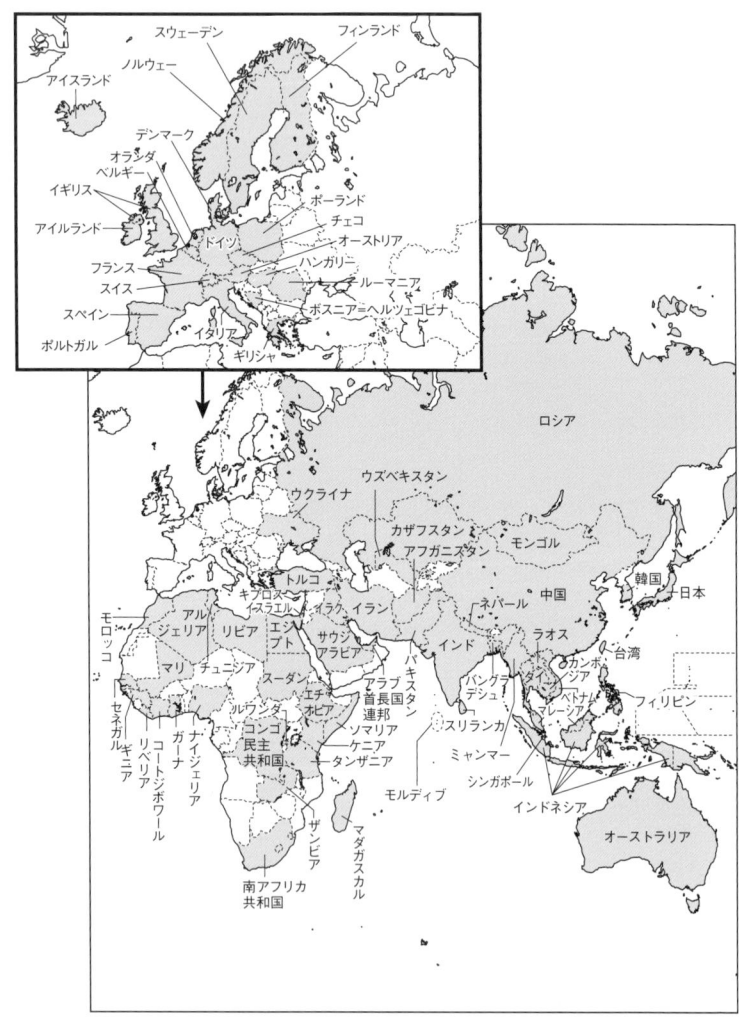

スウェーデン
フィンランド
ノルウェー
アイスランド
デンマーク
オランダ
ベルギー
イギリス
アイルランド
ポーランド
チェコ
ドイツ
オーストリア
フランス
ハンガリー
スイス
ルーマニア
スペイン
ボスニア=ヘルツェゴビナ
ポルトガル
イタリア
ギリシャ

ロシア
ウズベキスタン
ウクライナ
カザフスタン
モンゴル
アフガニスタン
韓国
日本
トルコ
キプロス
ネパール
中国
イスラエル
イラク
イラン
モロッコ
アル
ジェリア
リビア
エジ
プト
サウジ
アラビア
インド
ラオス
台湾
マリ
チュニジア
スーダン
パキスタン
カンボ
ジア
フィリピン
セネガル
ルワンダ
エチ
オピア
アラブ
首長国
連邦
バングラ
デシュ
ベトナム
マレーシア
ギニア
ガーナ
ソマリア
スリランカ
リベリア
ナイジェリア
コンゴ
民主
共和国
ケニア
ミャンマー
コートジボワール
タンザニア
モルディブ
シンガポール
インドネシア
ザンビア
マダガスカル
オーストラリア
南アフリカ
共和国

世界の主な国

共通テストに出る80の国名事典

国名	面積 （万km²）	人口 （万人）	1人当たり 国民総所得 （ドル）	主な産業	
中国	960	143,932	9,496	農業	米・小麦 茶など
				工業	繊維 パソコン 電気機械
韓国	10	5,127	33,710	工業	造船・電子機械
モンゴル	156	328	3,650	農業	遊牧
シンガポール	0.07	585	58,462	工業	石油化学 集積回路
マレーシア	33	3,237	10,968	農業	パーム油
				工業	電気機械・IT
タイ	51	6,980	6,925	農業	米・天然ゴム
				工業	自動車
インドネシア	191	27,352	3,773	農業	パーム油
				資源	石油・天然ガス
フィリピン	30	10,958	3,723	農業	バナナ
ベトナム	33	9,734	2,440	農業	米（緑の革命） コーヒー
ブルネイ	0.6	44	32,121	資源	石油
ミャンマー	68	5,441	1,350	農業	米
カンボジア	18	1,672	1,419	農業	米
インド	329	138,000	2,034	農業	米・サトウキビ 綿花・茶
				工業	ダイヤモンド IT・繊維
バングラデシュ	15	16,469	1,747	農業	米・ジュート
パキスタン	80	22,089	1,401	農業	小麦・米
スリランカ	6.6	2,141	4,076	農業	茶
ネパール	15	2,914	998	家畜	ヤク
モルディブ	0.03	54	10,514	農業	水産業
サウジアラビア	221	3,481	23,450	資源	石油・天然ガス
アラブ首長国連邦	7.1	989	43,211	資源	石油
イラン	163	8,399	5,804	資源	石油
イラク	44	4,022	5,477	資源	石油
イスラエル	2.2	866	44,238	工業	ダイヤモンド
トルコ	78	8,434	9,225	工業	機械 （自動車）
キプロス	0.9	121	27,940		特になし

国名	面積 (万km²)	人口 (万人)	1人当たり 国民総所得 (ドル)	主な産業	
エジプト	100	10,233	2,474	農業	小麦・綿花
チュニジア	16	1,182	3,319	農業	地中海式農業
アルジェリア	238	4,385	4,056	農業	地中海式農業
モロッコ	45	3,691	3,204	農業	地中海式農業
リビア	168	687	4,988	農業	小麦・ナツメヤシ
コートジボワール	32	2,638	1,677	農業	カカオ
ガーナ	24	3,107	2,158	農業	カカオ
ナイジェリア	92	20,614	1,976	農業	モロコシ(焼畑)
				資源	石油
コンゴ民主共和国	235	8,956	551	農業	キャッサバ(焼畑)
				資源	ダイヤモンド
スーダン (南スーダン)	188 (64)	4,385 (1,119)	1,123 (769)	農業	雑穀(焼畑)
エチオピア	110	11,496	731	農業	コーヒー(原産)
ケニア	59	5,377	1,696	農業	茶
ソマリア	64	1,589	99		特になし
タンザニア	95	5,973	1,028		特になし
ザンビア	75	1,838	1,523	資源	銅
マダガスカル	59	2,769	510	農業	米
南アフリカ共和国	122	5,931	6,168	資源	金・白金
イギリス	24	6,789	41,953	農業	酪農・牧羊
				資源	石油(北海油田)
				工業	自動車 医薬品
フランス	55	6,527	42,289	農業	混合農業(小麦)
				工業	航空機・ワイン 衣類(ブランド品)
ドイツ	36	8,378	48,843	農業	ジャガイモ・豚
				資源	石炭
				工業	自動車・医療
イタリア	30	6,046	34,762	農業	地中海式農業
				工業	衣類(ブランド)
オランダ	4	1,714	54,115	農業	酪農、野菜・草花
				資源	天然ガス
ベルギー	3	1,159	47,597	工業	ダイヤモンド
スイス	4	866	82,933	農業	移牧
				工業	精密機械(時計)
スペイン	51	4,676	30,474	農業	地中海式農業
				資源	自動車

国名	面積 （万㎢）	人口 （万人）	1人当たり 国民総所得 （ドル）	主な産業	
ポルトガル	9	1,020	22,961	農業	コルクがし
ギリシャ	13	1,042	20,604	農業	オリーブ
ノルウェー	32	542	84,806	農業	水産業
				資源	石油・天然ガス
				工業	アルミニウム
スウェーデン	44	1,010	56,632	農業	林業
				工業	パルプ
フィンランド	34	554	50,301	工業	パルプ
デンマーク	4	579	62,659	農業	酪農
オーストリア	8	901	51,090		特になし
アイルランド	7	494	62,295	農業	酪農
アイスランド	10	34	77,343	農業	水産業
ポーランド	31	3,785	14,791	農業	ジャガイモ
				工業	石炭
チェコ	8	1,071	21,711	工業	ガラス
ハンガリー	9	966	15,612	農業	小麦
ルーマニア	24	1,924	12,026		特になし
ロシア	1,710	14,593	11,110	農業	小麦・テンサイ
				資源	石油など
アメリカ合衆国	983	33,100	63,704	農業	トウモロコシ
				資源	石油・石炭
				工業	自動車 航空機
カナダ	1,000	3,774	45,598	農業	小麦
				工業	パルプ
メキシコ	196	12,893	9,466	農業	トウモロコシ
				資源	石油
				工業	電気機械
キューバ	11	1,133	8,698	工業	砂糖
ジャマイカ	1	296	5,109	資源	ボーキサイト
パナマ	7.5	432	14,123	産業	便宜置籍船国
ブラジル	852	21,256	8,785	農業	サトウキビ・肉牛
				資源	鉄鉱石
				工業	自動車・鉄鋼
アルゼンチン	278	4,520	11,292	農業	大豆・小麦
				資源	石油
チリ	76	1,912	15,270	資源	銅
				産業	水産業
ペルー	129	3,297	6,627	農業	水産業(アンチョビ)

国名	面積 (万km²)	人口 (万人)	1人当たり 国民総所得 (ドル)	主な産業	
エクアドル	26	1,764	6,197	農業	バナナ
コロンビア	114	5,088	6,527	資源	石油・石炭
ベネズエラ	91	2,844	7,025	資源	石油
ボリビア	110	1,167	3,465	資源	すず
オーストラリア	769	2,550	56,396	農業	小麦 牧羊(掘り抜き井戸)
				資源	石炭(火力発電) 鉄鉱石
ニュージーランド	27	482	42,724	農業	酪農
日本	38	12,648	40,529	農業	稲作

統計年次：人口(2020年)面積・1人当たり国民総所得(2018年)

人口の多い国(2020年)

	(百万人)
中国	1,439
インド	1,380
アメリカ合衆国	331
インドネシア	274
パキスタン	221
ブラジル	213
ナイジェリア	206
バングラデシュ	165
ロシア	146
メキシコ	129
世界計	7,795

東南アジア諸国の経済規模(2018年)

	1人当たり GNI(百ドル)
シンガポール	585
ブルネイ	321
マレーシア	110
タイ	69
インドネシア	38
フィリピン	37
ベトナム	24
カンボジア	14
ミャンマー	14

ヨーロッパ諸国の経済規模(2018年)

	1人当たり GNI(百ドル)
ノルウェー	848
スイス	829
アイスランド	773
デンマーク	627
アイルランド	623
スウェーデン	566
オランダ	541
オーストリア	511
フィンランド	503
ドイツ	488
ベルギー	476
フランス	423
イギリス	420
イタリア	348
スペイン	305
ポルトガル	230
チェコ	217
ギリシャ	206
ハンガリー	156
ポーランド	148
ルーマニア	120

米の生産量(2018年)
(単位:万t)

中国	21,213
インド	17,258
インドネシア	8,304
バングラデシュ	5,642
ベトナム	4,405
タイ	3,219
ミャンマー	2,542
フィリピン	1,907
ブラジル	1,175
パキスタン	1,080
世界計	78,200

小麦の生産量(2018年)
(単位:万t)

中国	13,144
インド	9,970
ロシア	7,214
アメリカ合衆国	5,129
フランス	3,580
カナダ	3,177
パキスタン	2,508
ウクライナ	2,465
オーストラリア	2,094
ドイツ	2,026
世界計	73,405

トウモロコシの生産量(2018年)
(単位:万t)

アメリカ合衆国	39,245
中国	25,717
ブラジル	8,229
アルゼンチン	4,346
ウクライナ	3,580
インドネシア	3,025
インド	2,782
メキシコ	2,717
ルーマニア	1,866
カナダ	1,389
世界計	114,762

大豆の生産量(2018年)
(単位:万t)

アメリカ合衆国	12,366
ブラジル	11,789
アルゼンチン	3,779
中国	1,419
インド	1,379
世界計	34,871

サトウキビの生産量(2018年)
(単位:万t)

ブラジル	74,683
インド	37,690
中国	10,810
タイ	10,436
パキスタン	6,717
世界計	190,703

コーヒー豆の生産量(2018年)
(単位:千t)

ブラジル	3,557
ベトナム	1,616
インドネシア	722
コロンビア	721
ホンジュラス	481
世界計	10,303

茶の生産量(2018年)
(単位:千t)

中国	2,610
インド	1,345
ケニア	493
スリランカ	304
トルコ	270
世界計	6,338

天然ゴムの生産量(2019年)
(単位:千t)

タイ	4,900
インドネシア	3,100
ベトナム	1,222
コートジボワール	780
中国	774
世界計	13,641

綿花の生産量(2018年)
(単位:千t)

中国	6,103
インド	4,690
アメリカ合衆国	4,004
パキスタン	1,677
ブラジル	1,627
世界計	24,191

牛の飼育頭数 (2018年)
(単位：万頭)

ブラジル	21,352
インド	18,446
アメリカ合衆国	9,430
中国	6,327
エチオピア	6,260
世界計	148,975

牛肉の生産量 (2018年)
(単位：万 t)

アメリカ合衆国	1,222
ブラジル	990
中国	580
アルゼンチン	307
オーストラリア	222
世界計	6,735

牛乳の生産量 (2018年)
(単位：万 t)

アメリカ合衆国	9,870
インド	8,983
ブラジル	3,384
ドイツ	3,307
中国	3,075
世界計	68,322

ワインの生産量 (2014年)
(単位：千 t)

イタリア	4,797
スペイン	4,608
フランス	4,293
アメリカ合衆国	3,300
中国	1,700
アルゼンチン	1,498
チリ	1,214
オーストラリア	1,186
南アフリカ共和国	1,146
ドイツ	920
世界計	29,106

原油の産出量 (2019年)
(単位：万 kL)

アメリカ合衆国	70,959
ロシア	65,231
サウジアラビア	56,898
イラク	27,271
カナダ	25,448
中国	22,204
アラブ首長国連邦	18,095
ブラジル	16,163
クウェート	15,594
イラン	13,754
世界計	464,564

石炭の産出量 (2017年)
(単位：万 t)

中国	352,356
インド	67,540
インドネシア	46,100
オーストラリア	41,572
アメリカ合衆国	32,023
ロシア	31,281
南アフリカ共和国	25,680
カザフスタン	10,180
コロンビア	9,055
ポーランド	6,598
世界計	644,544

天然ガスの産出量 (2018年)
(単位：億㎥)

アメリカ合衆国	8,619
ロシア	7,152
イラン	2,305
カタール	1,709
中国	1,603
世界計	39,372

鉄鉱石の生産量 (2017年)
(単位：万 t)

オーストラリア	54,703
ブラジル	26,900
中国	22,300
インド	12,500
ロシア	6,125
世界計	150,000

粗鋼の生産量 (2019年)
(単位：万 t)

中国	99,634
インド	11,125
日本	9,928
アメリカ合衆国	8,793
ロシア	7,157
韓国	7,142
ドイツ	3,968
トルコ	3,374
ブラジル	3,224
イラン	3,190
世界計	186,992

自動車の生産 (2019年)
(単位：万台)

中国	2,572
アメリカ合衆国	1,088
日本	968
ドイツ	466
インド	452
メキシコ	399
韓国	395
ブラジル	295
スペイン	282
フランス	220
世界計	9,179

さくいん

あ
か
さ
た
な
は
ま
や
ら
わ

あ
か
さ
た
な
は
ま
や
ら
わ

あ
か
さ
た
な
は
ま
や
ら
わ

森 雄介（もり ゆうすけ）
　駿台予備学校地理科講師。大阪市在住。
　大学卒業後、すぐに同予備校に所属。現在まで指導を続ける生えぬき。若いころに学習塾で小・中学生の指導を行っていた経験を生かし、だれにでもわかりやすく、その教科を好きになってもらうように教えるスタイルに。大学時代は劇団で役者をしていたこともあり、よく通る声で、教壇をステージのように所せましと暴れまわる。選択科目である社会の一科目でありながら、講習会では締め切りを出している。
　趣味は飲み食べ歩き。大阪の名店で今日も舌鼓を打つ。近くの人に自然と伝染していく屈託のない笑顔とトークを武器に、お店の人だけでなく他のお客と仲良くなることもしばしば。そこで得た笑い話や旅行話は、授業の雑談のネタにも生かされている。
　著書に『暗記だけでいいと思っている人のための　地理のオキテ45』（KADOKAWA）がある。

だいがくにゅうがくきょうつう
大学入学共通テスト

ちり　　　　てんすう　　　おもしろ　　　　　　　　　　いちもんいっとう
地理Bの点数が面白いほどとれる一問一答

2020年10月30日　初版発行
2022年 6 月15日　 5 版発行

もり　ゆうすけ
著者／森 雄介

発行者／青柳 昌行

発行／株式会社KADOKAWA
〒102-8177　東京都千代田区富士見2-13-3
電話　0570-002-301（ナビダイヤル）

印刷所／株式会社加藤文明社印刷所

©Yusuke Mori 2020　Printed in Japan
ISBN 978-4-04-604261-3　C7025